BIBLIOTHÈQUE
DE PHILOSOPHIE CONTEMPORAINE

LA RÉALITÉ
DE L'ESPRIT

ESSAIS DE SOCIOLOGIE SUBJECTIVE

PAR

D. DRAGHICESCO

Ancien professeur à l'Université de Bucarest.

PRÉFACE PAR **L. LÉVY-BRUHL**, de l'Institut.

PARIS
LIBRAIRIE FÉLIX ALCAN
108, BOULEVARD SAINT-GERMAIN, VIe

LA RÉALITÉ

DE L'ESPRIT

ESSAIS

DE SOCIOLOGIE SUBJECTIVE

DU MÊME AUTEUR

Du rôle de l'Individu dans le Déterminisme social. Un vol. de la *Bibliothèque de Philosophie contemporaine*, 1904.

Le Problème de la Conscience. Un vol. de la *Bibliothèque de Philosophie contemporaine*, 1907.

L'Idéal créateur. Un vol. de la *Bibliothèque de Philosophie contemporaine*.

LA RÉALITÉ

DE L'ESPRIT

ESSAIS DE SOCIOLOGIE SUBJECTIVE

PAR

D. DRAGHICESCO

Ancien professeur à l'Université de Bucarest.

PRÉFACE PAR **L. LÉVY-BRUHL**, de l'Institut.

PARIS

LIBRAIRIE FÉLIX ALCAN

108, BOULEVARD SAINT-GERMAIN (VIe)

1928

PRÉFACE

Il serait superflu de présenter M. Draghicesco au
public philosophique, dont il s'est fait connaître par
les travaux qu'il a publiés dans la *Bibliothèque de Philosophie contemporaine* et ailleurs. M. Draghicesco a bien
voulu cependant me demander quelques mots de préface pour la *Réalité de l'Esprit*. Quoique, sur un assez
grand nombre de points, j'hésite à le suivre, ou
même je pense autrement que lui, j'ai tenu à déférer
à son désir, puisqu'il m'offre l'occasion de rendre
justice aux mérites de son œuvre, en particulier à
l'étendue de son savoir et à la souplesse de sa dialectique.

M. Draghicesco a le sentiment juste, et vif, des
questions qui, à l'heure présente, s'imposent à l'attention des psychologues et des philosophes. Le temps
n'est plus où ils discutaient pour savoir ce que doit
être la sociologie, ou si la psychologie relève de la
seule méthode introspective. On se demande aujour-
d'hui — et M. Draghicesco est très préoccupé de ce
problème, — dans quelle mesure il est possible de
rendre compte des faits psychiques individuels sans
faire appel à des éléments de nature collective.

On devine la solution à laquelle s'arrêtera M. Draghicesco, formé à l'école de Th. Ribot et de Durkheim. L'étude approfondie qu'il consacre à l'abstraction l'amène à cette formule : l'abstrait, c'est le social. Plus d'une fois, en lisant la *Réalité de l'Esprit*, on pense à tel ou tel chapitre du *Traité de Psychologie* de M. Georges Dumas, à ceux, par exemple, qui sont dus à M. Charles Blondel et à M. Georges Dumas lui-même, d'où il semble ressortir que ce qui, dans la vie psychique, ne s'explique pas du point de vue biologique, ne devient intelligible que du point de vue sociologique.

« La psychologie, écrit M. Draghicesco, pour devenir ce qu'elle doit être, c'est-à-dire une science positive, doit se muer en une sociologie subjective. » Sans doute cette « sociologie subjective » telle qu'il l'entend dépasse le plan de la science positive proprement dite. Mais M. Draghicesco ne s'en inspire pas moins, dans l'ensemble de ses vues, de la fameuse formule d'Auguste Comte : « Il ne faut pas expliquer l'humanité par l'homme, mais l'homme par l'humanité ». M. Draghicesco préfère dire : « par la nation ».

M. Draghicesco est un psychologue et un sociologue que la métaphysique n'effraye pas. Les amis des belles hypothèses audacieuses trouveront dans la troisième partie de son ouvrage de quoi se satisfaire. Ils y sortiront avec lui du domaine de la science et de la philosophie pour entrer dans celui de la mystique et de la religion. M. Draghicesco y explique comment, selon lui, la sociologie « doit s'épanouir dans une sorte de théologie ».

C'est risquer beaucoup. Mais M. Draghicesco pourrait invoquer d'illustres précédents. Sans parler de Joseph de Maistre et de M. de Bonald, A. Comte n'a-t-il pas passé, lui aussi, de la sociologie à la religion ? N'est-ce pas parce qu'il voulait fonder sa religion de l'humanité qu'il avait jugé indispensable de créer la sociologie ?

Pour le reste, il n'y a à peu près rien de commun entre la religion positiviste et celle où tend la philosophie de M. Draghicesco. Celle-ci, pénétrée d'éléments chrétiens, et liée à une « hyperlogique », aspire à l'établissement d'une « cité de Dieu ». Elle espère beaucoup de la Société des Nations.

L. LÉVY-BRUHL.

AVANT-PROPOS

On ne peut contester qu'un fait de conscience, tandis qu'il est concomitant avec un changement organique, cérébral, n'est pas en même temps la réaction directe ou indirecte à une incitation venue de la vie collective, du groupe social. Tout acte subjectif conscient est la manifestation directe d'un phénomène cérébral; mais la cause effective de ce phénomène même réside en dehors et doit être presque toujours cherchée dans le milieu social. La question qui se pose est donc celle-ci : Quelle est véritablement la cause déterminante des faits conscients, ce qu'on appelle la cause effective ou efficiente ? Il nous semble évident qu'elle réside dans les conditions de vie et les rapports extrêmement complexes de l'homme avec son groupe social. Leur concomitant physiologique n'en est que ce qu'on appelle la cause occasionnelle ou instrumentale. L'image qui permet le mieux de saisir cette vérité est celle d'un artiste jouant au piano un morceau de musique, image dont — comme on le verra — nous avons souvent usé dans cette étude. En effet, le cerveau est l'organe qui produit immédiatement le fait de conscience, mais il n'en est que l'instrument, et la véritable cause de son fonctionnement n'est pas en lui-même, mais réside dans ses rapports avec le milieu collectif, de même que la véritable cause de la mélodie que dégage le piano est l'artiste qui en joue.

La psychologie introspective ne fait qu'étudier et analyser la conscience, équivalent de la composition musicale en elle-même; la psychologie physiologique se réduit à l'étude et à l'analyse du mécanisme cérébral, équivalent du mécanisme du piano. Mais on voit bien que l'essentiel, la cause efficiente des phénomènes conscients, échappe totalement à la psychologie, aussi bien introspective qu'expérimentale. Rien de moins étonnant alors que l'échec ou la relative stérilité de ses recherches. C'est pourquoi A. Comte avait raison de n'accorder aucun intérêt à la psychologie et même de la contester et de répartir les phénomènes conscients entre la science de la biologie et celle de la sociologie. D'ailleurs, il est évident que si l'introspection proprement dite reste stérile, l'introspection psycho-physiologique, fût-elle même expérimentale, ne pourrait pas donner grand chose, à moins qu'on n'invente un instrument de vision microscopique à travers la boîte cranienne. Autrement, on est obligé de se contenter d'hypothèses et de simples présomptions, construites selon les indications de la psychologie introspective, sur le substratum cérébral des faits de conscience.

La raison d'être de la sociologie est de combler le vide laissé par la psychologie, le déficit par lequel se soldent les recherches psychologiques. Sans exagérer, nous pouvons parler de l'échec des recherches expérimentales, en tant que la psycho-physiologie avait abouti à la conscience épiphénomène, en détruisant elle-même, en niant précisément la réalité de l'objet de ses recherches.

La sociologie, conçue comme sociologie subjective, sera donc un effort pour compléter la psychologie introspective en lui procurant l'explication vraiment causale, celle de la causalité efficiente, que ne peut lui fournir la psycho-physiologie. Effectivement, toute la sociologie moderne n'a que cette seule raison d'être et n'a pas d'autre mission. Il est évident que si l'on admet, à l'encontre de Comte, la psychologie comme science fondamentale, la sociologie perd, elle, sa raison d'être ou, du moins, son autonomie. C'est pourquoi on a dû la concevoir comme sociologie objective, qui exclut l'individu et le psychique, étant donné que le subjectif est la matière de la psychologie.

Cependant la situation logique d'une sociologie objective est intenable; elle est plutôt illogique, comme nous avons souvent essayé de le montrer. Au fond de toute sociologie, qui se veut objective, est une sociologie subjective, qui s'avoue chez un Tarde, mais qui se cache le plus possible chez Durkheim et son école. Elle y est pourtant toujours sous-entendue et implicite. Elle ne peut pas émerger, car, de suite, se dresse devant elle le spectre de la psychologie, qui la nie et la chasse. Pourtant, dans *Les Formes élémentaires de la Vie religieuse*, qui est peut-être l'œuvre capitale de Durkheim, la sociologie subjective s'affirme et sort au grand jour, et cela, surtout, dans les plus importants chapitres, l'introduction et la conclusion. Il en est de même de l'œuvre de M. Lévy-Brühl, surtout dans ses derniers travaux sur la mentalité primitive. Ce sont là des études de sociologie subjective, telle que nous l'avons comprise et que nous avons essayé de l'appliquer ici.

Remarquons aussi que la conscience et le « moi » reprennent avec la sociologie subjective toute la réalité et toute l'importance que leur dérobait la psycho-physiologie. La conscience individuelle devient le siège et le véritable agent actif et à son tour explicatif des phénomènes historico-sociaux. En disant cela, nous sommes au fond d'accord avec Durkheim qui, dans *Les Règles de la Méthode sociologique*, a écrit qu'il faut « substituer au fait interne qui vous échappe un fait extérieur qui le symbolise, et étudier le premier à travers le second », parce que la méthode objective, « placée au commencement de la science, ne saurait avoir pour objet d'exprimer l'essence de la réalité ; elle doit seulement nous mettre en état d'y parvenir ultérieurement ».

Il est évident que, lorsque les recherches sociologiques seront assez avancées et sûres de leurs résultats, on pourrait les approfondir, et substituer l'élément ou le caractère psychique qui est l'essentiel des phénomènes sociaux à leur caractère extérieur et superficiel.

Mais c'est la psychologie, comme science proprement dite, qui s'effacera, et, à son tour, se cachera, en quelque sorte, devant la sociologie subjective, ou se réduira à une méthode simplement biographique et descriptive.

Dans la première partie de cette étude nous avons essayé de prouver le bien-fondé de cette façon de voir,

que nous venons d'exposer, en envisageant l'explication de la conscience et de ses fonctions les plus
importantes, la mémoire et l'attention, au point de
vue exclusivement social. Dans la seconde partie,
nous avons essayé d'étudier, du même point de vue,
les fonctions supérieures, logiques, de la conscience,
en utilisant les recherches de Ribot sur les idées
générales et celles de M. Lévy-Brühl sur la mentalité
primitive. Dans la troisième partie, nous avons con-
fronté ce que nous pourrions appeler le sociologisme
avec l'idéalisme moniste, qui semble dominer en ce
moment la pensée philosophique. Nous nous considé-
rerions comme très heureux si nous pouvions réussir
à attirer l'attention des sociologues sur ce qui nous
apparaît comme exact et fermement fondé dans le
point de vue de la sociologie subjective.

LA RÉALITÉ DE L'ESPRIT

INTRODUCTION

Le problème de la conscience et du moi est devenu une question passionnant les cercles toujours plus larges de l'humanité. Il peut même prendre une tournure tragique, comme cela vient d'arriver en Amérique où, en un mois, trois jeunes étudiants en médecine se sont donné la mort, pour vérifier la conception spiritiste et ses déductions. Cette conception s'est répandue, en Amérique, grâce aussi, sans doute, au prestige que des philosophes, comme W. James, lui ont prêté. Or, W. James fut l'un des chefs les plus ardents de la philosophie pragmatiste qu'on a voulu opposer au rationalisme et surtout au rationalisme expérimental. Le grand argument des pragmatistes contre le rationalisme c'était que la vérité des doctrines ne peut s'établir sur le critère de la raison, mais sur celui de sa valeur pratique. Une théorie n'est pas vraie quand elle est prouvée rationnellement, mais quand elle est pratique, « quand elle paie et parce qu'elle paie ». Grâce à cette philosophie, la pensée de W. James avait insensiblement glissé sur le terrain du spiritisme, en quittant celui de la raison expérimentale. Son spiritisme fut le fruit mûr de son pragmatisme. Il a sans doute largement contribué à propager le spiritisme parmi les jeunes étudiants d'Amérique. Sa vérification par la pratique a donc commencé. Le pragmatisme prouve sa vérité par ses résultats pratiques. Le pragmatisme paie. En un mois, il a payé de la vie de trois jeunes gens. C'est à ses fruits qu'on juge l'arbre.

Un vaste effort et des ressources formidables se dépensent aujourd'hui, dans des recherches inspirées par le spiritisme, et qui eussent pu se dépenser dans un but autrement utile, en expériences et recherches scientifiques rationnelles.

Un courant de mysticisme chaotique se répand dans l'atmosphère intellectuelle de notre temps, dont les sources sont le pragmatisme irrationnel et le spiritisme, dont les résultats sont, entre autres, des confusions intellectuelles et des méfaits, comme la fin tragique de ces étudiants américains. Ce courant mystique croît, augmente et se répand de manière vertigineuse. Il faut tâcher de le remonter ou de le modérer, ne fût-ce qu'en tâchant de voir les causes qui l'ont provoqué, les raisons qui le déterminent. Ce serait une manière de le limiter et de le discipliner. Il est certain que, si l'on y réussissait un tant soit peu, on empêcherait à l'avenir des expériences lugubres, pareilles à celles que nous avons rapportées.

Le point de départ du mysticisme et du spiritisme philosophique, qui sévit actuellement, est, pour une large part, selon nous, le résultat négatif des recherches de la psychophysiologie et de la psychologie expérimentale. Ces recherches ont abouti, en effet, à ce résultat par deux fois négatif : 1° La conscience est un épiphénomène, c'est-à-dire la négation de la conscience. 2° Le bilan de ces recherches se solde par un déficit, sinon un échec presque complet. D'une manière générale, toutes les recherches expérimentales n'ont fait que vérifier et tout au plus préciser quantitativement les données de la psychologie. Ce résultat est donc à peu près négligeable. Cela posé, tout ce que cette méthode nous offre en échange de la réalité de la conscience qu'elle nie est bien peu, et nous devons reconnaître alors que l'échange est décevant. L'homme a été trompé, volé. La science lui a ravi la conscience. L'analyse psycho-physique de la conscience et l'analyse expérimentale, comme l'analyse introspective, ayant décomposé le fait de conscience, celle-ci a coulé entre les doigts des expérimentateurs ; elle s'est évanouie et ils l'ont niée en en faisant une ombre d'elle-même, un épiphénomène.

Et pourtant la conscience est le tout de l'homme. Elle seule peut dire avec le Jéhovah des anciens Israélites : « Je suis celui qui est, et tout ce qui est n'existe que par moi ». Rien de plus naturel, et, en partie, de plus justifié qu'un brusque retour contre le matérialisme et l'analyse scientifique qui détruit et dissout la conscience ; mais le spiritisme et le mysticisme sont ainsi expliqués, non justifiés. Une réaction était nécessaire et imminente. Aussi, une forte réaction philosophique n'a-t-elle pas tardé à se produire avec l'idéalisme absolu de Hamelin et de J. de Gaultier, en France, Gentile en Italie et, tout dernièrement, avec un intéressant livre de Le Senne, qui reprend et développe les conséquences de l'idéalisme. A la fois rationaliste et idéaliste, cette philosophie nie absolument la réalité de la matière et du monde extérieur et n'est, par suite, que le contrepied du matérialisme psycho-physiologique et expérimental. Elle adopte le point de vue de la *conscience-Jehova*.

Nous nous en occuperons dans la troisième partie de ce livre.

A mi-chemin entre le matérialisme de la science rationnelle et le spiritisme et l'idéalisme absolu, prennent place la philosophie de M. Bergson et celle de Boutroux. Sans doute, la pensée de M. Bergson est-elle plus nette et plus systématique, malgré son aversion contre tout système. Elle est plus articulée et plus personnelle. Celle de Boutroux est moins définie, plutôt éclectique et plus rationaliste, inclinant visiblement vers le spiritualisme, mais un spiritualisme qui n'a rien à voir avec le spiritisme. Ce qui est certain et avéré — et sur ce point ces deux penseurs partisans de la contingence sont d'accord — c'est que l'analyse expérimentale et l'hypothèse psycho-physiologique ont échoué dans l'étude de la conscience. Elles ne pouvaient pas éviter l'échec pour cette simple raison que la conscience est libre, car son attachement au cerveau est un accident dont la conscience ne dépend pas. Selon Boutroux, l'esprit ne peut être réduit au cérébral, au physiologique. « De la thèse même de la psychologie paralléliste, il résulte que le psychique et le physiologique sont déclarés irréductibles l'un à l'autre [1].

L'esprit, selon M. Bergson, déborde le cerveau de toutes parts et l'activité cérébrale ne répond qu'à une infime partie de l'activité mentale [2]. « Les choses se passent, dit M. Bergson, comme si le cerveau servait à rappeler le souvenir et non pas à le conserver [3]. » Le cerveau est un organe d'action. Son rôle est de limiter en vue de l'action la vie de l'esprit ; c'est dire que, selon ce philosophe, le corps et le cerveau sont plutôt une limitation de l'esprit que sa cause efficiente. Pour préciser sa conception des rapports de l'esprit au corps, M. Bergson donne cette image : « Ainsi un clou auquel est accroché un vêtement : celui-ci en est solidaire ; il tombe si l'on arrache le clou, il oscille si le clou remue ». Le cerveau est le clou auquel est accrochée la conscience [4]. En un mot, l'âme est solidaire du corps comme de son instrument, mais non comme de sa cause. Sans le corps, l'esprit ne peut agir et travailler, mais sans le corps il peut être. « La vie de l'esprit ne peut être un effet de la vie du corps ; tout se passe, au contraire, comme si le corps était simplement utilisé par l'esprit [5]. »

Il est évident que la position de MM. Bergson et Boutroux est intenable. La preuve en est que chez M. Chevalier, qui se réclame avec éclat de M. Bergson, elle glisse vertigineusement vers le spiritisme. « Ne peut-on concevoir un état où le souvenir, pour être présent, et pour être transmissible, n'aurait plus besoin du corps ? Où les esprits communiqueraient entre eux par la seule présence, par le seul regard de l'âme, sans aucun support matériel ? Assurément. Ainsi les faits rendent probable et même infiniment probable la croyance rationnelle à l'immortalité de l'âme [6]. » M. Chevalier justifie en cela la croyance dans les esprits désincarnés.

1. *Nature et Esprit*, p. 23.
2. *Énergie spirituelle.*
3. *Ibid.*, p. 61.
4. *Ibid.*, p. 39.
5 *Ibid.*, p. 62.
6. J. Chevalier, *Bergson*, p. 189.

Le spiritualisme semble donc fatalement condamné à se transformer soit en spiritisme ou mysticisme religieux, avec M. Chevalier, soit en rationalisme expérimental qui glisse vers le matérialisme, ou bien il s'arrête à l'idéalisme absolu de Hamelin et Le Senne. La première alternative semble être le sort de la pensée de M. Bergson. Aussi les convertis et les mystiques se réclament de lui (Péguy, Rivière, Maritain). La dernière alternative sera le sort de la philosophie de Boutroux.

Mais il y a une troisième issue. C'est celle que nous entrevoyons, à la suite de Durkheim; et que nous nous efforcerons de montrer dans cette étude. Elle a été entrevue, mais par des éclairs momentanés de pensée, aussi bien par M. Bergson que par Boutroux. Pourtant, ni l'un ni l'autre ne s'y sont arrêtés.

Quelle est au juste cette issue ?

Nous pensons avec Boutroux et avec MM. Bergson et Chevalier que le cerveau de l'homme n'est qu'un instrument et simplement l'organe qu'utilise notre esprit ou notre conscience. Notre conscience n'en dépend presque point, ou bien elle en dépend comme une sonate de Beethoven dépend de la structure du violon sur lequel elle est jouée. Si la sonate ne dépend pas du violon, elle dépend de l'artiste qui joue et elle dépend aussi de l'auteur originaire de la sonate, c'est-à-dire de Beethoven. Chercher à expliquer nos états de conscience et notre pensée par la structure du cerveau, c'est vouloir analyser la construction du violon pour en tirer le secret de l'harmonie des sons qui composent une sonate.

Quel est alors l'artiste qui joue avec le cerveau humain et dont la sonate plus ou moins harmonieuse qu'il en tire est la conscience humaine ?

Notre réponse nette à cette question, si essentielle et si considérable pour la philosophie, est la suivante. L'artiste qui joue directement avec le cerveau de l'homme est le groupe social corporatif auquel il appartient immédiatement dans la société, ou, plus exactement, dans la nation qui l'englobe lui et son groupe ; et le grand artiste originaire et vraiment créateur, est l'histoire ou l'évolution historique de l'humanité ou, plus exactement, l'histoire du groupe des nations civilisées, qui forment un tout par leurs actions et réactions réciproques, ou bien alors ce qu'on appelle, en général, la culture.

Nous n'avons pas la prétention de donner cette réponse comme une hypothèse originale, que nous aurions inventée de toutes pièces, ce qui serait son point faible. Elle a été posée et même développée par Auguste Comte. Comme on le sait, Comte avait nié, avec raison selon nous, la psychologie comme science en attribuant les phénomènes de sensations et de perceptions à la biologie, et les idées, les conceptions et les théories à la sociologie.

En France, trois sociologues ont accepté, d'une façon inégale, le point de vue de Comte. E. de Roberty, dans tous ses écrits, n'a jamais cessé de soutenir l'origine sociale de la pensée. M. Izoulet a lancé cette belle formule : *La raison est fille de la cité*. Mais, depuis plus de trente ans, il n'a rien fait pour vérifier cette formule par les détails, pour la préciser, lui faire exprimer tout ce qu'elle peut exprimer et en tirer toutes les conséquences si vastes dont elle est riche. Il s'est comporté à cet égard comme s'il n'avait jamais pris au sérieux cette formule, comme si elle n'avait aucune importance et ne servait à rien. Deux autres sociologues, G. Tarde et Émile Durkheim, ont aussi, du moins partiellement, adopté le point de vue de Comte, mais, comme l'un et l'autre admettent encore une psychologie subjective individualiste, à côté de la sociologie, en dépit des travaux scientifiques si importants qu'ils ont réalisés, ils n'ont pas suivi jusqu'à son vrai terme logique la pensée de Comte. Ces deux sociologues ont envisagé plutôt le côté purement social des faits, et n'ont jamais conçu qu'il faudrait envisager une *sociologie subjective*, qui doive intégrer les recherches psychologiques, introspectives ou expérimentales. G. Tarde a bien conçu quelque chose d'analogue, dans ce qu'il appelait la *psychologie inter-individuelle*, mais ni lui ni Durkheim n'ont envisagé une sociologie subjective proprement dite. Cependant il y a dans leur œuvre une sociologie subjective qui s'ignore, qui est impliquée à chaque pas et qui s'avoue chez Tarde de temps à autre.

En ce qui nous concerne, dans cette étude, comme dans d'autres déjà publiées, nous nous appliquerons à dégager cette sociologie subjective dans la pensée objective de Durkheim, comme dans celle de Tarde, et à montrer qu'elle peut offrir précisément ce qui manque à la psychologie individuelle expérimentale ou introspective pour étudier à fond les faits conscients, et pour déterminer précisément la véritable fonction et, par suite, la véritable réalité de la conscience. Ainsi l'on peut voir que, loin de s'évanouir comme un épiphénomène, la conscience gagne une importance de premier ordre dans le monde moral et social, qu'elle offre le substratum concret, la substance réelle des faits historiques et sociaux et qu'elle est la fonction élémentaire, l'*agent actif* qui se manifeste dans la société et dans l'histoire, dont elle dépend réellement et par qui l'histoire et la société se créent, se maintiennent et évoluent. Rien de plus utile et de plus important, à ce point de vue, que les travaux de l'école de Durkheim sur la mentalité des peuples primitifs. Les études de M. Lévy-Bruhl et de MM. Mauss et Hubert sont pour nous une source inappréciable et une vérification plus ou moins explicite de ce que nous appelons la sociologie subjective. Ajoutons encore que Durkheim a toujours vu, dans sa conception de la sociologie, une vérification du spiritualisme en ce qu'il a de fondé. Dans ses œuvres sont innombrables les passages où il montre que le social est le fondement du spirituel, et que le spiritualisme se justifie par le sociologisme. La conception dualiste de la philosophie n'a de sens, pour lui, que par le dualisme qui sépare et distingue l'individuel du social.

Mais ce n'est pas seulement de Comte et des sociologues proprement dits que nous pouvons nous réclamer. Il y a une autre doctrine scientifique et philosophique, plus vaste et d'une importance autrement décisive, qui autorise notre point de vue, et de l'autorité de laquelle nous osons nous réclamer également. C'est le matérialisme historique, la conception économique de l'évolution historique, de l'évolution sociale, telle qu'elle a été conçue et développée par Karl Marx, reprise et continuée par Fr. Engels [1]. On sait que Marx considérait les formes de la vie économique, l'évolution de la technique et les rapports sociaux et juridiques de la production comme constituant ce qu'il appelait l'*infrastructure* de toute l'idéologie : art, science, religion et philosophie. L'idéologie est selon lui strictement déterminée par son infrastructure sociale. En cela, il faisait abstraction de l'infrastructure physiologique, pour ne considérer que l'infrastructure économique. Au matérialisme des physiologistes, les marxistes opposent et substituent leur matérialisme économique, qui est d'ordre et de nature exclusivement sociale et historique. Voici donc comment le positivisme marxiste, scientifique lui aussi, rejoint le positivisme de Comte, ce dont j'ai toujours été surpris qu'on ne se soit pas aperçu.

Il y a néanmoins entre le sociologisme et le marxisme une grande différence et comme une hostilité irréductibles. Toujours, les marxistes ont tenu la sociologie en peu d'estime. Elle leur a semblé superficielle et fantaisiste. Sans doute, et comme elle ne se confondait pas tout à fait avec leur point de vue exclusivement économique, ce n'est que l'étroitesse de leur point de vue qui faisait l'infirmité apparente de la sociologie. Il est probable aussi que la faute en était, du moins en partie, à la sociologie, qui n'avait pas insisté sur le substratum économique de l'histoire et de la société; qu'elle en avait fait abstraction plutôt, en se bornant au caractère de la société purement formel, avec Simmel, ou structural (densité, extension) avec Durkheim, ou psychologique avec Tarde. Le sociologisme se rapporte au matérialisme historique un peu comme la psychologie introspective se rapporte à la psycho-physiologie expérimentale. Le sociologisme ne regarde que la société en elle-

---

1. *Philosophie et Religion.*

même et ses formes, sa structure formelle, tandis que le socialisme scientifique néglige ce dont le sociologisme s'occupe pour ne considérer que précisément ce que néglige le sociologisme. Pour moi, je crois que nous devons prendre au socialisme scientifique tout ce qu'il y a en lui de substantiel et de vrai et tâcher de lui inculquer ce qu'il y a de vrai dans le sociologisme.

Il ne serait pas d'ailleurs difficile de lui faire reconnaître comme telle la réalité de la société formelle. Elle est impliquée et même largement postulée dans le matérialisme économique. Le sociologisme est précisément impliqué dans l'historisme marxiste. La société, son extension, son volume, sa densité sont explicitement mentionnés dans la conception matérialiste de l'histoire. Le point de départ de Marx, quand il précise la genèse du capitalisme, est la découverte de l'Amérique et de la route des Indes. L'expansion du capitalisme postule et suppose — et en est déterminé — l'extension des états modernes et des rapprochements multiples entre eux. Il y a tout un travail à entreprendre pour rendre plus explicite encore le sociologisme de Karl Marx. Du reste, ses continuateurs le reconnaissent déjà. Nous trouvons dans le livre de Max. Beer tout une sociologie marxiste formulée dans plusieurs chapitres [1].

Voici donc une philosophie scientifique, autre que le sociologisme, le spiritualisme et le spiritisme, qui prétend expliquer les faits de conscience, sans même se préoccuper de leur substratum physiologique. Pour les marxistes aussi, la conscience dépasse et déborde l'organisme physiologique. Au matérialisme physiologique ils opposent leur matérialisme économique. Mais il suffirait de montrer que le matérialisme historique, que l'économisme se résout en rapports sociaux, qu'il s'explique lui-même par les rapports sociaux, par le sociologisme, pour que ce matérialisme s'évanouisse comme le matérialisme physiologique. Ce travail d'analyse sur le matérialisme social est nécessaire pour montrer à quoi il se réduit et pour réhabiliter, pour affirmer la réalité

1. *Karl Marx, sa vie et son œuvre.*

de la conscience individuelle qu'il incline à nier et à déprécier, comme le physiologisme. Du reste, comme deux négations valent une affirmation, la réalité de la conscience sort affirmée de cette négation double. Si le marxisme affirme les idéologies, — et il fait plus que les affirmer, il les explique — par cela même il affirme et explique la base ou l'agent des idéologies, qui est la conscience. Mais comme dans la sociologie positive de Durkheim, où la méthode exclut le psychique par un artifice exprès, qui sert de point de départ, il en est de même du marxisme, qui ne fut qu'une réaction nécessaire contre le socialisme déclamatoire et subjectif des socialistes utopiques ; et c'est pourquoi, lui aussi, il déprécie la conscience et l'individu.

La sociologie subjective nous aidera à découvrir et à identifier l'artiste qui, jouant du cerveau des hommes, produit cette sorte de musique plus ou moins riche et harmonieuse qu'est notre conscience. Nous aurons montré ainsi quelle est la substance et le rôle, quelle est la fonction de la conscience. On verra clairement, nous l'espérons, comment cette réalité complexe et mobile, immatérielle et indéfinie, qu'est le milieu historico-social, détermine et fait fonctionner les cerveaux humains pour produire la musique des consciences humaines. Cette réalité historico-sociale économise une hypothèse chimérique, celle du *spirite*, du *spiritisme* et même du *spiritualisme*, qui peut dégénérer en spiritisme. Elle détient toutes les qualités explicatives que présuppose l'hypothèse spirite de M. J. Chevalier. Elle peut déterminer les fonctions du cerveau, sans qu'il soit besoin d'un esprit, tel qu'on le conçoit vulgairement souvent et même philosophiquement, tel qu'il est conçu par les métapsychistes. Nous pouvons facilement concevoir ce fait par l'action que le milieu social, le groupe, la coopération ou les multiples cercles sociaux ont sur l'homme qui leur appartient. Pour que cette détermination se produise, point n'est besoin d'un esprit qui intervienne et agisse sur les réflexes cérébraux.

La mobilité, l'infinie complexité des rapports sociaux

expliquent bien le caractère abstrait, immatériel du milieu social. Il est abstrait et immatériel, n'étant au fond qu'un complexe instable de rapports compliqués et riches. A chaque instant, ce complexus de rapports se traduit, s'incarne, par l'intermédiaire de l'organe cérébral qui les synthétise comme dans un foyer, dans un état psychique qui en est l'intégrale, et le mot est le signe exprimant cette intégrale. La conscience est la totalité, l'intégrale des rapports sociaux qui enserrent l'homme, membre d'une société. Elle est indispensable, car ces rapports, changeant à chaque moment, s'expriment en elle, en ses états continuellement changeants. La conscience et ses états réalisent ce miracle qu'à chaque instant, au moyen du cerveau, qui en est l'intermédiaire, ils incarnent et donnent une expression concrète aux rapports sociaux, ses concomitants innombrables, abstraits, et par cela même immatériels. Ainsi l'homme a, dans chaque état de conscience, comme un *peloton de rapports sociaux abstraits*, qui lui indiquent son rôle, sa fonction, et déterminent son activité. Ils sont pour lui comme une carte géographique, qui l'aiderait à s'orienter dans la société et, par suite, dans la nature. Ils sont colorés et précis, comme une carte véritable, et cette coloration même lui confère le sentiment de réalité concrète où s'exprime la réalité abstraite des rapports sociaux connexes.

Cette fragile réalité de la conscience, que les étudiants américains ont voulu expérimenter en se donnant la mort, *est ainsi réductible à un ensemble de rapports sociaux qui se traduisent par un ensemble de rapports cérébraux concrétisés en états de conscience.* Elle est cela et rien que cela. Elle s'évanouit en même temps que les cerveaux et elle change ou s'évanouit quand les rapports sociaux changent ou s'évanouissent. Avec la mort de l'individu, les rapports sociaux qui l'enserrent disparaissent, en fait d'abord, en droit ensuite. En fait, ils disparaissent parce que le cerveau est devenu impropre à les centraliser comme dans un foyer; en droit, parce que, le cerveau étant hors de cause, l'individu n'existe plus; les rapports sociaux n'ayant plus à qui se rapporter, n'ont plus d'objet.

Réalité, synthèse de rapports, la conscience est concrète mais immatérielle, c'est donc une réalité abstraite-concrète, dont le cerveau n'est que l'organe et dont la source est extra-physiologique, la société, la nation, etc.

Que les spiritistes en général et les étudiants américains, qui se sont suicidés, aient eu ce très fort sentiment que la conscience ne dépend pas du cerveau, le fait était justifié. Que leur conscience affirmât que l'âme constitue une réalité concrète en quelque sorte, agissante et active, cela est également vrai. Mais c'est une réalité possédant une source et des organes ; elle a une source d'où elle dérive, la société ; et un organe par lequel elle se manifeste, le cerveau. La source est, en effet, infinie et éternelle, car la société humaine dépasse la vie de ses membres, mais l'organe est éphémère. Lorsque l'organe disparaît, l'esprit ne se désincarne pas pour continuer une vie indépendante, propre, car il n'est qu'une réalité faite de rapports concentrés, centralisés dans le cerveau, et, celui-ci détruit, la réalité de rapports s'évanouit à jamais. L'éternité et l'immatérialité (immatérielle parce que faite de rapports) de la source nous donnent le sentiment de l'éternité et de l'immatérialité de la conscience. Ce sentiment est donc à la fois légitime en lui-même et faux en réalité. L'organe cérébral une fois modelé et organisé par les rapports sociaux et sous leur incidence peut se maintenir, et avec lui la conscience, du moins quelque temps, même dans l'isolement (ascètes solitaires, reclus) ; mais l'organe cérébral disparu ou mis hors de cause, la conscience perd toute sa réalité.

Si la conscience ne s'explique pas par le fonctionnement du cerveau ; si elle n'en dépend pas, parce qu'elle est de nature immortelle, infinie, ne veut pas dire qu'elle puisse persister sans cet organe, car, avec lui, disparaissent aussi les rapports sociaux qui en sont la source et la substance. Du simple fait que la conscience ne dépend pas du cerveau, ne découle pas qu'elle peut se dispenser du cerveau et continuer d'exister. La vérité, l'exactitude de la première affirmation n'entraîne malheureusement pas l'exactitude de la seconde. Si on avait pu attirer l'attention des étudiants

américains sur cette dissociation, ils ne se seraient pas
suicidés pour expérimenter la doctrine de la désincarnation
de l'esprit. Si les partisans de la théorie spiritiste voulaient
seulement examiner notre manière de concevoir et d'expliquer la conscience, ils s'apercevraient bientôt qu'ils pour-
suivent des chimères, que leurs efforts mystiques n'ont
rien de raisonnable, rien de fondé, et qu'ils n'aboutiront
à rien. Tous ces efforts et ces énergies, ce temps, pourraient
être dépensés en des recherches rationnelles où ils fructifie-
raient, sans aucun doute. Leurs inclinations mystiques
peuvent être légitimes, mais il faut que la raison les pénètre
pour qu'elles deviennent légitimes et fructueuses. Leur sentiment, très juste en lui-même, que le corps, la physiologie,
les réflexes cérébraux n'épuisent pas l'explication de la
conscience et de ses fonctions, ne suffit pas pour que leur
foi en une réalité spirituelle soit fondée. Leur sentiment et
leur mysticisme est profondément exact, mais c'est dans
un tout autre sens qu'il doit être interprété.

Il ne suffit pas — je le sais — de dire qu'il faut diriger
l'attention des mystiques vers un autre but, il faut aussi
dire quel il est. Je le dirai plus tard, afin d'achever et de
vérifier en quelque sorte notre hypothèse. — Que la raison
doive être élargie, assouplie, nous sommes d'accord.
Boutroux l'a reconnu, qui était pourtant un rationaliste
sévère et scrupuleux. Mais croire que le mysticisme spiritiste ou religieux puisse s'affranchir de la raison et bâtir
quelque chose contre elle, c'est se tromper profondément.
Et M. Maurice Blondel, qui est pourtant un mystique des
plus hardis, le reconnaît et ne cesse de faire appel à la raison pour contrôler et vérifier les conceptions mystiques. Il
esquisse même une réaction contre les théories anti-intellec-
tualistes. « A en croire, dit-il, certaine philosophie nouvelle, la pensée discursive ne serait qu'un artifice en vue
d'une utilité pratique.... Notre dessein est au contraire
d'expliquer comment il se fait que la connaissance analytique et par concepts.... est foncièrement naturelle et sou-
mise à la solidité de l'intelligence, à la distinction et à
l'union des esprits. » Pour les mystiques contemporains,

« la raison garde tous ses droits d'exercer le plus sévère contrôle sur les résultats auxquels aboutissent la concentration et la tension de la pensée mystique ». « Le mysticisme est même la plus haute fonction de l'intelligence[1]. »

En général, les mystiques, tout comme les sociologues et les positivistes, sont d'accord pour affirmer que l'intelligence et la conscience ne sont pas un produit du cerveau de l'homme physiologique. Ils les conçoivent comme un don de Dieu fait à l'homme. « Ils ont eu le sentiment que l'intelligence, c'est Dieu en nous... Ainsi nous sommes des êtres dans l'Être, des intelligences dans l'Intelligence. Rien que nous n'ayons reçu passif de Dieu, mais aussi auteurs en nous de Dieu, nous avons à faire fructifier le prêt qui nous est confié[2]... » Comme Dieu est, selon les sociologues, l'expression symbolique de la réalité sociale, les mystiques confirment ainsi le sociologisme, en tant qu'il fait dériver les fonctions de la conscience de sa véritable source, la société.

Quoiqu'il en soit, il s'ensuit que le pragmatisme ne semble pas avoir su déloger le rationalisme et n'y réussira jamais. Il faut que cet oiseau aux regards perçants qu'est la raison veille toujours aux portes de la pensée et de l'expérience, afin qu'elle n'aboutisse pas aux manipulations de tables tournantes et dansantes et aux expériences lugubres des étudiants américains. Si le rationalisme ne paie pas, comme le voudrait le pragmatisme, c'est à son honneur et pour le bonheur des hommes. Le pragmatisme, dégénéré en spiritisme, lui, paie. Mais ce salaire est la mort. Saint Paul ne se trompait pas en disant que la mort est le salaire du péché.

Le péché du pragmatisme de W. James est évident, comme l'a montré Boutroux. Il consiste en cette théorie du philosophe que « la philosophie a sa racine dans la vie, non dans la vie collective et impersonnelle de l'humanité, abstraction d'école selon lui, mais dans la vie concrète de

1. *Procès de l'Intelligence*, p. 287-288.
2. *Ibid.*, p. 292.

l'individu, la seule existant véritablement ». Accorder à l'individu seul la réalité et la nier à la société est une grave erreur. En fait, les deux termes sont corrélatifs et également concrets ou abstraits. Qu'est-ce que l'individu, sinon une synthèse de cellules comme la société est une synthèse d'individus ? A l'analyse, l'individu s'évanouit comme un mirage, et il n'en reste plus que la poussière des cellules composantes, comme la société se dissout dans les individus. Isoler l'individu, en faire la seule réalité concrète véritable, c'est verser fatalement dans le spiritisme. Le pragmatisme de James ne pouvait pas l'éviter.

On ne peut dire, cependant, que W. James a complètement méconnu la réalité de la vie sociale. Seulement, il l'a conçue sous la forme mystique de la divinité. Les termes mêmes qu'il emploie pour parler de Dieu laissent voir que c'est la réalité sociale qui s'y révèle. « De même, dit-il, que nous avons conscience de notre être aussi bien que de notre limite momentanée, n'est-il pas possible que nous formions également la limite de *quelque moi* qui serait plus réellement le centre des choses et qui à son tour aurait conscience de son être aussi bien que de nous tous ? Est-ce que vous et moi ne pouvons pas être en quelque sorte les affluents d'une conscience supérieure, au sein de laquelle nous agirions de concert, sans en rien savoir actuellement ?... Le croyant s'aperçoit que les parties les plus intimes de sa vie personnelle sont dans un rapport de continuité avec une vie de même qualité qui dépasse la sienne et qui agit dans l'univers en dehors de lui... Bref, le croyant — à ce que lui affirme du moins sa conscience — se continue dans un moi plus vaste, d'où viennent s'épancher en lui des expériences libératrices... Nous sommes plongés dans un invisible milieu sprituel d'où une aide nous vient, notre âme ne faisant mystérieusement qu'un avec une âme plus grande dont nous sommes les instrments. »

Ce moi qui nous dépasse, cette conscience supérieure et plus vaste avec laquelle notre vie est en rapport de continuité, ce milieu spirituel où nous plongeons, c'est sans doute le milieu de la vie collective, c'est la conscience sociale. Si

Dieu est comme le veulent certains sociologues, la personnification de la conscience sociale et de la société ou de l'humanité, l'esprit devait être également, pour W. James, la personnification de la conscience individuelle, de l'individu entité spirituelle. Pour avoir méconnu la société et la vie collective, pour les avoir niées en faveur de l'individu, le pragmatisme s'est égaré dans les ténèbres d'un spiritisme superstitieux et lugubre. N'ayant pas vu dans la vie collective la source de la conscience et de l'esprit, qui ne vient sans doute pas de la constitution matérielle de l'homme, les pragmatides spiritistes affirment la réalité de l'esprit, mais ils en méconnaissent la véritable nature — qui est faite de rapports sociaux, et, en la personnifiant, en font un fantôme illusoire et décevant.

La raison d'être des chapitres suivants sera précisément de faire remonter à la pensée contemporaine la pente qui la conduit vers le spiritisme.

PREMIÈRE PARTIE[1]

L'INTERPRÉTATION SOCIOLOGIQUE
DES PHÉNOMÈNES CONSCIENTS

Après de longues recherches, patientes et laborieuses, sur les problèmes de notre vie intérieure, la science de l'âme, devenue physiologique et expérimentale, voire même pathologique, à être regardée de plus en plus près, ne nous semble pas avoir fait de progrès remarquables depuis plus d'un demi-siècle qu'elle persévère dans ces voies nouvelles. C'est une constatation que nous avons faite, il y a déjà quelque dix ou onze ans[2], à la suite d'un apprentissage assez prolongé dans les recherches de la psychologie expérimentale et pathologique et dans l'étude critique de leurs résultats, entreprise naguère en collaboration avec mon regretté ami N. Vaschide. Malgré la vogue et le prestige, très grands alors, de la psychologie expérimentale, il nous avait semblé — et, depuis, ma conviction n'a fait que s'ac-

---

1. Cette partie a été publiée dans la *Revue philosophique*, septembre et octobre 1914.

2. Voir *Le Problème du Déterminisme social*, 1903, chez Marcel Rivière; *Du Rôle de l'Individu dans le Déterminisme social*, 1904, Alcan, et surtout *Problème de la Conscience*, Alcan, 1907.

croître — que les résultats de la psycho-physiologie sont plutôt négatifs, parce que l'opacité de la matière physiologique n'est pas faite pour nous livrer les secrets de la vie consciente, qu'elle nous les cache bien plus qu'elle ne nous les dévoile. Il nous avait paru, en effet, que les recherches psycho-physiologiques n'ont pas seulement pour résultat d'inutiliser nos efforts, qu'on aurait mieux fait de dépenser dans d'autres directions, mais encore qu'elles nous égarent en nous mettant sur une fausse piste. Nous avions montré, et insisté à montrer, que la psychologie, expérimentale et physiologique, n'a étudié et mesuré, avec succès et profit pour la science, que les phénomènes psychologiques inférieurs, les sensations, avec leur intensité et leur temps de réaction, et plus particulièrement les sensations visuelles et auditives. Les recherches sur les émotions et leur mensuration ont donné des résultats bien plus maigres. Quant aux fonctions psychiques supérieures : perception, mémoire, attention, imagination, nous avions déjà constaté que la psychologie expérimentale n'a obtenu que des lieux communs. Tout au plus a-t-elle mesuré le courant plus ou moins fort de la circulation du sang et la dépense de nourriture que nécessite l'activité de ces fonctions psychiques supérieures, bref, les variations physiologiques et chimiques parallèles à ces processus psychiques.

Depuis, nos constatations ont été reprises et exposées, avec plus de détails et d'ensemble, et aussi avec plus d'autorité et de compétence, par M. Kostyleff dans un livre très intéressant, *La Crise de la Psychologie expérimentale*, qui date de 1911. Comme le titre même l'indique, l'auteur constate que la psycho-physiologie expérimentale a abouti à une crise qui vaut presque une faillite. Il a pris pour point de départ de son livre les constatations que le professeur E.-B. Titchener a faites à Saint-Louis, et publiées dans l'*American Journal of Psychology* en 1905.

Ainsi M. Kostyleff, après avoir examiné « les innombrables expériences psychologiques qui se sont accumulées », conclut qu'elles ne « permettent pas d'affirmer que la

nouvelle science ait trouvé sa vraie voie [1] ». Au contraire,
plus on avance, plus la marche devient incertaine. L'insuc-
cès même de ces recherches a fait qu'elles se sont dirigées,
en France, vers une science appliquée et en Allemagne
vers la métaphysique [2]. Les efforts de l'école expérimentale
française ont abouti, avec Toulouse, Vaschide et Piéron, à
cette conclusion décevante : la psychologie expérimentale a
pour principal objet une caractéristique psychologique des
individus. « S'il en est ainsi, déclare M. Kostyleff, la psychologie serait réduite au rang d'une science appliquée,
comme l'anthropométrie. »

A ce propos, rappelons que, dès 1904, nous avions déjà
montré, par des déductions peut-être un peu abstraites, que
la psychologie, en tant que science de *l'individu*, est impossible, ou qu'elle se confond de plus en plus avec la biogra-
phie [3]. En tant que science des lois générales des phénomènes psychiques, elles n'est pas plus qu'une sorte de sociologie
subjective [4]. C'est à la sociologie, disions-nous avec E. de
Roberty, d'étudier les phénomènes psychiques supérieurs.
Car la psychologie physiologique expérimentale ne vaut
pas mieux que la psychologie individuelle introspective,
n'étant, elle aussi, ce qui est pis, qu'une introspection physiologique.

Mais si l'auteur que nous venons de citer constate la crise
de la psychologie expérimentale, ce n'est pas pour en tirer
les mêmes conclusions que nous ; c'est, au contraire, pour
proposer une orientation et une méthode nouvelles de
recherches. Plus exactement, M. Kostyleff propose un nouveau système d'expériences, qui porterait sur les réflexes
cérébraux, sur leur formation progressive chez les enfants,
et sur leur évolution chez les adultes. En somme, la psychologie expérimentale va devenir, avec la récente école
russe de Bechterew, une sorte de *pédologie*. Sur ce point
encore, on ne me saura peut-être pas gré de rappeler que,

1. P. 1.
2. *Op. cit.*, p. 2.
3. *Du Rôle de l'Individu*, p. 100.
4. *Ibid.*

dès 1904, j'étais arrivé à la conclusion que la psychologie, étant comme inexistante, ne peut rien fournir à la pratique pédagogique, et que c'est plutôt à la pratique pédagogique, avec ses nombreuses expérimentations et avec la discipline qu'elle impose à l'esprit de l'enfant, à fournir la matière de la conscience à la psychologie. La cohésion de nos états d'âme, et les quelques lois qui régissent leur changement sont bien plus le produit de l'éducation et de la pédagogie, que la pédagogie ne peut être une science dérivée de la psychologie. En fait, disions-nous, c'est la psychologie qui dérive de la pédagogie, et non le contraire, comme on le pense [1]. Et, à notre avis, l'école russe est dans la seule bonne voie qu'il restait à prendre. Avant elle, nous avions montré que, seule, l'étude de la formation génétique de la conscience des enfants peut nous découvrir quelque chose sur les secrets et sur les lois de la vie de notre esprit. Mais cela comme pis-aller, car ce n'est que l'étude approfondie de l'histoire humaine et des influences de la vie collective sur l'homme, qui pourrait nous livrer le mystère de la genèse de l'esprit et des lois qui le régissent.

Malgré les recherches prodigieusement nombreuses et variées de la psychologie sous toutes ses hypostases, aujourd'hui encore, pour nous, comme il y a une vingtaine d'années pour M. Maurice Blondel, « *impénétrable demeure*

---

1. Ici encore nous nous permettrons de rappeler que M. Dugas a adopté, depuis, une manière de voir identique à la nôtre. Voici ses termes : « Nous avions d'abord songé à présenter les doctrines pédagogiques dans leur rapport avec la science psychologique sur laquelle logiquement elles s'appuient et dont il semble qu'elles dérivent ; mais nous avons constaté que la pédagogie se développe d'une façon indépendante, se fait à elle-même sa psychologie et ne la reçoit point du dehors. Nous avons donc renoncé à suivre rigoureusement le plan tracé dans l'introduction. Nous regardons finalement la pédagogie moins comme une application de la psychologie que comme une contribution à l'étude de la psychologie, et nous l'avons interprétée dans ce sens. » Certes, nous ne pouvons nous flatter d'avoir suggéré à M. Dugas le changement du plan de son beau livre, *Le Problème de l'Éducation*. On écrit et on publie tant aujourd'hui, qu'on ne peut pas tout lire. Mais il est toujours agréable de voir confirmer, ultérieurement, par d'autres penseurs plus autorisés, ce que soi-même on avait cru découvrir et à peine osé affirmer, comme trop hardi et en contradiction avec l'opinion scientifique courante.

la naissance de ce qu'il y a de plus admirable et de moins admiré : la lumière intérieure ». La conscience ? se demandait le savant professeur américain M. Titchener. « Pour ce problème, disait-il en 1905, nous ne sommes pas encore mûrs. Nous devons en approcher, non par l'ingéniosité, mais par la patience des recherches [1]. » A cette question M. Kostyleff croyait pouvoir répondre, en 1906, que « la conscience est objectivement une forme très rapide du mouvement universel, et ce dernier peut se ralentir comme il a pu s'accélérer ». Par conséquent, « la conscience dans le monde et dans l'individu surgit et disparaît, comme un éclair dans les ténèbres de la nuit [2].

Mais qu'est-elle au fond, cette forme très rapide de mouvement ? Qu'est-il, cet éclair de la conscience ? Pour ce psychologue : *l'âme présente l'ensemble des réflexes périphériques et internes qui atteignent les centres cérébraux [3].* Et le contenu objectif du moi, ou de la conscience proprement dite, est le réflexe psychique qui, subjectivement, représente une mosaïque de sensations. « L'origine des réflexes psychiques doit se rattacher au moment où deux réflexes sensoriels se trouvent associés par l'intermédiaire d'un centre cérébral. Ce fait correspond à ce que nous appelons notre « moi » inconscient. Ce dernier devient conscient *lorsque plusieurs sensations produites par ces réflexes forment une unité subjective [4].* » La conscience est donc, pour résumer, dans une formule brève, la pensée de cet auteur, une synthèse subjective de plusieurs sensations produites par les réflexes psychiques.

Il y a deux remarques à faire à propos de cette *définition-hypothèse* : 1° Cette définition du conscient par le subjectif est une simple tautologie ; 2° Elle s'arrête arbitrairement aux réflexes cérébraux, qui ne sont d'ailleurs, eux-mêmes, qu'une simple hypothèse conçue par analogie avec les réflexes nerveux inférieurs. Nous pensons qu'il faut

1. Cité par M. Kostyleff, *La Crise de la Psychologie expér.*, p. 52.
2. *Les Substituts de l'Ame*, p. 221.
3. P. 208.
4. P. 216-217.

poursuivre plus à fond la cause de ces réflexes, les éléments qui les déterminent et déterminent aussi leur synthèse pour produire l'éclair de la conscience. Et quand on suit le fil conducteur de la causalité, on est forcé de quitter la vie individuelle et de descendre dans la vie collective, l'ambiance naturelle de la conscience, où elle baigne par tous les bouts de nerfs du corps humain.

Déjà, en 1903, nous étions arrivés à la conclusion que le processus de notre pensée, et par conséquent l'enchaînement des processus cérébraux subséquents, ne peut s'expliquer et n'est pas déterminé et dirigé par les seules réactions chimico-psychiques qui se passent dans le cerveau et dans l'organisme, mais bien au contraire par certains processus extérieurs de nature historico-sociale. Nous disions alors, et nous l'affirmons aujourd'hui avec plus de conviction, que, si quelqu'un pouvait connaître l'état exact d'un cerveau et d'un corps, à un moment donné, il n'en pourrait rien déduire sur l'état de ce cerveau un moment après ; tandis que, si ce cerveau était celui d'un collégien, pourvu qu'on connût le programme scolaire, on aurait beaucoup plus de chances de prévoir ce qui s'y passera, les événements psychiques et, par suite, aussi les processus cérébraux qui y auront lieu[1].

Vers la même époque que M. Kostyleff, nous avions essayé de donner une définition hypothétique de la conscience. Et dirigeant notre attention sur les rapports de l'homme avec son groupe social, nous avions dit que *la conscience représente les rapports inter-individuels organisés en société*, et qu'elle est un flambeau qui s'allume et se dégage des rapports et des inter-contacts individuels, dans le groupe social. Or il y a une vague ressemblance entre notre formule et celle de M. Kostyleff. Seulement notre hypothèse ne s'arrête pas aux réflexes psychiques intérieurs, car elle sort de l'intérieur de l'individu, et retrouve précisément les éléments qui déterminent ces réflexes psychiques et qui les organisent dans la synthèse

---

1. *Problème du Déterminisme social*, p. 98-99.

d'où jaillit l'étincelle de la lumière intérieure. Nous y revenons maintenant, pour reprendre cette hypothèse provisoire, un peu trop schématique et abstraite. Nous nous proposons d'en donner des précisions nouvelles et une plus large documentation. Tout au moins aurons-nous réussi à indiquer plus précisément dans quelle direction il faut chercher l'origine de la conscience et le secret de ses lois.

CHAPITRE PREMIER

En même temps que l'on constatait la crise de la psychologie physiologique et expérimentale, on commençait déjà à penser que certaines fonctions supérieures de la conscience, la raison, l'abstraction, par exemple, se sont développées sous l'influence de certaines nécessités de la vie du groupe. D'une manière encore trop vague, on se rendait compte que les acquisitions les plus hautes et les plus abstraites de l'esprit ne seraient pas possibles ou ne seraient pas ce qu'elles sont, et qu'elles seraient autres, si une vie sociale large, avec ses exigences, n'avait contribué à les déterminer, en partie, et à les développer. En France, MM. de Roberty, Izoulet, Tarde, Espinas et Durkheim partageaient cette manière de voir. En cela ils ne faisaient, d'ailleurs, que suivre la tradition de la philosophie sociologique d'Auguste Comte, qui, comme on le sait, avait supprimé la psychologie en tant que science, et en avait distribué le contenu entre la biologie et la sociologie. A la biologie, Comte avait attribué les fonctions inférieures de l'esprit, celles qu'a reprises ultérieurement la psycho-physique, et à la sociologie, les phénomènes psychiques supérieurs et abstraits. Mais les continuateurs de Comte, en France, excepté M. de Roberty, n'avaient pas eu le courage de suivre, dans ce sens, le philosophe positiviste jus-

qu'au bout. Ils admettent encore une science de la psychologie à côté de la sociologie, et ne font appel à cette dernière discipline que pour l'employer à la recherche de la
genèse et à l'interprétation des fonctions et des concepts
les plus généraux de la logique et de la psychologie.

Tel était l'état de l'opinion scientifique sur les résultats
négatifs ou insuffisants de la psychologie individuelle,
psychologiquement ou physiologiquement introspective, et
sur la nécessité de complěter, par en haut, les recherches
psychologiques par les données de la sociologie, lorsque
nous avons publié nos trois monographies sur ce même
sujet. Nous avons montré, en effet, que le déficit, disons le
mot, la faillite de la psychologie est complète. Et nous
avons dit que la cause en est dans la nature même de cette
science, qui est une sorte d'alchimie de l'esprit, parce
qu'elle étudie l'âme en elle-même, au lieu de l'étudier dans
ses rapports avec les êtres qui l'entourent et la déterminent, en la faisant ce qu'elle est.

Ce simple essai d'orientation nouvelle, du reste en parfaite conformité avec la révolution de méthode subie par
toutes les autres sciences, nous a fait voir que la psychologie doit cesser les recherches sur l'individu, en tant que
tel, pour étudier les rapports de l'individu avec ses semblables organisés en société. Par là, nous avons rejoint la
sociologie, nous nous sommes trouvés au cœur même de
la sociologie. Malgré tout ce que cela nous a coûté, nous
avons été logiquement contraints d'affirmer que l'étude des
phénomènes psychiques conscients et les recherches sur la
conscience appartiennent à la sociologie, complétée, cela
va sans dire, par l'intuition intérieure, par les vérifications
de la méthode introspective. C'était dire, par là, que la
discipline qui convient à l'étude des phénomènes conscients
est la sociologie. A nos yeux, la sociologie devait remplacer
la physiologie dans l'étude des phénomènes conscients proprement dits. A la place de la psycho-physiologie, nous
proposions la *psycho-sociologie*. Conscience, perception,
mémoire, imagination, attention, abstraction, volonté,
raison, nous semblent justiciables seulement du tribunal

de la sociologie et de l'histoire, et plus exactement de la psycho-sociologie.

Notre proposition, téméraire en elle-même, nous ne l'avions pas dissimulé, a semblé arbitraire et simpliste aux yeux de beaucoup, et a attiré le silence méprisant de ceux dont elle avait attiré l'attention le plus immédiatement, et la critique, bien superficielle pourtant, malgré son vernis d'ironie, des autres, qui étaient moins appelés à la juger[1].

Ce succès de silence et les critiques dont l'ironie ne réussissait pas à les rendre profondes ne nous ont pas convaincus d'erreur[2]. Il semble même que, tacitement, notre manière de voir soit reprise et pratiquée dans les recherches de Durkheim et de son école. Ainsi, dans *Les Formes élémentaires de la Vie religieuse*, Durkheim va jusqu'à adop-

---

1. Il est vrai que E. de Roberty, dans ses derniers ouvrages, a accordé une attention bienveillante à la thèse que j'avais développée dans mes livres, et qui va dans le sens de son propre point de vue. Il s'est exprimé sur notre compte dans ces termes, très flatteurs, dont nous lui sommes bien reconnaissant : « C'est au sociologue roumain, M. Draghicesco, que le monde savant est redevable d'une des plus profondes et des plus fines interprétations de la thèse néopositiviste... » Pourtant, même la joie de cette appréciation n'est pas sans mélange et nous sommes très étonnés de voir de Roberty, dans un article ultérieurement publié par la *Revue Philosophique,* nous ranger parmi les partisans de la conception psychologique de la sociologie (p. 7).

2. Dans notre livre : *Le Rôle de l'Individu,* ayant fait une application de notre interprétation sociologique au phénomène du *génie,* nous avions conclu dans ces propres termes : « En effet, le génie est l'original, l'irréductible, parce qu'il est la synthèse du commun, du vulgaire, de la masse... On accorde bien que la cellule vivante est un produit irréductible, et cependant elle se compose d'atomes matériels chimiques... Toute synthèse est un acte de création originale, irréductible, mais s'explique par ses composants .. Si le génie est identique à la masse, c'est parce qu'il en est la synthèse, et s'il en diffère aussi profondément, c'est justement parce qu'il est cette synthèse » (p. 331). Or, Palante, pour mieux réfuter cette manière de voir et la tourner en ridicule, croit pouvoir la résumer ainsi : « L'homme est d'autant plus original qu'il est plus banal » (*Les Antinomies,* p. 283). Il est vrai que, si l'on élimine l'idée de synthèse, comme le fait Palante, mon interprétation n'est pas seulement « un simple jeu de mots », mais un monument de stupidité. Sur la parfaite bonne foi de Palante, mon interprétation du génie a inspiré à M. Bourdeau un article, très spirituel, d'ailleurs, publié dans le *Journal des Débats,* où la réfutation de ma thèse a été un jeu bien facile pour la fine plume de ce dernier.

ter presque entièrement notre point de vue. « Il n'est pas douteux, dit-il, que le langage et, par conséquent, le système de concepts qu'il traduit, est le produit d'une élaboration collective... Les notions qui correspondent aux divers éléments du langage sont donc bien des représentations collectives[1]. » Et si Durkheim ne reconnaît pas expressément et directement que la conscience individuelle se dégage de la vie collective, il le reconnaît et l'affirme indirectement, en disant que « l'idéal personnel se dégage de l'idéal social, à mesure que la personnalité individuelle se développe[2] » et que le personnel se dégage en nous de l'impersonnel social. Or, l'idéal personnel est la réaction immédiate de la conscience sur le réel. Plus encore, Durkheim est arrivé à adopter notre hypothèse, en cela qu'il fait dériver l'âme et la notion de l'âme du *mana*, qui est la substance des âmes individuelles et aussi du social pur, objectif et impersonnel. Et il en est de même lorsqu'il affirme que le personnel, le spirituel — nous disons la conscience — est ce qu'il y a en nous de social et par suite d'impersonnel[3].

Rien de plus naturel, d'ailleurs, car notre point de vue nous a été suggéré, en grande partie, par les travaux de ce sociologue même. De même, le grand psychologue et philosophe qu'est Wundt, ayant depuis longtemps le sentiment que la psychophysiologie est de beaucoup insuffisante, a dirigé ses efforts vers la psychologie des peuples (Volkerpsychologie). L'une de ses conclusions, que résume M. Novero, est que la conscience individuelle a comme point de départ « une mentalité purement grégaire, où les résultantes diffuses dans la masse collective n'aboutissent pas encore à des synthèses individuelles nettement différenciées » et que « cette mentalité grégaire, c'est en quelque sorte la nébuleuse primitive de la vie psychique. Le progrès s'effectue par un mouvement de concentration et de différenciation des énergies spirituelles, lequel suppose

1. P. 620.
2. P. 604.
3. *Ibid.*, p. 382-286.

et détermine, à la fois, la naissance de l'attention et de l'intelligence[1]. »

C'est donc une raison de plus pour que nous reprenions maintenant notre point de vue. Nous allons faire voir d'une façon plus claire et plus substantielle, avec plus de preuves à l'appui, en quel sens nous pensons que la *conscience* est un phénomène social, dont la genèse et toutes les fonctions doivent être recherchées dans la vie sociale et interprétées par les données de la sociologie et de l'histoire.

Mais, avant tout, entendons-nous bien sur ce que nous comprenons par la conscience. Tâchons d'en définir préalablement, d'une manière provisoire, le sens et la réalité.

On pourrait peut-être trouver oiseux de se poser la question de la définition et du sens de la conscience. D'abord, parce que la conscience est comme une donnée immédiate, objet d'une intuition inanalysable, et ensuite parce que toutes définition et interprétation données à cette réalité, qui nous échappe parce qu'elle s'échappe à elle-même, ne peuvent être ni suffisamment prouvées ni vérifiées. Comme l'œil ne peut se voir directement lui-même, la conscience ne peut non plus se saisir et s'interpréter en elle-même. Cependant, dire cela, c'est avouer, prématurément, une faillite qui n'est que l'effet d'une paresse de l'esprit ; c'est abdiquer trop tôt. Il faut, quand même, poser le problème et essayer de le délimiter et de le résoudre, non en lui-même, mais, indirectement, dans ses rapports avec les réalités environnantes. Sur les traces de ses rapports, nous pourrions bien glisser ensuite, jusqu'au centre même du problème. L'œil arrive bien, lui aussi, à se voir indirectement dans le miroir, et à se voir jusque dans ses profondeurs accessibles.

Conscience est un mot qui, généralement, est remplacé, sans même qu'on s'en rende compte, par plusieurs autres termes qui lui sont, à peu de chose, équivalents : *l'âme, le « moi », la raison, l'esprit, la personnalité.* Tous ces mots

1. *Revue de Métaphysique*, 1912, p. 94.

traduisent ou presque, la même réalité, ou bien des aspects différemment ou légèrement nuancés, sinon des parties intégrantes, en proportions sensiblement différentes, de la même réalité. L'âme et l'esprit sont les termes les plus compréhensifs qui expriment le plus largement cette réalité. L'âme contient le conscient actuel au même titre que le conscient passé devenu inconscient. Car l'*inconscient* est le *sous-conscient* dont le conscient émerge continuellement. L'inconscient est, si nous pouvons nous exprimer ainsi, le réservoir qui contient la totalité de l'expérience, tous les actes qui ont été conscients à l'origine, et sont redevenus souvent conscients, mais qui restent inconscients, à l'exception des occasions qui les élèvent dans la conscience. L'âme est la somme de cet inconscient avec le conscient actuel.

Par rapport à l'âme, la conscience nous semble donc une sorte de lumière intérieure, qui accompagne à chaque moment un nombre d'éléments assez réduits, puisés dans l'inconscient, actualisés en ce moment et toujours changeants. Exactement, la conscience est une partie de l'âme, du sous-conscient, composée de tous les éléments assez nombreux après tout, qui reviennent assez souvent et sont doués plus particulièrement d'une sorte de phosphorescence latente, susceptible de les éclairer et de s'allumer plus facilement et, par suite, ainsi, de les actualiser. Si la conscience est cette phosphorescence des états intérieurs actualisés, et qui les accompagne tant qu'ils sont actuels, le « moi » est composé de ces éléments actuels, ou actualisables, qui sont le support de la conscience, l'objet sur lequel se pose la lumière intérieure de la conscience. Conscience et « moi » sont les deux aspects, faits de nuances, d'une seule et même chose.

Si le « moi » et la conscience sont changeants et mobiles, par contre, la personnalité est ce qui dure sous le « moi » conscient, à travers la mobilité du « moi » et de la conscience. La personnalité est plus riche, plus compréhensive ; elle correspond plus exactement avec l'âme ; elle plonge plus profondément que le moi et la conscience dans le réservoir de la totalité de l'expérience. Elle diffère pourtant de l'âme, en ce sens que la personnalité est composée des facteurs dominants, qui sont tels parce qu'ils sont durables et qu'ils sont en étroite connexion avec tout le fond de l'inconscient qu'ils dominent. Ces éléments dérivent plus particulièrement de l'action ; ils sont de nature motrice, et leur constance, leur durée, s'expliquent ainsi. La personnalité est en liaison directe avec l'activité et la volonté ; elle marque et fait le caractère des personnes dont le signe est la constance, une permanence relative, propre aux formes de l'activité.

On peut dire que la personnalité est l'âme, vue sous son aspect dynamique, qu'elle exprime, malgré sa durabilité, le dynamisme de l'âme ; tandis que le « moi » et la conscience, malgré leur mobilité, expriment le côté statique de l'âme. Enfin, *raison* et *réflexion* expriment le fonctionnement du « moi », lorsqu'il y a conflit ou délibération entre les états intérieurs, conflit produit de l'analyse, aboutissant à une synthèse.

Ainsi déterminée, par rapport aux termes qui lui sont à peu près équivalents, il resterait encore cette question : la conscience est-elle quelque chose de spécifiquement, d'exclusivement humain ? A cette question, il est vrai, on ne peut donner que des réponses d'intuition et de sentiments impossibles à démontrer et à vérifier.

L'intuition et le sentiment nous semblent révéler, en effet, que la conscience réfléchie, comme une donnée continue, est spécifiquement humaine et qu'elle ne peut être, comme telle, attribuée aux animaux. Tout ce qu'on peut accorder aux animaux, et particulièrement aux animaux supérieurs, qui vivent plus près de l'homme, ce sont des lueurs inconsistantes, éphémères, de conscience. C'est dire, par là, que la lumière de la conscience est compatible avec la vie. Mais ce n'est pas dire qu'elle est inhérente à la vie. Car, alors, il faudrait admettre le pan-psychisme, qui l'attribue même aux métaux, ce qui nous semble bien absurde.

Qu'est-elle, au fond, cette lumière intérieure de la conscience ? D'où vient-elle dans ce monde de ténèbres, pour éclairer et, en quelque sorte, créer le contenu changeant du « moi » ? Y a-t-il d'autres phénomènes qui lui ressemblent, dont elle soit une simple différenciation quantitative ou qualitative ?

Puisque la science garde ici le silence, adressons-nous à l'intuition des poètes. Les poètes ont, en effet, toujours cru savoir, à leur manière, que la conscience est faite de douleur, qu'elle dérive de la souffrance, qui suscite, rehausse et approfondit la conscience. Peut-on dire que la conscience est la propriété de souffrir dont est douée la vie ? Car, selon les poètes, il semble qu'elle est virtuellement contenue dans la souffrance. Plus la capacité de souffrir d'un être est grande, plus cet être est susceptible d'acquérir une conscience forte et *vice versa*. Les hommes supérieurs sont dans ce cas. Le génie, a-t-on dit, est une longue patience. Or le génie est un surplus de conscience, c'est pourquoi il est un surplus de patience. La conscience comme le génie est donc une sorte de maladie de la vie physiologique. Les poètes ont comparé le phénomène du génie aux perles fines que sécrètent certains mollusques atteints d'une maladie accidentelle. De même, l'homme serait un animal pervers, maladif, dont la souffrance distille le phénomène de la conscience. Car ce qui s'ajoute à un état intérieur, pour devenir conscient, serait une teinture de souffrance.

Après l'intuition poétique, interrogeons l'intuition religieuse, et particulièrement l'intuition chrétienne, si elle peut nous dire quelque chose sur la genèse de la conscience. Car, pour résoudre une problème scientifique de ce genre, il faut faire appel à l'*expérience intégrale* de l'humanité, selon l'heureuse formule philosophique si profonde et juste de M. Bergson. Ici encore nous trouvons une réponse précise et qui va dans le même sens que l'intuition poétique. Cette réponse nous est procurée par l'un des premiers articles de foi, à savoir l'idée du *péché originel*, qui entraîna la déchéance humaine. Au commencement, l'homme vivait inconscient, dans le paradis, d'une vie simplement zoologique. Mais un jour Dieu s'avisa de lui défendre de manger des fruits d'un certain arbre, l'*Arbre de la Connaissance du Bien et du Mal*. Cette simple interdiction provoqua la désobéissance et la punition sévère. Dieu chassa l'homme de l'inconscience, c'est-à-dire du paradis, et le condamna aux douleurs perpétuelles des travaux forcés, c'est-à-dire du travail. La béatitude, l'inconscience et l'immortalité de l'homme firent place à la conscience, corollaire fatal de la douleur, du travail forcé et de la mort. C'est donc un acte défendu, un ordre désobéi qui déchaîna dans l'espèce humaine la douleur, la nécessité de travailler et, par surcroît, la conscience de soi. Selon l'intuition chrétienne, l'homme n'est devenu conscient que pour avoir mordu du fruit de l'arbre de la connaissance du bien et du mal. C'est dire, par là, que la conscience dérive de la connaissance du bien et du mal, ou, pour employer les termes de notre langage abstrait et philosophique, c'est dire que la conscience réfléchie dérive des interdictions morales et sociales, qui entraînent ordinairement des peines douloureuses et, bien rarement, des récompenses agréables [1].

Avant l'intervention des sanctions sociales, des interdictions et des ordres moraux, la vie de l'homme zoologique était, sans doute, à plusieurs points de vue, comparable à une vie paradisiaque. Les oiseaux du ciel et les animaux des champs ne sont soumis à aucune interdiction, n'ont point d'ordres à exécuter, hormis ceux de leurs instincts vitaux ; ils ne travaillent ni pour eux, ni surtout pour les autres, — car « ils ne labourent, ni ne sèment, ni ne moissonnent ». Insoucieux, et par suite inconscients, ils errent au gré du hasard dans les airs ou les forêts, sans craindre la mort ni les malheurs qui les guettent. Tel était aussi l'état de l'homme primitif, qui vivait une vie purement biologique, en petites hordes errantes. Cet état a cessé pour

---

1. Ribot l'affirme avec sa haute compétence incontestable : « La conscience, lorsqu'elle se constitue, est *totalement* et principalement affective et ne peut être autre ». (*Problèmes de Psychologie affective.*) Ribot confirme, par là, ce qu'il y a de profondément vrai dans le dogme du *péché originel.*

lui à un moment donné. Et peu à peu, la horde est devenue tribu, groupe social agrandi et organisé. Les règles, les interdictions religieuses et morales, d'abord, le travail forcé, ordonné, régularisé, au profit des autres, ensuite, et puis la conscience et l'idée de la mort qui en dérivent, voilà ce que la société agrandie et organisée a apporté à l'homme zoologique. Le mythe du péché originel est bien la représentation symbolique de cette déchéance de l'animal humain, à l'état d'homme social. L'arbre mystique, avec ses fruits de la connaissance du bien et du mal, symbolise bien l'ordre social, la société avec ses peines et ses récompenses, qui rendent l'homme conscient de soi et le vouent au travail forcé, ordonné, pour lui et les autres, et surtout pour les autres. Les douleurs que la société inflige à l'homme, les souffrances du travail[1], qu'elle lui impose, les rares satisfactions qu'elle lui accorde, voilà ce qui détermine la conscience de soi, la réflexion, dont l'un des grands avantages sera l'idée obsédante de la mort complétée par la faculté de l'homme de prévoir tous les malheurs qui l'attendent, pour en souffrir par anticipation.

Mais ces indications de l'intuition chrétienne nous conduisent directement dans le domaine de la sociologie, de l'éthique. La genèse de la conscience réfléchie, selon les suggestions de l'intuition chrétienne, doit être cherchée dans la vie religieuse et éthique ; elle doit être interprétée au moyen du processsus de l'histoire de la vie militaire et de la vie économique, qui semblent se confondre à leur point de départ.

Deux nécessités primordiales, essentielles gouvernent, en effet, la vie de la société : 1º *Le maintien du groupe social* ; 2º *Son extension*.

Si la conscience réfléchie est un produit de la vie sociale, elle doit être dérivée de ces deux nécessités fondamentales de la vie du groupe et reliée à elles. Or, nous allons voir

---

1. Schopenhauer a eu une admirable intuition de cette vérité ; toute sa philosophie en part et en est la démonstration sublime. Nous aurions eu tort de ne pas le rappeler.

que la vie religieuse et éthique fait la cohésion du groupe, en maintient l'organisation, et l'empêche de se disperser, tandis que la vie économico-militaire, proprement dite, ou historique, en détermine l'extension et l'organisation. La conscience réfléchie doit elle-même jaillir de cette double source, comme nous allons essayer de le montrer. On a déjà l'habitude de dire que les formes supérieures et les acquisitions abstraites de la conscience sont le produit de la vie collective. Ne peut-on généraliser cette constatation pour toutes les formes de la conscience, pour toutes ses acquisitions, pour son origine même? Voyons ce qu'il en est.

CHAPITRE II

La Religion source de la Cohésion sociale et de la Conscience.

Pendant des centaines de milliers d'ans, l'homme a vécu d'une vie simplement zoologique, en hordes libres, très réduites et relâchées. L'inconscience, l'instinct, fut son lot. Puis, le processus historique commence, avec des groupes sociaux toujours plus grands et plus organisés, et avec, en même temps, l'aube de la conscience réfléchie, de la morale et des dieux. L'histoire écrite est l'œuvre de la conscience réfléchie qui, elle, est l'œuvre de longue haleine de l'histoire antérieure, des événements historiques longuement vécus qui ont précédé son apparition. Et le mythe judéo-chrétien du *péché originel* est l'expression, condensée et symbolique, de ce processus de l'histoire primordiale déterminant l'apparition des premières lueurs de la conscience.

Des circonstances fortuites et extérieures ont fait que la horde humaine primitive s'est constituée en une tribu un peu consistante et organisée, et le groupe zoologique s'est, peu à peu, transformé en un groupe social. Nous essayerons de montrer, plus loin, comment cela est arrivé.

Le fait est que la vie religieuse et la conscience n'apparaissent qu'au milieu d'un groupe humain assez étendu, et qui commence à s'organiser, prenant ainsi une certaine consistance. Il se forme, alors, à côté de la vie simplement zoologique de l'homme, et en même temps dans et sur le fondement de sa vie zoologique, une vie *sui generis*, la vie du *groupe*. Cette vie nouvelle affirme sa réalité et sa spécificité, à mesure même qu'elle prend de l'extension, de la consistance et de l'organisation.

Elle se nourrit et, en quelque sorte, se développe au détriment de la vie zoologique de l'homme. C'est dire que la vie spéciale du groupe, pour s'affirmer et s'organiser, exige certaines restrictions de la vie zoologique des membres du groupe : elle impose des formes nouvelles d'activité, restreint quelques penchants naturels, défend certaines satisfactions instinctives, ou tout au moins leur impose une certaine règle restrictive. Les instincts, — les penchants naturels de l'homme trouvent, dans les exigences de la vie *sui generis* du groupe, un frein et des restrictions, qui sont, par elles-mêmes, douloureuses. A ce point de vue, les exigences de la vie collective, à mesure même qu'elles sont nombreuses et inévitables, sont des sources de souffrance, et indirectement de conscience réfléchie. H. Spencer, comme la psychologie moderne, n'explique-t-il pas la réflexion par la dissolution des mouvements instinctifs ?

Tout ce qui maintient, organise et rend cohérente la vie *sui generis* du groupe humain provoque et dégage, chez les membres du groupe, une série de souffrances. La vie spéciale du groupe social est une source de chocs douloureux. Il a fallu que le groupe frappât, fortement et longuement, le roc de la vie zoologique, afin qu'en jaillît la source de la conscience.

Les pratiques religieuses, qui, dans les groupes primitifs, contiennent les germes de la morale et du droit, ont sans doute largement contribué à l'apparition de la conscience réfléchie. Telles qu'on les trouve décrites, par les observateurs modernes, elles nous laissent parfaitement voir comment se produit et se développe cette *lumière intérieure* que nous appelons la conscience.

La conscience est apparue, d'abord, sous la forme significative du *sacré*. Les choses sacrées correspondent aux premiers états d'âme conscients. Au commencement de la vie sociale des hommes, *le sacré c'est le conscient*. Montrer comment apparaît et se développe le caractère sacré des choses, c'est montrer, par cela même, comment apparaît et se développe la conscience.

Dans la vie des tribus australiennes, on observe, dit Durkheim, deux phases bien différentes : « Tantôt la population est dispersée par petits groupes, qui vaquent indépendamment les uns des autres à leurs occupations. Tantôt, au contraire, la population se concentre pour un temps qui varie de plusieurs jours à plusieurs mois, sur des points déterminés. Cette concentration a lieu quand on célèbre une cérémonie religieuse. » « Dans ces agglomérations, il se dégage, dit Durkheim, une sorte d'électricité, qui transporte l'homme rapidement à un degré extraordinaire d'exaltation. Des cris, des gestes violents de la masse intensifient encore cet état d'âme, et comme il faut de l'ordre pour concentrer l'ensemble du mouvement, ils tendent d'eux-mêmes à se rythmer et à se régulariser, de là les chants et les danses. » Dans la phase de vie éparpillée et monotone, nous avons la vie individuelle simplement zoologique, profane et inconsciente ; la phase de vie collective est la vie sacrée et consciente due à cette exaltation. L' « électricité », qui se dégage de la vie de l'ensemble, provoque cette exaltation, que les cris et les gestes violents prolongent et approfondissent dans la vie intérieure des individus.

D'une façon générale, nous pouvons dire que la lumière de la vie intérieure est l'effet de cette sorte d'électricité et de cette exaltation qui intensifient la vie individuelle.

Mais, sans doute, cela suppose déjà un rudiment de vie intérieure, ou comme une aube de conscience, dans la vie zoologique des membres de la tribu ; il lui faut montrer comment cette aube de conscience peut apparaître et ce qui la détermine.

Avant de prendre part à ces agglomérations religieuses, et pour y préparer les membres les plus jeunes de la tribu, pour les *initier*, on les soumet à une série de pratiques brutales des plus douloureuses. Habituellement, les jeunes

gens non initiés doivent supporter des jeûnes et des abstinences préalables assez prolongés. Les rites d'initiation,
proprement dits, consistent « à infliger systématiquement
aux néophytes des souffrances déterminées ». On leur
assène à chaque instant des coups violents, sans avertisse-
ment préalable comme sans raison, tous les membres
présents de la tribu les frappent rudement, puis on leur
fait dans le dos une série de quatre à huit entailles. Ailleurs,
on couche les jeunes hommes sur un lit de feuillage où l'on
a disposé des braises ardentes, tout en les frappant dans le
dos. Ces rites consistent encore souvent dans l'extraction
des dents, dans la circoncision, la subincision, et toutes
sortes d'abominations de ce genre. L'ascétisme, de même
que ces pratiques barbares, est destiné « à produire la
douleur qui est génératrice de forces exceptionnelles [1] ».

Le résultat de ces rites est que le jeune homme initié en
sort, à la fin, réellement comme métamorphosé. Toutes ces
pratiques déterminent dans sa vie zoologique une véritable
révolution, un changement radical. « La métamorphose, dit
Durkheim, est si complète, qu'elle est souvent représentée
comme une seconde naissance... un individu tout autre a
pris la place de celui qui n'est plus, car les dieux de l'initiation l'avaient tué, pour apporter celui-ci à sa place [2]. »
Et, en effet, les indigènes ne s'y trompent pas. A la place
de l'homme zoologique, que ces rites tuent en quelque
sorte, apparaît l'homme social et conscient, c'est-à-dire
qui présente déjà un rudiment de socialité et de conscience.
L'action de ces pratiques, censées initier l'homme à la vie
sacrée, religieuse, consiste à créer dans l'homme les premiers rudiments de conscience, à esquisser l'homme
social et conscient dans l'homme biologique. Cela lui fait
visiblement changer d'aspect et le transfigure réellement.
« Après les coups, les blessures et toutes les mortifications
qu'il a subis, le jeune homme initié a un aspect pitoyable
et paraît à demi stupéfié. »

1. Durkheim, *op. cit.*, p. 450 ; Réville, *Les Religions des Peuples
non civilisés*, t. I, p. 156-264.
2. P. 444, *op. cit.*

A proprement parler, l'effet que ces rites négatifs ont sur l'homme zoologique, c'est d'inhiber les libres manifestations de ses instincts, la satisfaction désordonnée de ses penchants naturels. Ces pratiques, en fait, contredisent et restreignent la libre satisfaction des instincts et des penchants qui, tant qu'ils se manifestent sans entrave, sont absolument dépourvus de conscience. Mais, dès qu'ils sont enfreints ou limités, ils dégagent les phénomènes de la douleur, dans laquelle la conscience est en germe, et d'où elle tend à se dégager, à mesure même que les rites se prolongent et que la douleur s'use, pour laisser place à une douleur plus faible, qui est la conscience même, cette lueur intérieure. Les jeûnes, l'abstinence, sont précisément une restriction douloureuse de l'appétit nutritif et sexuel. Les coups violents, les blessures, les entailles dans le corps sont propres à augmenter, à renforcer, à étendre et à approfondir cet état douloureux causé par les jeûnes et l'abstinence. Après avoir été soumis, des jours entiers, à ce traitement, le jeune homme a acquis comme une aurore de vie intérieure, consciente, faite de douleurs violentes partiellement amorties. N'est-ce pas la raison pour laquelle les images des saints martyrs ont la tête enveloppée d'un cercle lumineux ?

Ainsi préparé, on fait prendre part au jeune homme à l'agglomération religieuse, où, pendant des mois, une vie collective, se dépensant en gestes et cris violents, s'inscrit dans l'intérieur de la vie zoologique. En ce moment, le clair-obscur de la conscience crépusculaire se ramasse autour des formes et des règles d'activité, plus ou moins précises, autour de certaines représentations collectives plus ou moins fortes. La conscience crépusculaire devient comme le halo de ces représentations [1].

1. C'est pour nous une chance rare de pouvoir appuyer ces idées sur l'autorité de Ribot, dont le dernier ouvrage, *Les Problèmes de la Psychologie affective*, contient des idées pareilles aux nôtres, que nous nous faisons un grand plaisir de citer à leur appui. « Les psychologues, dit Ribot, peuvent, de même, comparer la conscience affective à une atmosphère diffuse qui — tantôt dense, tantôt raréfiée — enveloppe tous les phénomènes intellectuels (sensations, représen-

Et, en effet, l'époque d'initiation a rendu l'homme zoologique assez pénétrable à ces représentations collectives. Sur les traces des coups violents et des tortures, les idées pénètrent assez facilement l'être exclusivement biologique du jeune indigène. La force exceptionnelle, qui naît de la douleur, provoquée par les rites négatifs dont nous parle Durkheim, est précisément cette conscience, effet des états douloureux, qui s'attache aux choses dites sacrées, et leur confère le caractère de sacré. Par cette douleur, et par l'état de conscience qui s'en dégage, l'homme s'élève au-dessus de lui-même, c'est-à-dire au-dessus de son être zoologique ; car il dompte sa nature, au point de lui faire suivre une voie contraire à celle qu'elle prendrait spontanément. « Par là, dit Durkheim, l'homme se singularise entre toutes les créatures qui, elles, vont aveuglément où les appelle le plaisir. La douleur est le signe que certains liens qui l'attachent au milieu profane sont rompus... le signe est plus fort que la nature, puisqu'il la fait taire[1]. » *En réalité, la douleur n'est pas seulement ce qui dompte la nature et fait taire les instincts et les penchants naturels ; elle est bien plutôt l'effet des instincts et des penchants empêchés, domptés par l'action du groupe, par les autres. Mais, d'autre part, la douleur des coups violents et des tortures s'ajoute à la douleur des instincts contrariés, et aide à les restreindre et à les dompter plus profondément, ce qui provoque un surplus de douleur, lequel, par contre-coup, renforce la douleur inhibitoire.*

Le caractère sacré des choses, qui s'attache immédiatement aux pratiques de ces rites, et la force des représentations collectives, qui se forment dans ces occasions, et

tations, concepts, associations, raisonnements) et les attitudes mentales (attention, volition, mouvement) ». Non seulement l'affectivité les enveloppe, mais, ajoutons-nous, elle en constitue le fond même. Elle est la nébuleuse dont se dégagent, par condensation, — par affaiblissement — les images, les représentations et les concepts ; et c'est également cette intensité affective qui constitue le ressort de l'attention et se dépense dans les volitions et les mouvements. Car ces états ou attitudes mentales en vivent et en consomment l'énergie.

1. *Op. cit.*, p. 450.

dont les choses sacrées sont l'objet, se mesurent par l'intensité de la douleur provoquée à cette occasion. Bref, le caractère sacré des choses est la douleur intense, qui s'attache aux représentations collectives, comme une sorte de halo. Ces représentations, par l'énergie, par l'intensité que leur confère la douleur, deviennent toutes-puissantes sur les instincts et sur les penchants profanes, qui sont individuels, biologiques. Leur pouvoir d'inhibition sur les instincts est puisé dans la violence des douleurs subies. « L'intensité spéciale, ainsi obtenue, des représentations collectives, en constitue, selon Durkheim, le caractère sacré, et leur confère le pouvoir d'inhiber les mouvements instinctifs qui sont spontanés, et de rejeter loin d'elles toute autre représentation qui la nie en partie ou en totalité. » « Quand nous pensons aux choses saintes, dit Durkheim, l'idée d'un objet profane ne peut se présenter à l'esprit sans se heurter à des résistances, quelque chose en nous s'oppose à ce qu'elle s'installe [1]. »

Durkheim interprète de cette manière le caractère sacré des choses : les représentations collectives, imprégnées de sainteté, repoussent les représentations individuelles, parce qu'elles sont hétérogènes, étant sociales. Cela peut être ainsi dans les consciences plus avancées, chez les hommes plus ou moins civilisés ; mais il n'en peut être de même chez les indigènes australiens, et chez les êtres plus ou moins près de la nature. Chez ces derniers, les représentations sont bien rares. Si leurs représentations des choses sacrées sont exclusivistes, c'est en tant qu'elles sont exclusives parce qu'ils n'en ont pas d'autres. Leur existence s'épuise en intensité, ou en lutte avec les instincts, non pas en lutte avec d'autres représentations. Quand Durkheim dit qu'elles ont une tendance à repousser les représentations profanes, cela ne veut rien dire ; ou c'est leur attribuer une tendance qu'elles n'ont pas. Elles durent par leur intensité. Et même dans une conscience riche, nous ne voyons pas comment une représentation peut en repousser d'autres. Parce qu'elle

---

1. P. 453.

est intense, elle dure ; et d'autres représentations, étant plus faibles, ne peuvent pas prendre sa place. De cette manière, nous évitons la contradiction dans laquelle tombe Durkheim, quand il dit que les choses sacrées manifestent, en même temps, deux tendances contraires : d'abord, de s'isoler, de se séparer, et de repousser les autres états d'âme, et ensuite de les appeler à se confondre avec elles.

Il est vrai que Durkheim tâche de surmonter cette contradiction, en disant que les états d'âme, qui correspondent au caractère sacré des choses, sont d'origine sociale, hétérogène, étrangère à l'être physiologique de l'homme, et que c'est pour ce motif qu'ils se séparent et s'isolent des représentations individuelles de source purement physiologique. Mais aussi, puisque leur source est extérieure à l'être physiologique, rien de plus naturel, d'après lui, que leur tendance à s'éparpiller, à se répandre, à s'échapper. « Et lorsque nous les mêlons aux choses matérielles, pour les transfigurer en les rendant sacrées, elles n'y adhèrent que superficiellement, leur étant étrangères et extérieures. C'est pourquoi, dit Durkheim, elles tendent à s'en échapper, deviennent contagieuses, et « font tache d'huile[1] ». Si ce n'est là qu'une manière métaphorique de parler, c'est une explication purement verbale.

L'état d'âme, qui correspond au caractère sacré des choses, ne repousse les autres représentations ni ne se répand en elles pour le seul motif qu'il est d'origine extérieure, sociale. L'état d'âme intense, qui confère le caractère sacré aux objets extérieurs, auquel il correspond, dure tant qu'il n'a pas épuisé son énergie, et par cela il s'isole et exclut d'autres états d'âme moins forts ; mais dès que son acuité décroît, il s'éparpille, et d'autres états d'âme le remplacent. Sans doute, les nouvelles acquisitions, que la vie individuelle puise dans la vie collective, contredisent la vie zoologique ; et puisqu'elles sont assez récentes, celle-là tend à les éliminer ; les instincts ou les penchants naturels s'empressent de prendre le dessus. Mais cela, à mesure

1. *Op. cit.*, p. 463.

seulement que l'état douloureux qui a provoqué ces acquisitions d'origine collective s'est affaibli au delà d'une certaine moyenne nécessaire.

Les représentations des objets sacrés et des normes de conduite sociale ne peuvent s'introduire dans la vie zoologique de l'individu qu'au moyen de la douleur intense, et ne peuvent contraindre et contredire les instincts naturels qu'au moyen de la violence. Elles ne peuvent y rester et réduire la vie instinctive, inconsciente, qu'aussi longtemps que la douleur les y maintient. La conscience ne peut chasser ou réduire l'inconscience que par la douleur. Les rites négatifs et la douleur accomplissent, dans la vie zoologique de l'homme primitif, une véritable œuvre d'aquafortiste. Ils inscrivent et approfondissent dans la vie biologique les échos de la vie religieuse collective.

Introduites ainsi au cœur de la vie zoologique de l'homme primitif, les représentations collectives y produisent un effet comparable à celui que produirait l'introduction d'un fer rouge, incandescent, dans un milieu fermé. De même que le fer se refroidit et que sa chaleur passe dans l'atmosphère et dans les objets du milieu fermé qui le contient, en y produisant une température moyenne, de même les représentations collectives, fortes, intenses, se détendent, s'épuisent avec le temps ; leur intensité décroît ; leur énergie s'éparpille dans le milieu fermé de la vie instinctive et y produit une atmosphère moyenne qui est l'étoffe de la conscience. L'intensité, l'énergie des représentations collectives irradient dans la vie instinctive des individus zoologiques et confèrent un certain degré d'intensité aux autres états intérieurs, comme l'incandescence du fer rougi, s'irradiant, est absorbée par les objets voisins, qui gagnent ainsi un certain degré de chaleur qu'ils ne possédaient pas.

C'est ce que Durkheim entend, lorsqu'il affirme que le monde sacré tend à se mêler au monde profane, auquel il confère quelque chose de sa sainteté. Traduire cela en termes psychologiques, c'est dire, précisément, que la forte attention des représentations collectives décroît, se répand, en s'irradiant dans les représentations inconscientes, indifférentes, auxquelles elle transmet un degré quelconque de conscience. A vrai dire, l'irradiation des fortes représentations collectives, dans le milieu fermé de la vie zoologique, y institue une atmosphère moyenne, une aube de vie consciente, qui précisément baigne d'une lumière dorée, crépusculaire, les impressions indifférentes et jusque-là inconscientes, venues du monde physique. L'attention forte, effet de l'intensité de ces représentations douloureuses, en se répandant dans son voisinage immédiat, constitue l'atmosphère moyenne de la *sous-conscience*, qui confère aux impressions étrangères une susceptibilité effective de devenir *conscientes*.

Lorsque la cérémonie religieuse a pris fin, et que l'agglomération tapageuse s'est dispersée, les hommes recommencent leur vie plus ou moins individuelle, instinctive et inconsciente. Les états d'âme très forts, qui correspondent aux représentations collectives, perdent peu à peu de leur énergie, à mesure même que le temps passe. Mais, avec leur intensité, leur force inhibitrice et régulatrice s'amortit. Les effets de la vie collective, inscrits dans la vie individuelle, risqueraient ainsi de s'effacer et de se perdre tout à fait ; les liens sociaux des membres de la tribu se dissoudraient entièrement de même, si les rites positifs de l'*institution sacrificielle* n'intervenaient pour reprendre et renforcer l'œuvre des rites négatifs. L'institution sacrificielle consiste en deux sortes d'opérations bien distinctes : les *oblations* et la *communion*. Comme, tout à l'heure, les jeûnes et les abstinences, les oblations ont pour but de préparer la communion, et d'assurer la production des forces divines extérieures. Elles consistent dans toute une série de cérémonies, dont l'effet sera de sanctifier progressivement ceux qui y prennent part. La plupart du temps, l'oblation exige des opérations tout aussi brutales que celles des rites négatifs. On s'ouvre les veines, pour répandre le sang d'où naîtront les forces divines ; les assistants, emportés par une véritable frénésie, se frappent les uns les autres avec leurs armes, et la bataille dure tout le temps de la cérémonie. Ensuite, on procède à la cérémonie de la communion avec le dieu recréé, communion qui consiste, comme d'habitude, à ingérer la divinité. Au juste, la communion n'est que la constatation et la confirmation du fait déjà accompli dans l'oblation. L'énergie, l'intensité des représentations collectives, qui en constitue le caractère sacré, est déjà acquise dans l'oblation. Par là les rites positifs, avec leur brutalité et leur violence, ne font que réparer l'œuvre destructive du temps. Les représentations religieuses, les habitudes sociales et morales, effacées pendant l'interrègne de la vie dispersée, sont renouvelées ainsi, réinscrites plus profondément et intensifiées, dans la vie zoologique des hommes. La tribu peut se disperser dorénavant ; ces représentations, ces habitudes dureront quelque temps ; elles ne s'effaceront pas de si tôt, car elles vivront de la provision de douleur et d'intensité qu'on leur a procurée pendant cette cérémonie.

Ainsi la vie religieuse de la tribu, avec ses rites négatifs et positifs, est une circonstance vraiment extraordinaire, qui refait la vie du groupe, et, pendant l'agglomération des fêtes, crée les règles sociales, les habitudes et les représentations collectives, ainsi que les états d'âme forts, douloureux qui les accompagnent. La religion est donc une institution étrange, providentielle, qui, pendant qu'elle fait et refait la vie du groupe, et qu'elle crée et recrée les règles et les représentations collectives, dégage et renforce la vie consciente dans l'individu zoologique. Elle est comme un grand remontoir merveilleux de la société et de la conscience individuelle. Les ressorts de la vie sociale et de la conscience individuelle, qui se déroulent si parallèlement, se détendraient et s'arrêteraient, dans les intervalles de vie isolée, individuelle, si la religion, avec ses rites, n'intervenait pour les remonter, en leur procurant l'énergie de tension nécessaire.

L'intensité des états d'âme, qui correspondent aux représentations collectives, en constitue le caractère sacré. Le sacré est donc le surplus d'énergie nerveuse, d'*attention*, d'émotion douloureuse, qui intensifie les représentations collectives, et qui les conserve présentes plus longtemps, en faisant d'elles le noyau de la vie consciente, des centres d'irradiation de force nerveuse et de conscience. Le sacré est donc le conscient et inversement.

Tout ce qui, dans la vie sociale, développe et fortifie les idées religieuses, par cela même développe et fortifie la conscience humaine, intensifie les états d'âme, et par cela prolonge leur durée et augmente leur force d'irradiation. A cette fin servirent, après les rites négatifs et positifs, les rites que Durkheim appelle *mimétiques, représentatifs et piaculaires*. Ces rites se distinguent des autres par cela qu'ils ne présentent plus le caractère de brutalité et de violence. L'homme est déjà devenu assez perméable à l'action de pénétration des règles sociales et des représentations collectives. Aussi leur rôle sera-t-il de procurer aux consciences un point d'appui et comme une reviviscence périodique, par des moyens moins énergiques, moins violents. Par le rite mimétique, les hommes sont censés imiter leur dieu, afin de lui ressembler ; par les rites représentatifs, ils commémorent et représentent l'histoire mythique du dieu. « Le rite, dit Durkheim, consiste uniquement à rappeler le passé et à le rendre, en quelque sorte, présent, au moyen d'une véritable représentation dramatique[1]. » Dans ces derniers symboles, nous trouvons, selon Durkheim, l'essence et les germes de la science, dans les rites mimétiques, et de l'art dans les rites représentatifs.

Et, en effet, l'art et la science, et au commencement la réflexion philosophique, qui a précédé la science, se sont différenciés des rites religieux, pour mieux se développer et pour mieux remplir, pour la conscience humaine, le même rôle formatif que nous venons de voir accomplir par ces rites. L'art, sous toutes ses formes : musique, peinture, littérature, et le théâtre surtout, avec les fortes émotions qu'il nous procure, est de nature à renforcer et à intensifier nos états d'âme et à leur infuser une plus grande force nerveuse, et, par suite, une plus vive lumière intérieure, que nous appelons conscience. La science, de même, venue la

1. P. 531.

dernière, étend et accroît le nombre de nos états intérieurs, et les organise en les précisant et en augmentant ainsi notre force d'attention.

Mais tandis que les arts ont contribué à créer la lumière intérieure de notre conscience, par des moyens doux, en tous cas, par de fortes émotions aussi peu douloureuses que possible, la *religion, par ses cultes et ses rites*, toujours plus nombreux et variés, a continué d'infliger à l'homme la souffrance et d'intensifier, par la douleur, les états d'âme et les représentations évanouissantes.

A ce point de vue, la religion chrétienne, qui a gardé le culte sacrificiel des plus anciennes formes religieuses, et qui a accumulé, semble-t-il, les rites de presque toutes les religions de l'antiquité gréco-romaine, est d'une efficacité sans pareille. Les moyens de faire souffrir, ses moyens de produire la douleur, n'ont été dépassés par aucune autre religion. Les jeûnes, les contritions, l'ascétisme, l'abstinence, la flagellation, les mortifications de toute sorte sont autant de pratiques qui, pour des hommes assez éloignés de l'état de nature, ont une infinie puissance de créer des états d'âme forts, d'intensifier les représentations et de leur fournir ainsi l'énergie nécessaire, qui les conserve plus longtemps en action, et leur assure un degré supérieur de lumière intérieure. Le christianisme a donc été le moyen le plus formidable de créer, de développer et d'approfondir la conscience humaine, non seulement d'une façon directe, mais aussi indirectement : tant par les persécutions dont il a été l'objet, dans la personne des adeptes des premiers temps, que par les tortures de l'*Inquisition* que lui-même a infligées aux hérétiques et aux mécréants. Le christianisme a, depuis 2 000 ans, déchaîné, dans l'humanité, la plus grande masse de souffrances possible et, par conséquent, il a dégagé, dans la vie de cette humanité, la plus large et la plus profonde vie consciente. Par rapport à l'art et à ses émotions agréables, la religion chrétienne, et l'intensité des douleurs qu'elle a provoquées, sont infiniment plus efficaces et plus puissantes à dégager et à fortifier la conscience humaine. Celle-ci a approfondi et intensifié

les états intérieurs, à un point tel qu'aucun autre mouvement historique et social n'a pu l'atteindre. La profondeur
et l'étendue actuelles de la conscience humaine sont dues,
en grande partie, à la religion chrétienne. Si, aujourd'hui,
les sciences font des progrès, et si les arts prospèrent, c'est
parce que la voie leur a été préparée par le passage que les
formidables souffrances, issues du christianisme, ont pra-
tiqué dans la vie zoologique de l'homme moderne. La religion chrétienne a assoupli et raffiné le cerveau humain et
ses organes nerveux. Elle a provoqué son excessif développement, tâche qu'elle n'a pu accomplir que par les pratiques les plus violentes exercées sur les générations de
l'humanité. Et quand même le cerveau se raffinera et la
conscience s'affirmera assez forte et assez consistante, la
religion chrétienne ne lui épargnera pas encore la présence
obsédante du *crucifix*, monument accompli du supplice et
symbole de la genèse de notre conscience.

CHAPITRE III

L'Extension de la Société.

Nous venons de voir que la vie religieuse exprime la cohésion sociale intérieure des groupes humains. En même temps cause et effet de la cohésion sociale intérieure, par la souffrance qu'elle inflige aux êtres humains zoologiques, elle dompte la nature animale, contredit et règle ses instincts et provoque, dans le milieu fermé de sa vie physiologique, une forme de vie nouvelle, la vie consciente, qui se dégage précisément de la compression des instincts, des douleurs infligées. Donc, à son tour, la conscience est effet et cause de la vie religieuse. Elle est effet des formes rudimentaires et brutales de la vie religieuse, mais elle est aussi cause des progrès de la religion. Le sacré, le divin, est la lumière de la conscience projetée sur les choses. Le sacré n'est tel que lorsqu'il devient conscient, et la conscience n'est ce qu'elle est que parce qu'elle se dégage des pratiques douloureuses censées de créer le sacré.

Mais d'où dérivent les pratiques qui constituent la religion et déterminent le sacré ? Peut-on trouver quelque chose de plus primordial ? Cette explication de la conscience, par l'effet de la vie religieuse, n'est pas suffisante. Pour la compléter et pour l'approfondir, il faut aller plus loin encore.

Après avoir vu comment la religion maintient la société

et empêche sa dispersion, il nous reste encore à voir comment la société tribale se constitue, et comment elle s'étend et s'organise en augmentant. La religion constitue plutôt l'élément statique de la société; il s'agit maintenant de voir comment la société y arrive et comment elle le dépasse. Le statique s'expliquera lui-même par la dynamique.

Généralement, la horde primitive est considérée comme le point de départ du groupe humain. La horde naturelle est la forme primordiale que l'homme zoologique partage avec presque toutes les autres races zoologiques. Au milieu de ce groupement social, il n'y a ni vie religieuse, ni conscience, ni activité pratique réfléchie; il n'y a rien de ce qui fait la spécificité de l'homme historique.

Qu'est-ce qui a pu déterminer l'homme à faire le saut brusque de l'animalité et de l'instinct à l'humanité et à la conscience, ce saut dont nous parle M. Bergson ? Et, d'ailleurs, ce saut a-t-il été aussi brusque qu'on le pense ?

Celui qui observe les *sociétés hordes* animales, et les compare avec les hordes et les tribus humaines, est frappé par une différence évidente entre ces deux genres de sociétés : les groupes humains terminent presque toujours leurs conflits par la conquête et l'asservissement du groupe adverse, tandis que les animaux ne finissent leurs combats qu'en tuant leur adversaire, dont ils font leur nourriture. L'animal est pour l'animal — le carnivore — une proie possible, dont il se nourrira ; tandis que l'homme, ainsi que les autres animaux, ou une partie d'entre eux, sont pour l'homme un esclave possible, par qui il se fera nourrir. C'est cette petite et légère différence initiale, entre l'homme et ses congénères zoologiques, qui a déterminé son ascension au-dessus de l'animalité. L'arrivisme de cet animal parvenu s'explique seulement par la transformation de la conquête de son semblable en esclavage. Par le fait du pur hasard qu'une horde humaine ait conquis une autre horde, pour la domestiquer et l'épargner ainsi, au lieu de la tuer et de la manger, l'homme s'est détaché de l'animalité. Tous ses progrès ultérieurs dérivent de là.

On serait tenté de penser que la domestication des autres animaux a pu précéder la domestication des groupes humains, et lui accorder cette importance. Mais il n'en est rien. Car il est difficile d'établir l'antériorité de ce fait. Et depuis qu'on a découvert le fait de domestication d'animaux étrangers, même chez des espèces autres que l'homme, chez les fourmis, par exemple, la domestication perd toute sa valeur explicative. La *conquête pour l'asservissement est donc un fait primordial d'une infinie richesse de conséquences.* Est-ce le produit d'une intelligence quelconque ? Est-ce le signe d'une supériorité psychique de l'homme sur les autres animaux et, ainsi, la conscience, l'intelligence et un certain progrès n'en seraient-ils que la cause, bien loin d'en être l'effet ? Il ne nous semble pas. La domestication des autres animaux nous semble comporter plus de conscience et d'intelligence, et pourtant des animaux inférieurs la pratiquent comme l'homme, sans qu'il en résulte leur progrès. D'autre part, la preuve que la conquête pour l'asservissement est bien loin d'être l'effet d'un progrès psychique et intellectuel, c'est que l'*anthropophagie* est souvent pratiquée par des tribus humaines, qui pourtant ne manquent pas d'une certaine supériorité psychique.

Quoi qu'il en soit, il est évident que, par la conquête et l'asservissement, la horde humaine, constituée en tribu, quitte le terrain de la pure animalité et rentre dans le domaine de l'histoire. Ce fait est le chaînon qui relie le monde moral au monde zoologique, le nœud ombilical qui rattache le monde de la conscience au reste de la nature ; et il est comparable à l'apparition de la première cellule vivante dans le monde physico-chimique. A partir de ce moment, le psycho-social est donné, la horde zoologique se transforme en société, dont l'organisation intérieure croissante constituera la vie religieuse et dégagera le phénomène de la lumière intérieure.

Refaire les actions et les réactions qui ont lieu au milieu du groupe ainsi intégré, c'est montrer les bases de la vie économique et religieuse.

Cet acte primordial se répétera et se compliquera indéfiniment, dans des centaines de siècles, pour donner naissance à des agglomérations humaines toujours plus grandes, plus ou moins consistantes ou éphémères, tout le long des temps immémoriaux, préhistoriques. Il se continuera toujours plus impétueux et plus grand, jusqu'au seuil de l'histoire et pendant les soixante siècles de l'histoire connue. C'est par la conquête pour l'asservissement que se sont créés les grands empires de l'antiquité.

Ce fait est véritablement le grand acte créateur de la société et de l'histoire ; il constitue le dynamisme social, le processus d'évolution sociale créatrice, dont le résultat est d'élargir sans cesse les limites du groupe humain.

Comme l'a montré Gumplowicz, l'illustre sociologue autrichien [1], la conquête pour l'asservissement contient en soi le germe de l'organisation politique, économique et juridique des sociétés humaines. Faire voir, fût-ce d'une manière toute schématique, ce processus d'organisation politique et économique, comme le fait Gumplowicz, c'est compléter l'explication de la conscience, c'est montrer aussi comment est apparue la vie religieuse elle-même et, par cela, c'est approfondir davantage la recherche sur la genèse sociale de la conscience, du moi et de la raison. En effet, la guerre victorieuse et conquérante contient en germe toute la vie politique, économique et juridique des sociétés humaines. L'organisation religieuse, économique et politique du groupe humain se fait par la différenciation de cet acte social primordial, à mesure même que le groupe augmente de volume et étend ses limites. Cette dissociation par différenciation se réalise d'une manière bien simple. En grandes lignes, elle se fait à peu près comme il suit.

Tout d'abord, la guerre est en elle-même toute une vie économique et politique. Les guerriers vivent effectivement du produit de la guerre ; la guerre est leur moyen de production. La tribu conquérante, au lieu de tuer et de manger les membres de la tribu vaincue, les assujettit et

1. *La Lutte des Races, Sociologie, Aperçu de Sociologie.*

les fait travailler pour elle. De là, l'esclavage, forme primordiale de la vie économique. Mais, pour s'assurer les fruits de l'esclavage et pour maintenir l'état de sujétion des esclaves, il doit s'établir, mécaniquement, spontanément, toute une série de rapports entre les deux fractions de la nouvelle société. A cette fin, il s'établit une étroite solidarité entre les membres de la tribu dominante, et la même solidarité s'esquisse entre les esclaves. Par suite, une différenciation politique de classes sociales s'ébauche dans la tribu intégrée, et les rapports entre ces deux classes constituent la première ébauche de vie politique.

Lorsque ces rapports commencent à se définir et à prendre une certaine consistance, ils s'organisent dans ce que nous appelons les règles de la vie religieuse, qui, elles-mêmes, contiennent en germe les rapports moraux et juridiques et, par suite, l'évolution éthique et juridique des groupes humains.

A mesure même que l'acte social primordial se répète avec succès, les groupes humains fusionnent et les rapports sociaux intérieurs se compliquent et se transforment, offrant ainsi la matière d'une plus grande et une plus large évolution sociale. D'ailleurs, la vie économique est reliée à la vie religieuse par des rapports nombreux et directs ; ces deux formes primaires de la vie sociale intérieure sont connexes et se déterminent réciproquement. La religion fournit des règles à la vie économique, quand les prescriptions morales de la religion se transforment en règles juridiques ; et la vie économique, à son tour, offre l'étoffe dont vivra la vie religieuse. De tous temps, la religion a été au service des guerriers, des maîtres ; elle a servi à discipliner les esclaves, à les rendre soumis et souples.

Nous avons déjà vu quels sont les procédés que la vie religieuse emploie pour cette fin. Il nous reste maintenant à voir comment se développe le processus essentiel de la vie économique, et comment il complète l'œuvre formatrice de conscience réfléchie. Si la religion est l'une des branches de l'arbre de la connaissance du bien et du mal, la vie économique en est une autre. L'esclavage est cette sanction aux travaux forcés perpétuels, qui fut appliquée au péché dont s'est rendu coupable le premier homme, qui mordit aux fruits de cet arbre symbolique. A vrai dire, les fruits de cet arbre ont été plus mauvais qu'agréables ; ils ont donné au malheureux qui y a mordu, d'une part, la conscience et la mort ; de l'autre, le supplice du travail à la sueur de son front, pour gagner sa vie et surtout celle des autres. Sans doute, l'homme zoologique *présocial*, comme l'homme primitif de nos jours, ne s'est senti aucune disposition naturelle pour le travail. D'autant moins un penchant notable pour le travail ordonné et systématique. Le travail libre, ordonné et persévérant est une exception même pour les membres des sociétés contemporaines les plus avancées ; le travail conscient, réfléchi, est le fruit le plus exquis et le plus accompli de l'histoire de l'humanité, le chef-d'œuvre de l'éducation intellectuelle et active que la société exerce sur les hommes.

Comment l'homme zoologique a-t-il pu y parvenir ?

Sur ce point, nous pouvons observer, tout d'abord, une certaine ressemblance avec ce que nous avons vu dans l'œuvre formatrice de la religion primitive. Il y a d'abord l'état de guerre, qui précède l'asservissement du clan conquis et correspond aux rites négatifs. Et il y a, ensuite, l'état de sujétion de l'esclavage, qui, en quelque sorte, dérive de l'état de guerre et le prolonge, étant, ici, ce que sont là les rites positifs et autres.

Il n'est pas difficile d'imaginer ce que représente pour une horde primitive le choc violent et prolongé avec une autre horde, ce corps à corps brutal et véhément, qui tue ou meurtrit ceux qui tombent captifs. Et lorsque l'issue de cette lutte est incertaine, elle doit se répéter plusieurs fois, à des intervalles plus ou moins éloignés, afin qu'un clan vienne à bout d'un autre. On comprend bien alors quelles répercussions cet état de guerre, repris à plusieurs fois, peut avoir sur la vie zoologique des êtres humains qui se sont heurtés. Il est évident que leur vie d'insouciance et d'inconscience en sort profondément ébranlée. Les coups reçus et donnés, répétés, les blessures, les meurtrissures ne passent pas de sitôt. Les impressions violentes, les douleurs, quoique physiques, à cause de leur répétition et de leur intensité, ne faiblissent ni ne s'effacent si vite. Leur répétition et leur variation, même, les approfondissent et font qu'elles s'inscrivent et restent pour quelque temps dans le milieu relativement fermé de la vie zoologique des individus. Lorsque ces impressions se multiplient et se répètent, leur écho intérieur devient durable et finit par prendre consistance, constituant, dans la vie inconsciente des hommes, une aube de conscience.

Pourtant ces effets, assez appréciables, risqueraient de se perdre si les hommes en étaient restés là. Mais ce qui suit après la conquête est de nature à reprendre et à renforcer considérablement les résultats psychologiques déjà acquis pendant l'état de guerre. Vainqueurs et vaincus passent ensuite dans une vie de contacts plus serrés et de violences plus ou moins distancées et mitigées. Au fond, le dur état d'esclavage des premiers temps ne pouvait être très différent de l'état de guerre. Jusqu'à ce que l'homme soit arrivé à dompter et à domestiquer l'homme, la lutte a été longue et douloureuse. Le traitement des esclaves a dû être laborieux et pénible, à la fois pour le maître et pour l'esclave. En fait, le maître et l'esclave se sont domptés et domestiqués réciproquement. Le frottement constant et prolongé de l'esclave et du maître, dans les premiers temps de l'esclavage, a eu pour effet de les assouplir tous les deux. Les coups donnés ont sur l'homme presque le même effet que les coups reçus, et la contrainte exercée sur autrui a ses contre-coups sur celui qui l'exerce. L'homme attaché à l'homme, par les liens de l'esclavage, réalise une espèce de vie double, une vie conjuguée, dans laquelle les penchants et les instincts libres se croisent et se contrecarrent, d'où se dégagera la conscience réfléchie. A dompter autrui, on finit par se dompter soi-même, et, en pénétrant brutalement dans la vie d'un autre, on arrive à en être pénétré et à se dédoubler. Si le maître appréhende l'esclave,

l'esclave appréhende le maître. De même, faire travailler
les autres pour soi, surtout quand ils n'y sont pas disposés,
c'est dépenser et, par suite, acquérir des sources d'habileté
spéciale, et c'est, en quelque sorte, les assister et travailler
avec eux[1]. Le heurt répété finit par s'intérioriser, d'une
façon plus ou moins durable, à la fois dans le maître et
dans l'esclave. Le maître se double de la vie de l'esclave, et
l'esclave de la vie du maître. L'esclavage aboutit à une éducation réciproque entre maître et esclave.

Et si l'état de guerre se renouvelle avec des tribus voisines et se termine par une nouvelle conquête, les rapports intérieurs se multiplient et se compliquent. Les
nécessités de cette vie guerrière exigeant une certaine unité
d'action, une certaine coordination des efforts, il s'introduit
alors dans la vie de la tribu la monarchie, la royauté,
l'*imperium*, qui commande et conduit, qui traduit et réalise
la coordination et l'organisation des actions individuelles.

Les actions et les réactions, qui ont lieu au milieu du
groupe, s'intériorisent dans la vie des individus, et plus
elles se multiplient et se compliquent, plus aussi elles sont
forcées de se coordonner et de s'organiser. Ainsi, il s'accomplit, à l'intérieur de chaque vie zoologique individuelle,
une région faite de répercussions et d'impressions, qui ont
leur source dans la vie du groupe. Cette région est composée d'une multitude d'échos douloureux, qui se groupent
autour d'un noyau de modifications personnelles, subies à
l'occasion de certains actes forcés, plus ou moins constants,
et constituent les premiers rudiments de la personnalité.

Prolongez et répétez, par l'imagination, pendant des
dizaines de milliers d'années, ce frottement serré, cet état
de guerre intermittent et ce processus d'éducation réciproque entre maîtres et esclaves, et vous commencez à
comprendre comment, sur l'animal humain, a pu se greffer
et germer la personnalité consciente, plus ou moins libre.
Il doit être très intéressant, à ce point de vue, d'observer
par quels procédés les Européens arrivèrent à discipliner et à

---

1. Et celui qui poursuit bien apprend aisément à suivre : aussi bien
n'est-il pas déjà par derrière ? (Nietzsche, *Ainsi parla Zarathustra*.)

éduquer les races encore sauvages, en Afrique et en Australie. Nulle part mieux que là, on ne pourrait observer le processus par lequel se constituent la personnalité et la conscience. Les brutalités de toutes sortes et les coups violents et implacables sont le fondement de la personnalité, et c'est de ces coups que jaillit l'étincelle de la conscience humaine. La religion y aidant avec ses différents rites, la conscience prend racine et se consolide en la plante sauvage qu'est l'homme zoologique.

De la conjugaison de deux vies opposées surgit la conscience du moi, la conscience de soi opposé au non-moi et au moi d'autrui. Car l'homme n'a pris connaissance de lui-même qu'en se regardant dans le miroir d'un être semblable qui le reflétait. C'est très probablement avec cette acquisition, réalisée dans les temps immémoriaux, que l'humanité a frappé aux portes de l'histoire enfin connue, sinon écrite.

Avec la séparation des classes sociales et l'aptitude des esclaves au travail soutenu et régulier, la religion édicte des règles de plus en plus précises et abstraites, qui devront définir les rapports entre classes et individus. La technique se développe en même temps que le travail se systématise, et l'activité écrasante des esclaves est allégée. Avec la coordination du travail allégé, l'unité de la personnalité humaine s'accentue et se développe. La conscience et la personnalité, qui n'est, d'ailleurs, que l'aspect actif, moteur, de la conscience, devient une activité unitaire, synthétique, et la continuité de la personnalité sera réalisée par la constance dominante de certaines actions répétées et de certaines représentations fortes, parce que continuellement *fortifiées*.

De temps en temps, les guerres, dont l'histoire est pleine, viennent rafraîchir, tonifier et intensifier les représentations qui constituent la conscience humaine. La guerre développe, réalise et renforce aussi l'unité d'action qu'exigent les événements historiques et, par là, renforce l'unité des consciences individuelles et de la personnalité.

Mais l'esclavage, le lot de souffrances qui lui sont inhérentes, ne commence à s'atténuer qu'à mesure même que la conscience et la personnalité de l'homme ont pris consistance. Vers la fin de l'antiquité romaine, l'esclavage se transforme en servage, pour que, les derniers temps, il devienne salariat et aspire enfin à la coopération libre. La transformation de l'animal en homme est faite, et l'homme, à instincts rigides, s'est suffisamment assoupli. Le servage et le salariat ne répondent-ils pas aux rites mimétiques et commémoratifs ; tandis que le salariat et la coopération libre ont pour la formation du moi conscient un effet correspondant à celui des arts et de la science, bien que beaucoup plus fort et plus efficace? Tel est, esquissé en grandes lignes, le processus politico-économique, qui a commencé par la guerre et l'esclavage, et se termine, de nos jours, par les aspirations socialistes et coopératives. La souffrance et le travail sont les grands facteurs de ce processus. — Les faits que nous venons de résumer sont d'ailleurs si élémentaires et si connus qu'il ne peut y avoir de doutes ni sur leur réalité ni sur leur portée.

Une manière indirecte de vérifier ces conclusions serait l'observation analytique du processus de l'éducation des enfants, processus qui va dans le même sens que l'expérience connue de l'histoire et que l'expérience présumée de la préhistoire. D'autre part, l'institution des pénalités qui frappent les délinquants et les criminels, et dont le rôle est d'infliger certaines souffrances morales aux personnalités et aux consciences insuffisantes, est de nature à montrer, de façon peu douteuse, que toute brisure ou fêlure de la conscience et de la personnalité humaines ne peut être guérie que, précisément, par un surplus de douleur.

Sous l'excitation de la douleur, la race humaine, montée sur le tremplin de la société, a pu réaliser ce saut brusque de l'animal à l'homme conscient ; et ce saut a duré, peut-être, des dizaines de milliers d'ans.

Tâchons, maintenant, de serrer de plus près, en les résumant dans un tableau complet, les transformations que l'homme zoologique a subies, sous la pression de la vie du groupe. La vie spéciale du « moi » conscient, de la personnalité réfléchie, dont l'homme est doué aujourd'hui, est un terrain d'alluvion formé par les dépôts des deux grands courants de vie sociale : *la religion et l'activité politico-économique. L'arbre de la connaissance du bien et du mal* a eu ces deux branches principales et ses fruits aigres-amers ont été infiniment plus efficaces que ses fruits aigres-doux. La douleur corrosive des fruits amers a pénétré profondément dans l'intérieur de la vie zoologique de l'homme, pour y créer une nouvelle vie de conscience et de raison.

Et, en effet, la guerre, avec son impétuosité et ses coups véhéments, d'un côté, de l'autre la religion, dont nous avons vu les rites, dits négatifs, ont profondément ébranlé la nature purement physiologique et inconsciente de l'homme. Plus l'état de guerre a été prolongé et répété, plus les rites violents ont été pratiqués sur les jeunes générations de l'animal humain, plus aussi la douleur, *ce rudiment de vie consciente*, a été persistante et a profondément pénétré dans la vie zoologique, en y réalisant une région à part, qui fut comme un faible crépuscule de vie intérieure. A vrai dire, l'état de guerre et la pratique des rites religieux négatifs ont infligé à l'homme des séries de sensations fortes, violentes, et lui ont procuré, par suite, des impressions d'une énergie, d'une intensité exceptionnelles. Plus ces impressions ont été nombreuses, variées, intenses, plus aussi elles ont été durables. Et leur nombre, leur variété, et leur intensité même, les ont profondément insérées dans la vie biologique, les ont rendues persistantes et consistantes. Et, naturellement, l'état douloureux a cela de particulier qu'il dure beaucoup plus que l'état agréable. Or, lorsque les états douloureux, intenses, se sont multipliés et sont devenus variés, les conditions de la conscience ont été données.

Le cri de douleur de l'animal frappé et souffrant nous impressionne, car nous avons le sentiment qu'en cet instant l'animal a une étincelle de conscience ; par sa douleur, il s'élève jusqu'à nous, et nous avons alors le sentiment, quoique obscur, que notre conscience de nous-mêmes est, elle aussi, le fruit d'une pareille souffrance amortie. D'ailleurs, le dressage des animaux et leur domestication, qui, par la douleur des coups combinés et variés qu'on leur inflige, leur font prendre part à notre vie, ne leur confèrent-ils pas comme une aube de vie intérieure et de fulgurations de conscience bien réelle ? Le chien *Riquet* d'Anatole France n'est pas une utopie de poète ; il s'est nourri des miettes de conscience tombées du festin intellectuel de son maître, outre les corrections plus sensibles qu'on lui a peut-être infligées.

Lorsque les rites religieux et l'état de guerre et d'esclavage ont rempli la vie de l'homme primitif de toute une série variée et compliquée d'impressions intenses, douloureuses, l'animal humain en est sorti profondément transformé. Ces sensations douloureuses restent et durent. Mais, en persistant, elles perdent forcément de leur intensité, s'amortissent, s'effacent peu à peu et laissent à leur place une sorte d'*écho intérieur* — une sorte d'*écho souvenir*, *une vibration affaiblie* — qui sera précisément le premier élément de la conscience. *La conscience est donc comme un état de convalescence de la douleur.* D'autre part, les instincts enfreints, contrecarrés, les nouveaux modes d'activité que la guerre et l'esclavage lui imposent brutalement, diversifiant à l'infini les actions instinctives et décomposant les activités automatiques de l'animal humain, tout cela se traduit par des états intérieurs douloureux qui dégagent la lueur de la conscience et de la réflexion. Car la réflexion n'est que le fruit de la décomposition et de la dissolution des actes instinctifs. Les modes nouveaux d'activité compliquée et de plus en plus coordonnée se répercutent dans le système cérébral. Comme d'ailleurs toutes les émotions violentes, ils ont un écho profond dans l'organe centralisateur du cerveau et provoquent son développement, son augmentation de volume et sa différenciation. La vie de l'homme primitif est, de cette manière, d'un bout à l'autre, et tous les jours, remplie d'états intérieurs douloureux et par suite intenses ; à peine commencent-ils à s'affaiblir et à s'effacer, qu'ils sont renouvelés, multipliés et diversifiés continuellement. Les blessures intérieures que laissent ces états physiologiques douloureux ne doivent jamais guérir et se cicatriser, de peur que l'homme ne retombe dans l'animalité inconsciente. La vie collective du groupe humain a cela de spécifique qu'elle revient constamment sur ces blessures, pour les raviver, afin d'exciter et de provoquer le jaillissement continu de la conscience. Il est vrai, pourtant, que la lumière intérieure proprement dite ne se produit que lorsque ces blessures commencent à s'amortir et à se cicatriser, pendant l'état de convalescence qui suit. Néanmoins, il n'y a pas une autre manière de procurer la force et la matière de la vie consciente que de rouvrir toujours, impitoyablement, ces blessures, jusqu'à ce que la vie physiologique de l'homme se raffine et s'assouplisse, au point de devenir d'une délicatesse de sensibilité, qui rende les sensations violentes absolument inutiles, et même destructives de lumière intérieure[1].

Qu'on essaye seulement de saisir, dans une intuition prolongée, dilatée, le fond essentiel de la vie de l'humanité préhistorique et historique, et les rapports de violence et de brutalité qui y ont dominé, et l'on verra clairement, par une révélation soudaine, comment, de l'animal humain, a émergé l'humanité. On verra ainsi comment la vie de l'histoire, la vie de la société s'est comprimée et condensée, en pénétrant de force dans la vie zoologique de l'homme, pour y créer une vie à part, une région de vie nouvelle, *sui generis*, qui est précisément le « moi », la conscience et la personnalité. Sans cet effort d'intuition, celui qui vous entendra affirmer que l'esprit ou la conscience et la personnalité humaines ont été l'œuvre de la vie collective historique et préhistorique, n'y comprendra rien, et haussera les épaules. Pour notre paresse intellectuelle, il est bien plus

---

1. C'est dans ce sens que Ribot établit une différence irréductible entre la vie affective et les représentations intellectuelles. Rappelons encore, ici, que M. Kostyleff explique, lui aussi, la formation du « moi » chez l'enfant, par l'intervention de certains groupes de réflexes sensoriels qui « éveillent en lui des réflexes émotionnels ». « Plus ces derniers deviennent complexes et riches en nuances, plus la notion du « moi » devient précise. » (*Les Substituts de l'âme*, p. 218.)

facile et plus commode de dire que la conscience, ou le «moi», est un fait, une donnée, immédiate, irréductible, par suite, et, par cela même, mystérieuse et inanalysable. Mais rien que de s'efforcer un peu à dilater sa vision intuitive et synthétique du processus de l'histoire ou de la préhistoire, on s'aperçoit facilement que la conscience, cette lumière intérieure, est un aboutissement d'une infinité de faits, d'actions et de réactions sociales et historiques.

CHAPITRE IV

L'Attention et la Mémoire.

Arrêtons-nous sur cette idée, pour bien mettre en évidence comment, même aujourd'hui, les moindres actes de notre conscience, les moindres vibrations de notre esprit ont leur point de départ dans l'ambiance sociale, qui les baigne et qui leur procure l'atmosphère, le terrain et la nourriture indispensables à leur apparition et à leur épanouissement.

Si, pendant quinze ou seize heures par jour, et tous les jours, notre conscience veille sans interruption, si la vie de notre esprit est sans cesse en éveil, c'est que, à côté des impressions et des idées nouvelles qui peuvent survenir à tout moment, émerge continuellement du réservoir de l'expérience totale du passé qu'est l'inconscient, un groupe d'éléments toujours autres, qui rallument la lumière intérieure ou bien tombent sous la lumière intérieure de la conscience. Nous disons que ces éléments sont toujours autres, mais en fait les mêmes peuvent revenir assez souvent, avec une certaine intermittence. Pour se rendre compte de ce qui les choisit et les élève dans la lumière de la conscience, il faut se demander, dès l'abord, quels sont, d'habitude, les éléments qui reviennent le plus souvent? On a essayé d'expliquer ce fait par l'association — associations par similitude et contiguïté — qui semble, en effet, avoir quelque puissance d'évocation. On a, d'autre part, expliqué la force d'évocation des états intérieurs par l'*attention*. Cela nous semble plus près de la vérité, à condition qu'on explique ce que c'est que l'attention. Au fond, l'attention est le pouvoir qui fait émerger un état intérieur de l'inconscience dans la lumière de la conscience. Elle est donc précisément ce qu'il faut expliquer. Mais elle indique du moins un peu mieux dans quelle direction il faut chercher ce que l'on accordait à l'association par similitude, par contraste et par contiguïté.

L'attention n'est pas, à vrai dire, une faculté cachée, qui, on ne sait comment, tirerait de l'inconscient les éléments de la conscience. Elle est plutôt la puissance qu'ont ces éléments, inconscients, d'émerger des ténèbres de l'inconscience dans la lumière de la conscience, ou, si l'on veut, de se rallumer, pour produire cette lumière. Qu'ont-ils donc qui les rende plus susceptibles de se rallumer, eux plutôt que d'autres? De quelle sorte de phosphorescence sont-ils imprégnés, pour qu'à un moment donné, par le moindre choc ou frottement, ils s'allument et continuent, ainsi, la lumière qui s'était éteinte sur les éléments précédents?

Pour dire ce qu'ils sont, il faut rappeler ce que nous avons déjà vu des influences, des rites et des cérémonies religieuses, de la guerre et de ses effets et conséquences. Ce qu'ils sont, en effet, c'est qu'ils ont été atteints et imprégnés plus ou moins par *le bien et le mal*.

Ce qui fait émerger un groupe d'éléments de l'expérience passée dans la lumière de la conscience, ce qui les actualise, pour ainsi dire, c'est *le plus ou moins d'émotivité* qui les a accompagnés à l'origine ; c'est le plus ou moins de souffrance ou même d'agrément dont ils ont été l'occasion. C'est leur intensité, leur énergie initiale qui, d'ailleurs, même à l'origine, leur a conféré une plus grande durée, qui les rend durables, et c'est en raison de cette intensité qu'ils s'actualisent. Leur tendance serait, en vertu de leur intensité, de durer continuellement, de persévérer. Mais, outre qu'ils s'épuiseraient et, avec le temps, s'effaceraient d'eux-mêmes, ils peuvent être interrompus, brusquement, par l'incidence des impressions nouvelles, des éléments nouveaux de l'expérience actuelle, dont l'intervention consiste à souffler sur leur lumière. Quitte à ce que, lorsque la lumière de ces derniers faiblira, la flamme s'étende de nouveau sur les éléments les plus forts de l'expérience passée. Même lorsque les impressions actuelles, nouvelles venues de l'extérieur, soufflent sur la lumière des états antérieurs conscients, il faut remarquer que leur flamme se rallume le plus souvent à celle qu'elles viennent d'éteindre. Car l'attention n'est pas attirée par n'importe quoi, au plus pur hasard. Les yeux ne voient de l'extérieur que, plutôt, ce qui intéresse particulièrement l'esprit, qui choisit les impressions conformément à ses préoccupations générales, et saisit plus particulièrement celles qui sont en harmonie avec lui. Ce n'est que lorsque nous sommes psychiquement un peu vides, pour ainsi dire, c'est lorsque nos états de conscience sont assez faibles, c'est alors seule- ment que les impressions extérieures, au gré du hasard, n'importe lesquelles, soufflent sur la lumière faiblissante des états faibles, et, sans autre raison, rallument la leur. Cela arrive quand nous sommes intellectuellement las ou désœuvrés. Car, lorsque, au contraire, nous sommes préoc- cupés, lorsque des états intérieurs, très intenses, entre- tiennent une lumière intérieure puissante, la lumière d'ori- gine extérieure des impressions nouvelles pâlit. Et nous pouvons traverser les grands boulevards, pleins de monde et de mouvement, sans rien observer, sans avoir conscience de ce qui se passe, fascinés par notre vie intérieure, distraits et étrangers à tout ce qui ne se rapporte pas à nos préoc- cupations intérieures.

On peut dire, assurément, que les interrègnes de la con- science, procurés par les impressions nouvelles et exté- rieures, sont ce que les font les éléments intérieurs les plus puissants; ces interrègnes n'interviennent et ne durent guère, à moins que les impressions extérieures n'aient, d'elles-mêmes, une intensité exceptionnelle, que l'intervalle de temps qui leur est laissé; ils n'ont d'énergie et de vivacité qu'en raison du peu d'intensité, de l'émoussement des autres. Alors, les impressions nouvelles, choisies ou tolérées par les états forts antérieurs, disparaissent et passent tout simplement à ceux-là la petite flamme qu'ils leur avaient empruntée. Elles ne sont qu'une intermittence, une sorte de rêve étranger dans la vie intérieure. Les états forts reviennent à cause de leur force intrinsèque initiale. S'ils choisissent ou s'ils attirent les impressions du dehors, par ce qu'il y a de convergence entre elles et eux, il est naturel que cette convergence même détermine ou facilite aussi leur renouvellement. C'est simplement leur irradiation, résultat de leur perte d'intensité, qui leur fait libérer la place pour l'offrir aux états d'âme voisins ou aux impressions extérieures, celles-ci étant souvent renforcées par l'irradiation, par l'énergie perdue de ceux-là. Quand celles-ci s'épuisent, à leur tour, les états forts se sont déjà refaits et reprennent leur place dans la lumière de la conscience. Les unes y ramènent les autres parce qu'ils y ont été ramenés. Tel est le rythme de la vie de l'esprit toujours en éveil. Disons, pour résumer, que les états forts durent quelque temps, en dégageant la lumière de la conscience et, en s'épuisant, ils irradient et, en même temps qu'ils laissent la place libre, ils communiquent par l'irradiation même, — l'énergie qu'ils perdent en s'irradiant, — soit aux états inconscients moins forts, soit aux impressions venues de l'extérieur, la force supplémentaire nécessaire qui les rallume et les actualise.

Il n'y a point d'autre affinité entre nos états intérieurs, entre les éléments de notre esprit; ils ne s'éloignent et ne se repoussent pas selon je ne sais quelle similitude, contraste ou contiguïté. Les états forts ne repoussent et n'attirent rien de l'esprit; ils durent jusqu'à leur épuisement qui les émousse. Tant qu'ils durent, d'autres états ne peuvent les remplacer. Alors, nous disons qu'ils repoussent ces états voisins. Dès qu'ils faiblissent, la place est envahie, tout simplement, par des états intérieurs voisins, ou par des impressions extérieures. Mais nous avons dit que la force des nouveaux venus, si elle ne leur est pas inhérente, ce qui est souvent le cas, est empruntée à l'irradiation même des états forts disparus. C'est donc l'irradiation de ces derniers qui constitue la force de l'attention, le pouvoir d'évocation et la cohésion des états de conscience. C'est pourquoi, dans la théorie de Durkheim, le *sacré*, — lisons le conscient, — a la double vertu de s'isoler, d'écarter et de repousser les représentations profanes, — lisons inconscientes, — et en même temps de s'éparpiller en elles, de faire tache d'huile avec elles.

La vie d'une conscience, l'activité de l'esprit continuellement en éveil se compose, au fond, d'une série de groupements d'états intérieurs forts, enveloppés, chacun, par un halo d'états intérieurs, groupés ou non, différemment forts, interrompus et enrichis, assez irrégulièrement, par des impressions extérieures. Celles-ci sont, les unes plus ou moins intenses, les autres peu intenses, mais apparentées avec les états intérieurs, ayant plus ou moins d'affinité intéressée avec eux. D'ailleurs, les impressions extérieures peuvent être d'origine sociale ou cosmique, et c'est leur source qui fait leur affinité avec les données intérieures. Tels étant ses éléments, la vie de l'esprit se déroule d'après ce schéma. Le point de départ est un groupe d'états intérieurs forts, qui occupe la conscience jusqu'à ce qu'il s'épuise, ou jusqu'à ce qu'il soit interrompu par des impressions extérieures. Son épuisement comporte deux issues : ou bien il est suivi par les éléments inconscients, peu forts, qui font le halo habituel des états intérieurs forts et auxquels ils ont passé, par irradiation, de leur énergie, et cela arrive lorsque les impressions extérieures ne sont pas assez fortes ; ou bien les états forts passent leur flamme intérieure à ces dernières lorsqu'elles sont assez intenses et, aussi, lorsqu'une affinité directe les relie à eux. Cette alternance, diversement combinée, selon le hasard des circonstances, voilà ce qui constitue la vie de notre esprit.

L'essentiel dans la vie consciente est le nombre, d'ailleurs restreint, d'éléments intérieurs forts, qui tiennent leur intensité des circonstances mêmes qui les ont provoqués à l'origine ; l'essentiel est donc, pour tout dire en un mot, *l'énergie initiale, l'intensité des états intérieurs*, fruit de la souffrance, et qu'on appelle habituellement la *force d'attention* ou de volonté[1]. Par l'irradiation de cette énergie initiale, ils constituent autour de chacun d'eux une atmosphère, un halo d'états de conscience moins forts, et c'est également leur énergie, cette intensité initiale qui dirige et règle, jusqu'à un certain point, les données de l'expérience réelle extérieure. Il est vrai que cette intensité peut ne pas être initiale, mais bien résulter de la répétition que des circonstances données ont pu déterminer. Il est vrai, en même temps, que l'intensité initiale des états intérieurs, qui en ont une assez grande, peut augmenter, s'accroître par la répétition. N'importe, le fait est qu'à un moment donné l'esprit d'un homme dispose d'une série, d'une multiplicité d'états intérieurs, plus ou moins forts, ou de groupes d'états intenses. Sans doute, ils sont inégalement intenses, et par suite leur tendance à s'actualiser diffère selon leur intensité. Ceux qui se sont souvent répétés sont plus susceptibles de s'actualiser, de rallumer la lumière intérieure de la conscience, pour la même raison qu'un cierge qu'on vient d'éteindre, et dont la mèche est encore chaude, se rallume bien plus vite qu'un cierge dont la mèche est depuis longtemps refroidie. De même, les éléments intérieurs, qui disposent d'une grande énergie initiale, sont comme des allumettes bien imprégnées de phosphore, que le moindre frottement met en flamme; tandis que les états intérieurs qui ont moins d'énergie initiale, ou bien ont été, à l'origine même, faibles jusqu'à l'indifférence, sont comme des allumettes peu ou point imprégnées de phosphore. Aux états forts, il ne faut que peu d'irradiation mentale pour qu'ils reviennent ; il en faut beaucoup pour les états moins forts et les états indifférents ne se rallument que, peut-être, grâce

---

1. Nous trouvons, dans l'ouvrage de Ribot sur la *Psychologie affective*, tout un chapitre qui se propose d'établir et d'expliquer la réalité de la *Mémoire affective*. La thèse de ce chapitre de Ribot est tellement vraie, qu'on devrait la généraliser. Il n'y a pas de mémoire autre qu'affective ; mémoire et affectivité se valent, parce que seule l'intensité affective d'un état intérieur en assure la durée.

à leur voisinage immédiat avec les états forts. Le cas de ces derniers est l'association par contiguïté, de même que l'affinité, la parenté dont nous parlions plus haut, fait la vraisemblance des associations par similitude ou par contraste.

Il reste encore à préciser, pour l'homme de nos jours, d'où proviennent ces états forts, et d'où ils tirent leur énergie. Ils peuvent changer et même ils doivent changer. Qu'est-ce qui les fait changer?

Il y a deux sources différentes d'où les états intérieurs peuvent venir : l'*activité professionnelle* et l'*éducation* au sens strict du mot, et, dans le sens plus large : l'influence des circonstances et des rapports que l'homme a avec ses semblables. Les occupations et les préoccupations, qui se relient à la carrière, à la principale activité pratique d'un homme, fournissent en général le plus grand nombre d'états intérieurs forts. C'est, d'ailleurs, ce qui constitue sa personnalité. Et comme, dans une société civilisée, personne n'est réduit à un seul genre d'activité, et que tous y trouvent des occupations plus ou moins complémentaires et distractives, il s'ensuit qu'un bon nombre d'autres états forts dérivent de ces occupations secondaires. Ce qui fait l'intensité, la vigueur exceptionnelle de ces états intérieurs, c'est qu'ils sont forgés dans le feu de la lutte, de la concurrence, qu'ils sont liés aux sources de la vie, car l'activité procure les moyens de vivre. Or, la carrière est une fonction sociale, qu'on remplit pour pouvoir vivre, qu'on n'a pas choisie, car le plus souvent il n'y a pas à choisir, qu'on n'aurait pas non plus créée, car elle préexistait, et qui, de toutes manières, dépasse l'individu, échappe à ses déterminations personnelles, car il en est déterminé. Les rouages de la carrière avec ses complications et ses évolutions, ses intérêts dominants ou changeants, constituent, la plupart du temps, le ressort caché et profond de la personnalité. La vie de l'homme de profession aura les préoccupations de sa profession, d'abord et, par surcroît, les préoccupations et les intérêts de ses occupations secondaires. A chaque moment de sa vie, les idées dominantes de son esprit seront ces préoccupations mêmes. La vie psychique de l'homme politique, de l'artiste, du négociant, de l'industriel, de l'agriculteur, est dominée par les préoccupations qu'à tout moment impose à ceux-ci leur carrière. C'est la carrière qui détermine et impose à la vie psychique les grandes lignes de son développement, et si ces lignes changent et se modifient, c'est l'évolution de l'ensemble social et ce sont les circonstances sociales générales qui en déterminent les modifications.

Si, en dehors de ce qui dérive immédiatement de l'occupation principale ou même des occupations secondaires, il surgit des états intérieurs forts, ce sont toujours des circonstances historiques, sociales, politiques, économiques, artistiques ou religieuses, importantes, générales et par suite irrésistibles; ce sont ces circonstances qui impriment une certaine émotivité forte aux états qu'elles provoquent dans les esprits. Les règles juridiques, les idéaux moraux, les fortes émotions artistiques, une phrase musicale, par exemple, une pièce de théâtre transformée en états intérieurs, disposent d'une énergie, d'une intensité spéciale, qui leur est inhérente, car, étant d'origine collective, ils portent en eux toute l'énergie de la collectivité. Parce que les règles morales et religieuses sont élaborées en commun, la vivacité avec laquelle elles sont pensées, par chaque esprit en particulier, retentit dans tous les autres et réciproquement. « Les représentations qui les expriment en chacun de nous ont donc une intensité à laquelle des états de conscience purement privés ne sauraient atteindre, car elles sont fortes des innombrables représentations individuelles qui ont servi à former chacune d'elles [1]. » Tout ce qui passe de la vie collective, ou à l'occasion d'une agglomération sociale, dans l'esprit de l'individu, dispose d'une grande énergie, d'origine collective, qui lui confère une intensité exceptionnelle. Et lorsque les acquisitions sociales, comme, par exemple, les règles morales et juridiques, ne sont pas accompagnées d'une forte émotionnalité initiale, leur répé-

1. Durkheim, *op. cit.*

tition, leur rencontre à plus d'une occasion leur confère cette intensité qui leur manquait.

Il n'y a donc d'intensité et d'énergie dans nos états intérieurs que ce qu'ils dérobent de la force sociale collective, à moins que des émotions douloureuses n'aient été l'accompagnement même de leur genèse, et, en ce cas, c'est toujours dans les institutions et dans les circonstances sociales qu'il faut en chercher les causes. A cette règle générale, on ne voit que l'exception de l'idée de la mort. L'idée et l'expérience vue de la mort est en effet un état intérieur des plus violents et, par suite, des plus intenses, dont la répétition n'est pas propre à l'émousser, mais bien à le tonifier. La mort est donc génératrice de conscience. Mais c'est une cause génératrice qui se régénère dans son effet, car l'idée de la mort ne s'est précisée et ravivée qu'avec l'apparition de la conscience.

Ainsi, l'intensité de la vie collective, impersonnelle et inconsciente, est ce qui détermine notre personnalité et notre conscience, par l'intermédiaire des états intérieurs intenses que la vie du groupe provoque en nous. « Si nous n'avions pas la notion des impératifs moraux et religieux, notre vie psychique serait nivelée, tous nos états de conscience seraient sur le même plan et tout sentiment de dualité s'évanouirait[1]. » Nous dirons, plus exactement peut-être, que c'est la lumière de la conscience qui s'évanouirait, car c'est elle qui donne le sentiment de la dualité.

L'activité pratique, la carrière, avec les préoccupations dominantes et les formes d'activité qui persévèrent dans le même sens, qui changent peu ou point, ce qu'il y a de constant ou de durable dans l'activité sociale sous ses différentes modalités : économique, artistique, politique, etc., voici ce qui constitue le noyau et la base durable de la personnalité. Ce sont là les fils de la trame du tissu que constitue la vie de l'esprit. La conscience et le « moi » sont de fines broderies sur le canevas, dont la personnalité est la trame, et la vie de l'esprit ou de l'âme en constitue le tissu

---

1. Dürkheim, *op. cit.*, p. 377.

en son ensemble. Et nous pourrons, maintenant, mieux préciser les rapports entre ces différents aspects de notre âme. La personnalité est l'élément actif mais relativement durable et constant, qui, selon ses besoins ou ceux de la vie sociale qui le met en mouvement, plonge dans l'inconscient, qui est la totalité de l'expérience individuelle, et met en relief ou actualise certains éléments ou groupes d'éléments conscients, qu'il expose à la lumière intérieure consciente, ou,. ce qui est plus exact, les rallume à la flamme des éléments conscients antérieurs et crée ainsi le « moi » changeant à chaque instant.

Il est évident que, plus l'expérience totale de l'inconscient est riche, plus aussi sera variée et intense la lumière de la conscience et, par suite, la vie de l'esprit. Pour que cette vie soit réelle et forte, il faut donc que les éléments actifs et durables de la personnalité, c'est-à-dire le groupe d'états intérieurs intenses, aient à leur disposition un trésor aussi riche que possible d'états intérieurs plus ou moins intenses, qu'ils aient une expérience extérieure actuelle de plus en plus riche et variée et, par là même, un trésor immense et toujours grandissant d'expérience passée, sous-consciente. Et c'est précisément ce que procurent à l'homme les sociétés civilisées, dont la tendance naturelle est de s'agrandir, de se compliquer, de se diversifier infiniment.

Notre conscience, notre « moi », la vie consciente de notre esprit, déjà acquise, ne peut se réaliser et durer pleinement qu'en croissant, qu'en s'augmentant, en s'assimilant une nourriture sociale de plus en plus riche. De là le besoin d'impressions nouvelles, toujours autres, et plus compliquées. Elle ne peut durer et vivre pleinement qu'à cette condition. Autrement, la personnalité, par ce qu'elle a de durable en elle, par ce qu'elle a de constant, tendrait à devenir automatique. De sorte que : *pour que la conscience se maintienne et se ravive, il faut que ce qu'il y a de stable dans la personnalité soit nuancé par le plus de variété possible.* De là la soif intense qu'éprouvent certaines consciences modernes du nouveau ; de là, la nécessité profonde des variations de la mode, la passion des jeux, des voyages.

C'est à cette nécessité organique de la vie de notre esprit que satisfait la prodigieuse expansion de la littérature, du roman surtout, de tous les arts modernes et de la science ; et de là aussi ce besoin de plus en plus impérieux de socialité. L'esprit voit qu'il s'agit là de son être même, « d'être ou de ne pas être ».

Si l'homme recherche la société avec tant d'empressement, c'est qu'il se rend compte que, sans la société, son être psychique s'amoindrirait et s'évanouirait. Car l'isolement rétrécit et affaiblit la conscience ; à moins qu'elle ne puisse se raviver par le contact avec les signes et les symboles de la vie collective, tels les livres, les œuvres d'art, ce à quoi elle n'arrive que par une culture toute spéciale et intensive. C'est à cette nécessité que répondent les agglomérations humaines et toutes les formes variées de l'art et de la science. La vie sociale, — avec tous ses rapports compliqués, tous ses intérêts variés, toutes ses réunions et agglomérations, et avec toutes les formes de l'art, de la science, et de l'activité pratique — nourrit et entretient aujourd'hui la richesse indispensable à notre vie consciente. La manie de conférencer qui sévit aujourd'hui n'est-elle pas aussi un besoin impérieux de l'existence de notre esprit ? — Aussi, disons, pour résumer, que, si la souffrance a été, au commencement, créatrice de conscience, à mesure que la conscience s'est réalisée, c'est le plaisir du changement, c'est la richesse variée qui l'entretient et l'intensifie à la fin. La souffrance et la richesse variée sont les deux pôles de notre vie spirituelle et consciente. La riche variété des états intérieurs supplée à la souffrance et, comme celle-ci, peut engendrer la conscience.

En un mot, le *for intérieur* qu'est la conscience est tout simplement l'écho du *forum* extérieur prolongé dans l'individu, l'écho de l'agora, où se passe la vie publique. Le for intérieur est le *forum* intériorisé. La conscience réfléchie est l'effet de la vie morale et sociale qui la précède et la détermine. L'homme est devenu conscient parce qu'il a été obligé de subir les règles de conduite morale que lui a imposées le groupe social et qui sont l'expression des conditions générales de la vie collective.

De cette manière, nous pouvons nous faire une idée, peut-être sommaire et approximative, de la genèse, des origines et du développement du « moi » conscient, dont M. Bergson parle en termes si mystérieux. L'extrême variété et la mobilité insaisissable du « moi » en sont les conditions mêmes et nous en avons montré la source originaire. Le mystère dont on veut entourer le « moi », les termes émus qu'on emploie pour en parler, le pathétique et le mysticisme de l'attitude qu'on prend pour regarder dans l'abîme de la conscience semblent dérisoires et bien vains, mais aussi bien propres à attirer et à étonner les foules.

Mais si notre conscience vit d'une vie continue, avec l'intermittence du sommeil, où il lui reste les rêves, c'est parce que la souplesse et la délicatesse de notre physiologie nous font réagir comme un écho, à tous les remous de la vie collective, multiple et variée, dans notre groupe social. Sous la pression intense, prolongée et variée du groupe humain croissant, l'être zoologique, d'abord imperméable, rigide, et d'une opacité qui ne lui permettait ni de réfléchir ni de refléter ses actes ou les impressions du monde extérieur, est devenu, avec le temps, transparent, sensible, propre à refléter jusqu'aux moindres détails de sa propre vie et du monde, comme un miroir dont la surface éclatante saisit tout ce qui passe devant lui. Tel un lac troublé, dont la surface ne reflète ni les détails ni même les grandes lignes du paysage environnant et du ciel, l'homme primitif a subi, de la part de la vie du groupe, pendant les longs siècles de son histoire, des influences qui l'ont purifié, clarifié. Les pressions de la vie sociale ont rendu sa vie zoologique d'une pureté, d'une transparence, d'une délicatesse de sensibilité qui réfléchit le ciel avec son infini, et les formes et les paysages qui l'entourent.

Ainsi, les impressions du monde physique, qui effleuraient à peine l'homme zoologique et passaient inaperçues, sont devenues l'infinie expérience du monde qu'étudient et approfondissent les sciences différentes. A la place des actes générateurs, qui s'accomplissent, chez les animaux, avec l'inconscience qui accompagne le renouvellement de leur poil, pendant le printemps, l'instinct sexuel de l'homme se développe en sentiments et en états de conscience, que des milliers de poètes et de romanciers n'arrivent pas à décrire jusqu'à l'épuisement. C'est ce même instinct génésique, qui, comme l'a montré Wundt, constitue l'une des bases psychologiques de toutes les autres créations artistiques. Et voyez en quelle étrange diversité de raffinements culinaires infinis il s'est transformé, à son tour, cet autre instinct vital, le boire et le manger. Inutile d'insister sur la différence énorme existant entre la manière de gagner sa vie chez l'animal et l'extraordinaire et riche variété de la vie économique de l'homme.

Du fait même de la vie sociale, l'humanité s'est concentrée et condensée dans chaque exemplaire humain, pour en différencier et en enrichir infiniment la vie individuelle. La conscience, la personnalité, serait alors la pénétration et la condensation de la vie de l'humanité dans la vie zoologique de l'homme. L'humanité s'est greffée sur l'individu afin d'y produire l'esprit et la personnalité humaine. En tous cas, il nous semble que cette conscience et cette personnalité ne seront accomplies et achevées que par la pénétration de toute l'humanité dans chaque homme, ce qui n'est guère possible que lorsque tous les peuples se seront constitués en une société universelle.

CHAPITRE V

L'Interprétation physiologique.

Le cerveau est sans doute l'organe et le siège de la vie de
l'esprit. Notre conscience, notre « moi », notre esprit et,
enfin, notre personnalité, s'expriment par les phénomènes
qui ont lieu dans notre cerveau et c'est également par son
mécanisme infiniment compliqué que notre « moi » réagit
sur le monde et sur notre propre être. D'autre part, ce qui
différencie l'homme de l'animal, au point de vue anatomique, c'est précisément le volume et l'organisation du
cerveau. Tandis que le cerveau de l'animal, même chez les
animaux les plus élevés dans l'échelle zoologique, est un
simple ganglion de la moelle, à peine un peu plus développé
que les autres, chez l'homme, ce ganglion a pris un développement extraordinaire. La différence qu'il y a entre la
masse et l'organisation du cerveau humain et celles des cerveaux des animaux mesure exactement la différence entre
la vie intérieure consciente de l'homme et celle des animaux. Infiniment riche et effective, ici, elle est, là, rudimentaire, et plutôt virtuelle que réelle.

D'où provient cette différence de volume et d'organisation
du cerveau humain ? Cette différence est-elle inhérente à la
nature originelle, zoologique, de l'homme ? Nous ne pouvons l'admettre. Les exemplaires humains primitifs, dont
nous avons des restes révélateurs, nous montrent que le cer-

veau des premiers hommes n'était pas beaucoup plus développé que celui de certains animaux. Qu'est-ce qui a
déterminé cet extraordinaire développement de la cérébra-
lité humaine ? A notre avis, ce furent les mêmes causes qui
ont provoqué et développé notre conscience et notre personnalité, car le cerveau est le siège et l'organe de notre esprit.

La simple adaptation directe de l'homme au milieu cosmique ne pourrait expliquer cet énorme écart cérébral de
l'homme à l'animal, car l'animal a dû, lui aussi, s'adapter
au même milieu.

Entre l'homme et l'animal, il n'y a eu qu'une seule différence dans leurs conditions générales de vie au milieu du
monde physique : c'est que l'homme a vécu au milieu
d'agglomérations humaines, toujours plus grandes et plus
ou moins constantes et durables, tandis que les animaux,
s'ils ne mènent pas une vie tout à fait isolée, ne constituent
que des groupements bien réduits et qui demeurent toujours tels, sans consistance et sans organisation. L'homme
a dû s'adapter directement au milieu social, qui devenait
considérable, en subir toutes les influences, toutes les
actions et les réactions de la vie collective. Ce n'est qu'indirectement, par l'intermédiaire du milieu social, qu'il s'est
adapté ou, plus exactement, réadapté au milieu physique.
Et sa réadaptation ne consistera pas en des transformations
anatomiques et physiologiques, destinées à le mettre en harmonie avec les conditions du milieu cosmique, mais bien
en des modifications imposées à ce milieu même, pour
l'adapter à ses besoins et ses aspirations. Les conséquences
de cette réadaptation ont été plutôt la dissolution des instincts et des activités automatiques et la modification de
certaines particularités anatomiques, au moyen desquelles
s'était faite l'adaptation de l'homme zoologique au milieu
cosmique. La réduction de la mâchoire, la réduction des
régions chevelues, la modification des mains en sont des
effets.

Si la seule et importante modification anatomique, que
la vie au milieu des groupes humains croissants et organisés a provoquée chez l'homme, est le développement

considérable du cerveau, sans aucun doute, alors, ce développement est bien le résultat de l'adaptation à ces sociétés, toujours plus larges, plus denses et consistantes. *Le volume du cerveau a augmenté et s'est organisé en rapport direct avec le volume et l'organisation des sociétés, à l'action et la réaction desquelles il a dû se soumettre.* Bref, l'adaptation de l'homme zoologique à la vie collective des grandes agglomérations humaines, son adaptation plus large, plus profonde, au milieu cosmique, par l'intermédiaire du milieu humain historique, ainsi qu'aux transformations imposées par la société au monde physique, expliquent suffisamment et parfaitement pourquoi notre cerveau a pris les proportions qu'il présente aujourd'hui.

Montrer comment s'est réalisé l'écart du cerveau humain de celui des autres animaux, comment est acquis son volume et son organisation interne, ce serait répéter ce que nous venons de dire de l'action des rites religieux, dits négatifs et positifs, mimétiques, représentatifs, etc., ainsi que de l'action exercée sur l'homme par l'état de guerre, par l'esclavage et le salariat.

En effet, il est évident que les pratiques religieuses, les coups, les tortures, les brutalités, avec la souffrance qui les accompagnait, se répercutaient et laissaient un écho profond dans la vie physiologique de l'homme primitif. Les nouvelles méthodes de travail, l'action compliquée des luttes avec les tribus voisines, ainsi que les états douloureux, leur écho, devaient se centraliser et se coordonner dans les derniers ganglions de la moelle qui constituent le cerveau, lequel, de ce fait, devait, de toute nécessité, augmenter de volume. Il est aussi évident qu'avec l'accroissement et la complication toujours plus grande de la vie sociale, et sous l'action toujours plus compliquée et plus énergique de la vie religieuse, de la guerre et de l'esclavage, le cerveau augmentait pour recevoir et enregistrer l'écho de toutes ces actions et réactions sociales, de toutes les influences douloureuses, intenses que l'homme subissait, et de toutes les nouvelles formes d'activité que le groupe augmenté lui imposait. La douleur des coups violents et des tortures méthodiques provoquait des modifications réelles et profondes dans le cerveau. Elles s'y inscrivaient indélébilement ainsi que les modes et les formes d'activité nouvelle que l'homme devait accomplir. Cette fonction a dû créer et développer son organe. Et c'est pourquoi le cerveau humain, ce registre des sensations énergiques, douloureuses et, par suite, intenses, a dû augmenter de volume, d'une génération à l'autre. Les douleurs physiques, les tortures, les coups, l'activité diversifiée ont été pour lui une occasion d'exercices multiples ; la substance nerveuse s'est accrue et s'est multipliée ; elle a dû réagir à toute sensation violente qui était pour le cerveau comme une blessure qui devait se cicatriser. L'état douloureux, transmis au cerveau, y produit une déperdition de force nerveuse. Le cerveau, en retenant la sensation douloureuse, intense, consomme de cette énergie nerveuse qu'il doit prendre sur les réserves de l'organisme. Plus il fonctionne, plus les états intérieurs sont intenses, douloureux, plus il doit accaparer de l'énergie nerveuse et se développer. Ce registre, ouvert toujours à l'inscription des événements les plus sensibles de la vie individuelle, compliquée violemment par la vie collective, a grossi chaque jour ; de nouvelles pages s'y sont ajoutées avec la vie de chaque génération. L'addition infinie de ces pages, dans les siècles historiques et préhistoriques de l'humanité, a fait de ce registre une archive anatomique immense. Car, sans métaphore, on peut dire que le cerveau est l'archive anatomique dans laquelle s'est inscrite l'activité historico-sociale toujours plus abondante et plus compliquée de l'humanité.

Ce n'est pas à dire que les acquisitions mentales des générations humaines se sont conservées par l'hérédité physiologique ; cela serait faux. Nous disons seulement que chaque génération a ajouté, pour ainsi dire, une page à l'archive anatomique du cerveau sur laquelle, tant qu'elle a vécu, elle a enregistré ses faits et gestes. Mais, en disparaissant, elle a passé à la génération suivante la page blanche, sa mort a effacé tout ce qu'elle y avait enregistré. De sorte que la génération suivante devait reprendre cette page, ainsi que toutes celles des générations antérieures, pour y inscrire, par la culture et l'éducation, tout ou bien une partie des acquisitions de l'histoire. Car, par bonheur, si la page cérébrale d'une génération s'efface et blanchit avec sa disparition, ses acquisitions s'enregistrent dans les archives proprement dites, ou dans la mémoire des survivants. Et c'est ainsi qu'augmente, avec les générations, l'archive anatomique blanche qu'est le cerveau, qui, ainsi augmenté, devient une *table rase* (page blanche) que chaque génération doit couvrir, en rééditant le passé et en y écrivant elle-même.

C'est dans ce sens qu'on a pu dire que le physiologique est simplement le cadre de l'esprit [1] — lisez de la société — et que, dans ce cadre, l'esprit — la société — peut faire entrer tout ce qu'il voudra. Il n'en dérive pas, car il le déborde. Cependant nous n'irons pas avec M. Bergson contester que l'esprit puisse s'exprimer d'une façon adéquate par des formes matérielles cérébrales. M. Bergson va trop loin en ce sens, quand il nie, de parti pris, que l'activité consciente puisse s'exprimer exactement par les états matériels du cerveau. Pour nous, toute création de l'esprit, quelle qu'en soit la finesse, est liée à un état physiologique donné et précis du cerveau, et tout phénomène de l'esprit a un équivalent précis, strictement déterminé dans le cerveau. Il y a bien là un parallélisme strict entre deux formes qui traduisent la même réalité en deux langages hétérogènes. Autrement, il faudrait s'attendre à ce que la vie spirituelle s'évaporât et s'envolât vers les cieux, sous la forme d'une colombe immatérielle, sorte d'entité insaisissable que M. Bergson s'efforce inutilement de reconstruire. — Disons, pour résumer, que, si les blessures du corps se sont cicatrisées à l'extérieur, elles ont laissé des traces, des cicatrices dans le cerveau. Toute souffrance, toute blessure extérieure, toute activité nouvelle douloureuse, sont traduites par une brisure cérébrale, qui y est restée pour augmenter le volume, compliquer et sculpter l'aspect intérieur du cerveau, pour y créer ce qu'on a appelé les *réflexes cérébraux*.

1. Bergson, *L'Ame et le Corps. Foi et Vie*, déc. 1912.

Pour préciser un peu ce que nous venons d'exprimer en grandes lignes, nous emprunterons à M. Kostyleff les généralisations et l'hypothèse qu'il a faites sur l'activité cérébrale concomitante à la vie de l'esprit. Selon lui, ce qui, cérébralement, correspond à l'activité de la conscience, ce sont des groupements de réflexes cérébraux de nature motrice. Le jeu de ces réflexes, leur variété et leur complexité sont le juste pendant des opérations de l'esprit. Quant à préciser ce que sont ces réflexes cérébraux, il pense qu'ils sont de la même nature que le principe de l'assimilation fonctionnelle, qui est le fond même de la vie. Les réflexes cérébraux dérivent de cette assimilation fonctionnelle; ils en sont plutôt une application particulière dans le cerveau. Remarquons que, bien avant M. Kostyleff, Wundt attribuait à la *disposition fonctionnelle* du cerveau le rôle qu'on attribue aux réflexes cérébraux, et que W. James comprenait la même chose par ce qu'il appelait, lui, l'*habitude neurale*. Ce qu'il y a de commun, sous ces différentes appellations, c'est la simple constatation qu'une décharge motrice se propage plus facilement sur les voies déjà traversées. Cette décharge, en se répétant, constitue le réflexe cérébral ou, plus exactement, le groupement de réflexes cérébraux. Nous préférons l'appellation que M. Kostyleff donne à cette hypothèse, commune à Wundt et James, parce qu'elle nous semble plus claire et plus facile à manier.

Nous allons voir maintenant, en nous laissant guider par le même auteur, comment se forment ces réflexes cérébraux, et ce qui les met en branle.

Il est bien entendu que notre auteur n'abandonne presque pas le circuit fermé de la vie physiologique individuelle. Il faut donc traduire, en termes physiologiques, d'une part, l'action du milieu social sur l'individu, et, de l'autre, les phénomènes psychiques concomitants qui font la vie de l'esprit.

Le physiologique qu'on nous offre est bien un tunnel qui conduit du social au psychique. Puisque c'est un tunnel, il y a toute l'obscurité nécessaire sur le trajet. Ce qui s'y passe ne peut être qu'hypothétique.

Et d'abord, comment se forment les réflexes cérébraux, et qu'est-ce qui provoque leur formation ?

Un réflexe cérébral est une voie cérébrale tracée d'une manière plus ou moins puissante. Son aptitude à se reproduire et à persister dépend donc de la manière plus ou moins *puissante* dont la voie cérébrale correspondante a été traversée et, par suite, de la force du choc de décharge motrice plus ou moins énergique, qui a ouvert et traversé premièrement cette voie. Lorsque le choc a été très puissant, le réflexe cérébral persévère et tend à devenir obsession, empêchant la formation des réflexes plus faibles [1]. Mais comment se constitue, en fait, cette voie ? C'est-à-dire, comment se forment, en réalité, ces réflexes ? L'effet de la décharge motrice, en traçant la voie d'un réflexe cérébral, consiste, selon M. Kostyleff, qui cite à ce propos M. Sollier, *à rendre plus facile, sur ce parcours vers les centres, la dislocation et la disjonction des molécules, à diminuer, par suite, la cohésion moléculaire sur cette voie.* Mais la décharge de ce choc, en se répétant, a pour résultat d'augmenter le volume cérébral, en augmentant les cellules, car, « *sous l'influence d'excitations répétées, la cellule a une nutrition plus active, elle augmente de volume, ses prolongements grandissent et se mettent, par conséquent, plus étroitement en contact avec les prolongements des cellules voisines.* Cela explique comment l'exercice agit sur la mémoire, comment l'association des souvenirs se fait d'autant plus rapidement qu'elle s'est plus souvent répétée[2]. »

La manière dont se forment physiologiquement les réflexes cérébraux confirme de toute évidence ce que nous avions dit de l'irradiation des états intérieurs *forts* et *répétés*, provoqués par des chocs douloureux avec la réalité des groupes humains. Elle nous laisse très bien voir aussi comment ces chocs mêmes, ces décharges motrices puissantes, en se répétant et en se compliquant, augmentent et compliquent le volume du cerveau humain. C'est qu'elles excitent l'activité intense des cellules, provoquent leur besoin

1. *Substituts de l'âme,* p. 184.
2. P. 167.

de se nourrir activement et augmentent ainsi leur masse. Tel est précisément le rôle des états intérieurs forts que la vie collective, religieuse ou économico-militaire provoque chez l'individu social et qu'elle renforce encore par la répétition.

Ainsi formés, comment les réflexes cérébraux sont-ils mis en branle ? Qu'est-ce qui les met en action pour que leur revivification, leur vibration continuelle produise la vie de l'esprit ? C'est, d'après M. Kostyleff, *les variations des états physiologiques*, qui empêchent l'arrêt complet des réflexes cérébraux et entraînent la mobilité du mécanisme cérébral, qui caractérise la pensée d'un adulte. Car la rapidité et la variété de nos jugements s'expliquent, en effet, *par la nature excessivement mobile du cerveau*, qui est si mobile et si compliquée que les moindres variations organiques suffisent pour le mettre en mouvement.

En premier lieu, c'est le processus de nutrition, d'anémie ou d'hyperhémie, dans les centres nerveux du cerveau, qui détermine le flux de notre pensée. « L'expérience a montré, en effet, que l'activité cérébrale psychique a une action directe sur le pouls », qu'il y a une « diminution de la main, due au resserrement réflexe des vaisseaux et une accélération de l'activité du cœur ». Et ce fait s'explique très naturellement et tout simplement, car, « s'il y a circulation plus active dans le cerveau, c'est que les cellules nerveuses sont plus actives pendant que la pensée se produit, pour qu'elle se produise ».

Non seulement l'activité de l'esprit, effet de l'activité des réflexes cérébraux, s'explique ainsi en elle-même par le branle que les phénomènes physiologiques provoquent dans les réflexes cérébraux, mais les phénomènes vasomoteurs et nutritifs se manifestent dans les états affectifs de l'organisme et, par ces derniers, exercent une *action directrice* sur l'association des réflexes. « Et, d'une manière générale, il est évident que l'état physiologique du cerveau a une action directe sur l'enchaînement des réflexes. » La preuve en est faite par l'action du vin et du café. Non seulement l'état physiologique du cerveau, mais l'organisme entier réagit sur les réflexes cérébraux « d'une manière plus ou moins vive, plus ou moins profonde, selon *l'état de sensibilité dans lequel il se trouve* ». Bref, le schéma physiologique de la vie consciente, réduit à ses termes derniers, se présente ainsi : le cerveau est composé de réflexes cérébraux fonctionnels que les variations de l'organisme mettent en branle, et ce sont ces variations mêmes qui dirigent l'enchaînement des réflexes, leur association. L'origine de ces réflexes, c'est le choc des décharges motrices qui vont dans la direction des centres nerveux, c'est-à-dire les excitations fortes, les chocs les plus énergiques que le milieu immédiat produit sur l'organisme et qui sont seules propres, à cause de leur intensité même, à se propager jusqu'aux centres nerveux du cerveau.

La seule question que M. Kostyleff laisse indécise est de savoir si c'est la pensée qui détermine l'affluence du sang vers le cerveau, ou bien si la pensée ne se produit que parce que le sang, de lui-même, afflue du corps vers le cerveau. Question d'autant plus embarrassante qu'elle est, à nos yeux, capitale. M. Kostyleff la laisse dans l'équivoque, en disant tout simplement que s'il y a circulation plus active dans le cerveau, c'est que les cellules nerveuses sont plus actives *pendant* que, la pensée se produit, pour qu'elle se produise. Pour être net, s'il est possible, il faut décider si c'est la pensée qui provoque l'affluence du sang afin qu'elle se produise et se continue, ou si c'est, au contraire, l'affluence du sang au cerveau, indépendamment du cerveau et de la pensée et dépendant des états de l'organisme, qui provoque mécaniquement la pensée. C'est se demander, en d'autres termes, si c'est le corps qui pense par le cerveau, ou bien le cerveau qui dispose du corps et pense par son intermédiaire ? M. Kostyleff penche, il est vrai, vers la première hypothèse ; à son avis, c'est le corps qui pense par le cerveau, car les états forts de l'organisme produisent les réflexes cérébraux, et les variations de l'organisme mettent ces réflexes en branle et déterminent la direction.

Il a vérifié son hypothèse avec beaucoup de succès dans l'interprétation des fonctions supérieures de la conscience :

la formation des images mentales, la mémoire, l'imagination créatrice, l'attention, l'association des idées, le jugement. Son interprétation a été bien sommaire, sans doute, et, par suite, bien vague, mais il s'est servi, pour la préciser et la compléter, des données de la psychologie introspective qui l'ont aidé, reconnaissons-le, beaucoup plus qu'il ne leur a été profitable, lui et son hypothèse.

On peut résumer ainsi les résultats essentiels de cette vérification. M. Kostyleff explique l'*image mentale* par le groupement des réflexes que le choc des décharges puissantes provoque dans le cerveau, et dont elle n'est que l'expression subjective. La mémoire est la faculté qu'ont les images mentales de revenir ; et il l'explique par la répétition des chocs des décharges nerveuses qui augmentent le volume des cellules du cerveau et agrandissent ses prolongements en établissant entre elles un contact plus étroit. L'*imagination créatrice* est la prépondérance d'une image mentale, qui fait qu'elle devient le centre d'attraction des autres images, et la prépondérance s'explique par l'état de l'organisme, plus ou moins conscient, la tristesse, la joie, les *goûts esthétiques* (?) ou les dispositions morbides qui déterminent la formation des réflexes. Connu ou inconnu, c'est donc toujours l'état de l'organisme qui détermine, à un moment donné, l'énergie et la prépondérance d'une image mentale. L'*attention* est tout simplement, comme l'a montré Ribot, « un phénomène physiologique vaso-moteur, c'est-à-dire une plus grande activité sanguine de l'organe cérébral et des phénomènes respiratoires ». Or l'activité de l'attention aboutit à l'*abstraction*, car les images mentales et les idées générales sont l'objet et en quelque sorte la cause d'un acte d'attention. Mais qu'est-ce que l'abstraction ? C'est, dira Ribot, le renforcement de certains traits des objets et l'affaiblissement de certains autres traits que M. Kostyleff explique par la consolidation des traits communs dans l'expérience répétée des mêmes objets. Il ne va pas plus loin, pour montrer en quoi consiste ce renforcement.

De tout cela, il résulte clairement que c'est le corps, les

états de l'organisme qui pensent par le cerveau, et le fait est, sans doute, d'une vérité évidente. Seulement, il faut se demander pourquoi le corps impose telle ou telle pensée, telle ou telle direction de pensée, telle ou telle complexité et mobilité de pensée. Car ces variations des états organiques déterminants doivent avoir aussi des causes déterminantes. M. Kostyleff ne se pose pas cette question d'une manière claire, ou bien il ne se la pose pas du tout, parce qu'il croit, semble-t-il, que les lois et la nature physiologiques du corps sont suffisantes pour expliquer les phénomènes conscients.

Or, précisément, tout ce que nous avons dit dans les pages précédentes sur les actions infiniment fortes et compliquées, que la vie religieuse et économique du groupe exerce sur la vie zoologique de l'homme, nous semble répondre d'une manière adéquate à la question que devrait se poser et que ne se pose pas M. Kostyleff. Ces influences du milieu collectif complètent, croyons-nous, et vérifient très bien l'hypothèse et les interprétations qu'il donne aux phénomènes conscients.

Nous avons vu, en effet, d'où viennent ces chocs énergiques, douloureux, assez intenses pour pénétrer jusqu'au cerveau et y produire des réactions puissantes, propres à former des réflexes cérébraux. *Les rites religieux, la guerre et l'esclavage ont été les grandes sources génératrices de réflexes cérébraux et de variations organiques vaso-motrices, nutritives, respiratoires, par suite, d'états affectifs forts.* Puisque, au fond, ce qui détermine la vie, et la mobilité de la pensée, c'est l'affluence du sang au cerveau, il est évident que toutes les influences brutales de la société sur l'homme zoologique ont eu précisément pour effet immédiat ce phénomène vaso-moteur. C'est le martyre et la violence qui font affluer le sang vers le cerveau. Si, chez l'homme, le sang s'est dirigé, en quantité de plus en plus grande, vers le cerveau, pour en augmenter le volume et y provoquer la pensée, c'est sous le fouet des tortures, des brutalités, des violences de toute sorte que les rites religieux, les faits de guerre et l'état d'esclavage ont infligées à l'humanité à ses débuts. Ce sont ces actions qui, en se compliquant infiniment, ont créé dans le cerveau le nombre infini des réflexes cérébraux, et ont provoqué le grand courant d'affluence sanguine vers cet organe pour s'y dépenser en une incessante activité. En effet, dans la physiologie humaine, on a constaté que le cerveau attire à lui une grande partie de la substance nutritive du corps et que la vie du cerveau épuise jusqu'aux dernières ressources de l'organisme.

On peut, d'une manière générale, et plutôt métaphorique, représenter l'action de la vie collective sur l'homme comme *une pression systématique exercée sur l'organisme pour produire l'affluence du sang vers le cerveau*. Sous cette action s'est établi un courant toujours plus grand de sang vers les centres cérébraux, et il s'est établi comme une habitude du cœur d'envoyer dans la direction du cerveau la plus grande quantité de sang possible. En ce sens, le cœur domine le cerveau, et on peut dire, avec Pascal, que le cœur a des raisons que la raison ne connaît pas. Les voies les plus battues, les plus larges, de la circulation sanguine se sont formées sous la pression de l'action collective, et se sont dirigées vers le cerveau. Or, les circonstances qui ont provoqué le courant du sang vers le cerveau y ont créé, en même temps, les réflexes cérébraux de M. Kostyleff, ces dispositions fonctionnelles, ces habitudes neurales dont nous parlent Wundt et James.

Les événements de l'histoire et de la préhistoire des sociétés humaines ont eu pour résultat de créer une infinité de réflexes cérébraux et de drainer, sur des voies toujours plus larges, une quantité toujours plus grande de sang dans la direction de ces réflexes. Avec l'infinie complexité et l'étendue de la société, le volume du cerveau a augmenté considérablement, et son contenu s'est compliqué par ces réflexes que la vie sociale, religieuse et économique a créés. A mesure que ces réflexes se sont multipliés et compliqués, ils sont devenus plus subtils, plus mobiles, et comme, par suite, avec leur complexité, s'élargissaient les voies par où le sang afflue vers eux, il s'ensuit que toute excitation extérieure, si faible et fine soit-elle, déchaîne l'activité cérébrale, qui, à son tour, attire très facilement l'afflux du sang nécessaire à la vie de la pensée.

A vrai dire, les rapports entre le cerveau et le cœur sont de tous points comparables à ceux qui, dans une machine à vapeur, relient le *cylindre à piston moteur* avec le *tiroir de distribution*. De même que, dans la machine, le piston est mis en mouvement par la vapeur que le tiroir de distribution envoie dans le cylindre et pourtant c'est le propre mouvement du piston qui règle indirectement cette distribution et se fait envoyer, au moment opportun, la vapeur nécessaire, de même c'est le cœur qui met le cerveau en mouvement, et pourtant c'est le cerveau même qui incite le cœur à lui envoyer le sang nécessaire à son fonctionnement et règle cette distribution du sang. Il y a, peut-être, néanmoins, cette différence que le cœur a plus d'initiative que le tiroir de distribution. En tous cas, les rapports du cœur au cerveau sont infiniment plus fins et plus compliqués. Le sens de ces rapports est pourtant absolument le même.

L'histoire humaine a créé dans l'organisme zoologique le cerveau développé qui est un admirable, un merveilleux mécanisme adapté à la société et à ses rapports compliqués et abstraits. Elle crée dans le cerveau autant de réflexes qu'il y a de rapports sociaux — signes physiologiques de ces rapports sociaux extérieurs et abstraits — et par les moindres moyens et excitations extérieures, les mots parlés ou écrits, par exemple, elle met en branle le mécanisme très compliqué de ces réflexes, qui, à leur tour, en fonctionnant, agissent sur le cœur et attirent l'affluence du sang et l'énergie nutritive nerveuse nécessaire à l'activité consciente. C'est pourquoi, à l'encontre de M. Kostyleff, nous pouvons dire que c'est le cerveau qui pense par l'organisme, c'est-à-dire par les moyens que lui procure l'organisme. Mais il est arrivé là, parce que, au commencement, c'est l'organisme qui a pensé par le cerveau. C'est dire, en d'autres termes, que si la société actuelle agit directement sur le cerveau et déchaîne la pensée, quitte à ce que le cerveau réagisse sur le cœur et sur le corps pour exprimer et extérioriser la pensée, c'est parce que la société a commencé par influencer le corps et le cœur, par penser avec le corps, au moyen de ces modifications qui ont, précisément, déterminé le développement du cerveau, les réflexes cérébraux et la grande affluence vaso-motrice dans sa direction. C'est précisément parce que les réflexes cérébraux et le cerveau sont les produits de l'organisme qu'ils peuvent, à leur tour, l'influencer et agir sur lui. Plus la voie allant du cœur au cerveau a été battue et élargie, plus facile sera la communication efférente, l'ordre du cerveau intimé au cœur, pour se faire envoyer par lui le sang nutritif nécessaire.

C'est pourquoi, pour les intellectuels, les rapports sociaux les plus abstraits et complexes, perçus directement ou indirectement, par signes symboliques — la parole écrite ou parlée — n'ont plus besoin de l'intermédiaire du corps pour agir sur le mécanisme infiniment complexe des réflexes cérébraux, mais agissent directement sur eux ; c'est par leur intermédiaire qu'ils influencent le cœur et qu'ils changent même les états physiologiques du corps. A ce point de vue, le corps et le cerveau des hommes diffèrent beaucoup ; d'une manière générale, nous ne pouvons pas dire que l'homme soit arrivé à cette plasticité organique nécessaire et à la complexité et à la finesse cérébrales indispensables au développement de la société actuelle.

Jusqu'à ce que l'homme puisse réaliser la complexité et la souplesse nécessaires à la pensée, à la perception des rapports sociaux et physiques, il a fallu la longue et complexe influence de la vie du groupe social infiniment agrandi. Pendant tout ce temps, l'organisme était relativement résistant et le corps, loin de déterminer l'activité de la pensée, en était plutôt une condition restrictive. En cédant de sa rigidité, en devenant complexe et souple, grâce aux influences énergiques de la vie du groupe, le corps humain est devenu, de moins en moins, une condition restrictive de la pensée. Il est aujourd'hui, à ce point de vue, infiniment supérieur à ce qu'il était au commencement ; mais il n'est pas encore tout ce qu'il devrait être ;

il a besoin encore d'être rendu plus fin, plus souple, plus élastique et plus perméable à la vie de la pensée et des règles morales. La rigidité des penchants et des instincts zoologiques n'est pas encore entièrement abolie en lui. La cohésion moléculaire dans le cerveau et dans l'organisme n'a pas été assez diminuée, n'est pas rendue assez mobile. L'homme porte encore les tares du péché originel, car, en venant au monde avec un corps et une nature zoologique, il y a contradiction entre cette nature et sa nature sociale et consciente. Sa déchéance exprime bien improprement, en effet, son passage de l'état animal à l'état social.

Disons donc, pour résumer, que l'hypothèse des réflexes cérébraux, de leur formation et de leur fonctionnement, telle que la présente M. Kostyleff, est vraie, en ce sens qu'elle représente la genèse physiologique des phénomènes psychiques. Sous l'action énergique et violente du groupe social, le corps subit des variations physiologiques qui créent les réflexes cérébraux. Dans cette période, c'est le corps qui pense par le cerveau, c'est le corps qui, sous la pression de la vie collective, envoie au cerveau le sang nécessaire à la pensée et y crée les réflexes, organe de cette pensée. Nous pouvons dire que le groupe social, qui agit par le corps sur le cerveau, pense alors indirectement par le cerveau et directement par le corps. Mais, une fois les réflexes créés, multipliés et rendus très mobiles, la société peut agir directement sur le cerveau et, par lui, sur le cœur et le corps. Alors, le cerveau pense par le corps. C'est la pensée qui agit sur le corps et en tire ses éléments nécessaires : *mens agitat molem*[1].

1. Ribot établit que « la vie affective et l'intelligence sont hétérogènes, irréductibles l'une à l'autre » (p. 1). « Par raison d'une différence de nature, le sentir est réfractaire à une réduction à l'intelligence » (p. 3). Et il ajoute quelques pages plus loin que « la conscience primordiale est donc purement affective ». Nous devons faire remarquer que, dans cette étude, la manière de voir, si autorisée, de Ribot se trouve pleinement confirmée et vérifiée, à cette seule précision près que les représentations intellectuelles, loin de pouvoir expliquer la vie affective et se réduire à elle, en sont le point d'arrivée. L'intelligence et la conscience sont faites de l'étoffe de la vie

M. Kostyleff veut réaliser ce miracle : expliquer tous les phénomènes de notre conscience et leurs lois, exclusivement par le milieu immédiat de l'organisme et par les lois physiologiques. Il croit qu'il peut se dispenser de tout ce qui dépasse le corps et ses états physiologiques. On le comprendrait si, de propos délibéré, il se limitait là, en disant : Je n'étudie que le côté purement physiologique des états de conscience, et je ne recherche que leur transmission sur le parcours organique et cérébral jusqu'à ce qu'ils se transforment en états subjectifs, en états de conscience[1]. Cependant, tel n'est pas le cas ; M. Kostyleff pense, au contraire, que les réflexes cérébraux et leur mise en jeu par les variations organiques du corps épuisent l'explication scientifique des états de conscience.

L'explication de M. Kostyleff est sans doute vraie pour les rêves. Je crois même que, en voulant expliquer physiologiquement la vie de la pensée, il nous a fourni une explication scientifique, parfaite et définitive de la vie des rêves. En effet, dans les rêves, l'enchaînement des idées, l'enchaînement des réflexes cérébraux, mis en fonction par les états organiques du corps, sont déterminés par l'état physiologique ou par la position même que garde le corps pendant le sommeil. Les rêves sont, sans doute, provoqués par les états et les variations de notre organisme abandonné à lui-même. D'ailleurs, la psychologie matérialiste, physiologique, s'est égarée comme toute philosophie matérialiste en général, pour avoir trop cherché à éviter les fantaisies de la pensée idéaliste ; elle a abouti aux rêves et à l'explication des rêves. La philosophie idéaliste est la

affective ; mais si elles en partent, elles en diffèrent comme le système solaire diffère de la nébuleuse primitive dont il est parti et s'est constitué. Émotion et intelligence constituent les deux termes extrèmes d'une série ininterrompue d'étapes évolutives, et c'est seulement dans ce sens précis qu'on peut soutenir que l'intelligence se réduit à l'émotivité, sans que le contraire soit vrai. C'est ce que nous entendons en disant qu'à l'origine c'est le corps qui pense par le cerveau.

1 C'est pourtant l'attitude qu'adopte M. Bechterew dans sa *Psychologie objective* (Paris, Alcan).

pensée réveillée, le matérialisme est le sommeil de la pensée, le rêve.

N'y a-t-il pas une autre issue ? Nous avons essayé d'en indiquer une, en sortant du tunnel proposé dans la direction de son point d'entrée. Nous avons tâché d'ouvrir les yeux à la lumière qui précède l'entrée du tunnel, et par là nous croyons avoir montré comment il faut utiliser et compléter en même temps l'hypothèse des réflexes cérébraux.

Car, réduite à elle-même, l'explication de M. Kostyleff est analogue à l'entreprise de quelqu'un qui voudrait interpréter les merveilles d'une sonate de Beethoven rien que par l'analyse du mécanisme du piano sur lequel elle a été jouée. On pourrait, sans doute, montrer que les sons que nous entendons sont bien l'effet de ces réflexes du piano, qui sont précisément les touches blanches et noires, reliées aux cordes intérieures, et qui, mises en mouvement, frappent les cordes. Les vibrations des cordes, ainsi obtenues, font vibrer tout l'ensemble du bois sonore : elles s'y synthétisent et donnent l'émotion esthétique. Le savant qui en donnerait cette explication serait en droit de croire qu'il nous offre une interprétation irréprochable de clarté et d'exactitude. Mais, pour être irréprochable, combien elle est bornée et inutile.

Au fond, elle n'explique rien, et l'avantage de sa clarté et de son exactitude aura empêché de prendre en considération l'artiste qui joue et encore celui qui a composé cette sonate. Pour ce savant supposé, le tout dans l'explication scientifique d'un morceau de musique consiste dans les touches et les cordes auxquelles elles sont reliées, vrais réflexes mécaniques, dont la mise en mouvement s'expliquerait peut-être par le corps du piano, par le bois dont il est composé, par les propriétés sonores de ce bois. L'artiste devient pour lui inexistant et insaisissable, un fantôme dans le genre de l'*Homme invisible* de Wells.

Il en est absolument ainsi des réflexes cérébraux. Les réflexes cérébraux, sans doute, ont bien le rôle qu'on leur attribue dans le mécanisme physiologique de la pensée.

Seulement, il faut y introduire l'insaisissable artiste qui les a créés et qui promène ses doigts invisibles sur la gamme infiniment riche de ces touches cérébrales. C'est ce que M. Kostyleff ne s'est pas donné la peine de faire, car il le considère comme inexistant. Nous avons essayé, sommairement, vaguement, de montrer ce grand artiste qui promène ses doigts sur le clavier infini de nos réflexes cérébraux et en fait sortir l'infinie richesse de notre conscience. C'est sans doute dans cette direction qu'il faut chercher pour compléter les données de la psycho-physiologie et découvrir les lois de la pensée.

Quelques-uns des psychologues allemands que cite M. Kostyleff, et qui ne pouvaient pas se contenter des résultats de la physiologie cérébrale, ont abouti à des résultats très proches de notre hypothèse. Ainsi Wahle « a transposé le principe de l'unité de la conscience dans le domaine de l'inconnaissable ». Et lorsqu'il a essayé de préciser cet inconnaissable, lorsqu'il a voulu donner la dernière explication de la *volonté*, de l'association des idées, il a attribué le groupement de ces phénomènes à une *action divine*. Or, l'hypothèse sociale, économico-religieuse, que nous venons de résumer, ne fait que rendre explicite l'intuition du psychologue allemand. En effet, jamais le corps humain, par lui-même, par sa relative imperméabilité initiale, par son peu de souplesse originaire, ne pourrait rendre compte de la vie de notre pensée. Bien loin d'en être la cause, il en est plutôt un organe qui la rend difficile, et une condition restrictive. N'eût été l'effet des souffrances corrosives millénaires, que la vie collective a infligées à l'homme, jamais notre organisme et notre cerveau n'auraient produit d'eux-mêmes ces réflexes cérébraux innombrables, par lesquels s'exprime la vie sociale de notre consciencé. Le corps, en tant qu'il est encore réfractaire à la pensée, est bien le *péché originel*, dont nous sommes entachés dès notre naissance.

On peut dire, en effet, que l'éternelle action de la vie collective sur l'homme a été une mortification constante du corps humain, un supplice sans fin de la vie individuelle zoologique, et que ce sont ces brutalités répétées et systématiques qui, en rendant l'homme souple, ont provoqué l'accroissement considérable du cerveau et l'apparition et le développement exceptionnel de la vie de l'esprit. Organe de souffrance, le cerveau a accumulé les répercussions douloureuses, s'est nourri des chocs violents et de l'étoffe de ces souffrances, en a distillé l'esprit et a rallumé la petite flamme brillante de la conscience. Tels ces mollusques, dont l'état morbide, à la suite d'un accident extérieur, provoque la sécrétion de la substance brillante des perles. L'intuition du poète ne s'y est donc pas trompée.

C'est en tuant, en quelque sorte, le corps, en torturant la vie zoologique de l'animal, qu'on a déterminé l'essor de la conscience, de la morale, de l'art et même de la science, l'essor de la vie de l'esprit, qui se manifeste dans toutes ces formes de l'activité cérébrale. L'humanité souffrante, sous les chocs violents de la vie historico-sociale, est supérieurement symbolisée par ce Jésus de la légende chrétienne, qui, par la souffrance, rachetait le *péché originel* de l'homme. Il y a, en effet, une logique vraiment divine, qui, du péché originel, mène à la rédemption par la souffrance. L'histoire, et surtout la préhistoire, ont été un grand acte de crucifixion du corps de l'humanité, pour que se développe en lui le cerveau, et en jaillissent ainsi les sources de la vie de l'esprit, cet *esprit de vérité* que le sauveur avait promis d'envoyer, après sa mort, à ses apôtres et à ses fidèles. L'*esprit de vérité* devait apporter aux chrétiens le savoir, la connaissance des choses qui seront, et la consolation des arts avec la promesse d'une vie éternelle. Du moins partiellement, il a déjà réalisé ses promesses [1].

---

1. Depuis que ces pages ont été publiées, en 1914, un véritable ouragan de violence, de douleur et de mort s'est déchaîné sur l'humanité, dont l'intensité exceptionnelle n'a pas été en raison inverse de sa durée. La conscience contemporaine en est sortie intensifiée et particulièrement approfondie. Sa force créatrice en sera énormément accrue. Des aspirations nouvelles plus hardies, et une vie nouvelle agitent l'humanité civilisée. La guerre des nations semble clore un âge révolu et marque les débuts d'un nouvel âge, où la vie morale de

l'homme sera renouvelée de fond en comble. Tout porte à croire que l'esprit humain, retrempé dans la douleur et l'épouvante, s'est enrichi et approfondi, et qu'il est mûr pour un renouveau de mysticisme religieux. La grande guerre aura été ainsi une énorme expérience historique, dont le résultat sera, nous semble-t-il, de vérifier ou de réfuter la thèse que nous avions développée au moment où elle devait éclater. Les événements plus ou moins prochains montreront sans doute dans quelle mesure notre thèse aide à découvrir la genèse véritable de la conscience et à éclairer et à interpréter l'évolution et la réalité de l'esprit humain.

DEUXIÈME PARTIE

L'ABSTRACTION ET LES IDÉES GÉNÉRALES

Nous avons vu toutes les raisons et les faits qui prouvent que notre conscience, que notre moi, en tant que réfléchi et constituant une personnalité, est le fruit de la vie collective. Il se forme en réalité parce que la vie sociale d'une humanité toujours plus large se greffe sur l'individu biologique, pour y créer comme une seconde nature ; l'esprit est, pour ces raisons, différent de l'individu biologique, par conséquent indépendant de lui et irréductible à ses propriétés physiologiques. Réductible aux propriétés spéciales du groupe social humain, qui enserre l'individu, la réalité de l'esprit en dépend en tant qu'elle en est l'effet.

Si cela est vrai, comme nous l'avons montré, pour la conscience, l'attention et la mémoire, cela doit être également vrai pour les fonctions supérieures, logiques de la conscience. C'est ce que nous allons examiner.

CHAPITRE PREMIER

L'Abstraction chez les peuples primitifs.

Les hommes se distinguent nettement entre eux par leur puissance d'abstraire, par la capacité qu'a leur esprit de manipuler les abstractions et de créer des concepts abstraits. En général, au milieu d'un groupe social, d'une classe sociale ou d'une nation plus ou moins unifiée, cette distinction n'est pas appréciable. Elle s'accentue et va jusqu'à des différences considérables, lorsqu'on passe d'une classe sociale inférieure et inculte à une classe plus cultivée et plus élevée. Mais cette distinction marque jusqu'au contraste lorsqu'on passe d'une nation civilisée à des peuplades arriérées.

On peut classer les sociétés ou groupes humains en différentes catégories, selon leur volume social, leur structure, leur extension et leur densité ou leur organisation intérieure, et l'on dégagerait ainsi plusieurs types qui n'auraient, du reste, rien de bien défini, précis ou fixé. D'une manière générale et plutôt vague, de pareils types sociaux peuvent être envisagés comme assez réels, mais ils n'ont rien de fixe et de défini, comme, par exemple, les espèces zoologiques, qui, du reste, elles-mêmes ne sont pas immuables ni exactement définies et séparées entre elles d'une façon marquée.

En tant qu'on peut distinguer des types sociaux divers

parmi les groupes humains, nous pouvons dire que la puissance d'abstraction des hommes qui constituent ces groupes diffère des uns aux autres et que cette différence se mesure par celle qui existe entre les types sociaux auxquels ils appartiennent. D'où il est permis de conclure que la force d'abstraction des consciences dépend des groupes sociaux, des propriétés spécifiques de ces groupes en tant que groupes, et non des propriétés, des possibilités physiologiques des individus, en tant qu'exemplaires biologiques de l'espèce humaine.

Nous étions depuis longtemps arrivés à cette conclusion, mais par la voie d'une déduction abstraite. Depuis, les recherches psychologiques, celle surtout de la psychologie ethnographique, se sont multipliées et enrichies et ont rendu possible et même facile la vérification de cette déduction-hypothèse. A cet égard, nous devons beaucoup à l'école sociologique de Durkheim et plus particulièrement aux beaux travaux de M. Lévy-Brühl.

Les matériaux qu'a utilisés M. Lévy-Brühl dans ses recherches de psycho-sociologie ethnographique ont été puisés exclusivement chez les investigateurs des peuples primitifs, vivant en Australie, en Afrique et en Amérique, ainsi que dans les publications des voyageurs, qui, ayant connu et observé ces peuplades, ont laissé d'elles des descriptions dignes d'intérêt.

On pourrait compléter cette documentation par une autre, qui serait mieux à notre portée, et qui permet d'exclure l'interprétation erronée ou même les erreurs et les inexactitudes de descriptions. Au milieu des nations civilisées, surtout de celles demeurées un peu arriérées, existe une classe sociale, la plus nombreuse et, en même temps, la plus illettrée, qui peut offrir, à ce sujet, une documentation et un matériel comparables à ceux des peuples primitifs. Le paysan russe, par exemple, celui de Roumanie et des Balkans, de l'Italie méridionale et souvent celui de certaines régions de la France même, comme l'Auvergne et la Bretagne, offre un type mental peu éloigné de celui des primitifs, dont s'occupe M. Lévy-Brühl dans ses derniers travaux.

A connaître les habitudes, les croyances et de la tournure d'esprit que décrivent les voyageurs et les investigateurs cités par lui, je me suis trouvé comme en pays de connaissance. Dans les villages de la campagne valaque et des Carpathes, comme dans la pouszta magyare et les steppes russes, fleurissent les mêmes pratiques mystiques, les mêmes croyances, les mêmes habitudes mentales. Sans doute, ici, cette mentalité est moins homogène, parce que des courants de pensée objective y font souvent irruption, car beaucoup de paysans ont commencé à se civiliser au contact des villes et de l'école. Mais le fond psychique des paysans plus vieux, de ceux qui n'ont qu'une instruction très réduite et ont peu voyagé, est presque identique à ce que l'on appelle la mentalité primitive.

La même mentalité peut se retrouver chez les enfants, entre trois et sept ans. Si j'ai bonne mémoire, en lisant M. Lévy-Brühl, je me suis rappelé mes croyances à cet âge ; je me suis reconnu tel que j'étais alors, je me suis mis exactement dans l'état d'esprit où je me trouvais, quand j'avais une foi complète dans tous les contes pleins de merveilles mystiques et magiques et que moi-même je me livrais, avec d'autres paysans, à maintes pratiques observées chez les Iroquois, les Mélanésiens, etc. Cette mentalité primitive vit donc en chacun de nous, en tant que nous nous trouvons au commencement du processus de l'éducation et de l'instruction, par lequel la société pénètre en nous pour y former notre conscience et l'organiser.

La phylogenèse psychique et morale reproduit l'ontogenèse ; nous passons, au psychique et au moral, par les mêmes phases qu'a suivies l'humanité, de même que l'embryologie montre l'évolution de l'embryon individuel en reproduisant la phylogénie.

Certes, il semble paradoxal que les paysans d'une nation civilisée puissent marquer les mêmes symptômes de mentalité primitive que les Iroquois et les Fidgiens. Mais, à voir les choses de plus près, on s'aperçoit que le fait s'explique facilement. En effet, les villages de la campagne valaque ou des Carpathes sont tellement isolés et éloignés du monde civilisé, les paysans sont si peu éduqués et si peu instruits, qu'il leur a été impossible de changer la mentalité monotone et uniforme qu'ils ont héritée de leurs aïeux et qui se prolonge telle quelle depuis des siècles. Isolés des villes et immobiles, les paysans voyagent peu ; ces villages sont comme en dehors de la vie nationale de l'ensemble qui ne les a pas encore assez pénétrés. De plus, les paysans les plus intelligents et les plus instruits n'y restent pas. Ils vont à la ville et y demeurent, de sorte que la mentalité commune du village reste à peu près la même, toutes les superstitions et les croyances les plus folles et les plus irrationnelles continuent de fleurir et même de se développer. Quoiqu'ils soient enserrés dans la vie totale de la nation, ils y représentent des types sociaux ancestraux, primitifs, qui ont bien peu changé et changeront lentement et insensiblement.

*
* *

Pour bien comprendre la mentalité primitive si bien analysée par M. Lévy-Brühl, il faut tenir compte de la pauvreté, de l'exiguïté et de l'homogénité des groupes sociaux où vivent les primitifs. Ces peuplades sont sans doute des unités closes, comme les villages des régions les plus arriérées d'Europe, peu différenciées à l'intérieur et dépourvues d'organisation précise et complexe, de hiérarchie stable et sûre. Quoi de plus explicable et d'inévitable alors que les caractères psychique et prélogique de leur mentalité ?

Aussi, selon M. Lévy-Brühl, les observateurs des différentes peuplades primitives sont-ils toujours unanimes à constater « chez les primitifs une aversion décidée pour le raisonnement, pour ce que les logiciens appellent les opérations discursives... qui s'expliquent par l'ensemble de leurs habitudes d'esprit ». « Ainsi, l'Iroquois ne cède pas par raison. La première appréhension qu'il a des choses est le seul flambeau qui l'éclaire. »

Il ne peut en être autrement, vu la pauvreté du contenu psychique de leur conscience. A ce point de vue, voici ce que l'on a observé chez les peuplades primitives : « Tous leurs raisonnements ne passent pas ce qui appartient à la santé de leur corps, à l'heureux succès de la chasse, de la pêche, de la traite et de la guerre... Leur (Grœnlandais) réflexion ou leur invention se déploient dans les seules occupations nécessaires à leur subsistance, et ce qui n'y est pas inséparablement associé n'arrête jamais leur pensée. »

« Toutes leurs pensées (Esquimaux) tournent autour de la pêche à la baleine, de la chasse et du manger. Hors de cela, penser, pour eux, est en général synonyme d'ennui et de chagrin. » « Nous, Esquimaux, nous ne pensons qu'à nos caches à viande : en aurons-nous assez ou non pour la longue nuit de l'hiver ? Si la viande est en quantité suffisante, nous n'avons dès lors plus besoin de penser. »

« Chez ces gens, la pensée est pour ainsi dire morte, du moins elle ne sait presque jamais s'élever au-dessus de la terre... leur vie comprend si peu d'incidents, leurs occupations, leurs pensées et leurs soins sont bornés à un si petit nombre d'objets que, nécessairement, leurs idées sont fort bornées... l'effort d'attention ou le travail ininterrompu de la faculté de penser épuisait vite sa capacité de réflexion et le rendait vraiment incapable de s'attacher plus longtemps au sujet. Dans ces occasions, son inattention, son air absent faisaient voir que des questions abstraites, même des espèces les plus simples, le réduisaient vite à l'état d'un enfant dont la raison n'est pas encore éveillée. Il se plaignait alors d'avoir mal à la tête[1]. »

L'exiguïté du cercle de préoccupations et, par suite, des idées dans lequel tourne le primitif n'est point susceptible de lui permettre une élaboration supérieure de sa conscience sur ces éléments si réduits. La raison et le raisonnement n'ont ni l'occasion ni la richesse d'états de conscience suffisants pour que cette opération de l'esprit puisse se développer. — La psychologie (Taine, Ribot) a toujours constaté qu'entre la raison et la mémoire passive il y a comme une

1. Les citations sont tirées de l'importante étude publiée par M. Lévy-Brühl sous le titre : *La Mentalité primitive*. Paris, Alcan, 1922.

sorte d'incompatibilité, car l'une se développe au détriment
de l'autre, et si, chez les esprits abstraits, la raison supplée
la mémoire, chez les esprits faibles et plus arriérés, c'est la
mémoire qui supplée la raison. C'est sans doute une
mémoire plastique, concrète, presque animale et qui garde
un caractère physiologique, ce qu'on a appelé le pouvoir de
rétention passive. Et c'est pourquoi les primitifs, comme
les paysans, se fatiguent très vite lorsqu'on leur sert des
raisonnements ou des idées abstraites. Ils sont incapables
de les suivre longtemps, car la fatigue les en détourne vite.
Par contre, toutes les descriptions concrètes les attirent,
d'autant plus qu'elles sont plus concrètes. Et les paysans,
comme les primitifs, sont intarissables lorsqu'ils racontent
un événement quelconque ; aucun détail ne leur échappe ;
ils sont comme tyrannisés par la mémoire des détails.

Cette vérité psychologique ancienne se vérifie et prend
une vie nouvelle dans les résultats des recherches de
M. Lévy-Brühl. « Toutes les fois que leur mémoire (celle
des primitifs), qui est excellente, peut les dispenser de réfléchir et de raisonner, ils ne manquent pas de l'employer...
Cette tendance à substituer le souvenir au raisonnement,
toutes les fois qu'il est possible, se manifeste chez les
enfants. » « L'Africain, nègre ou bantou, ne pense pas, ne
raisonne pas s'il peut s'en dispenser. Il a une mémoire
prodigieuse, il a de grands talents... mais les facultés de raisonnement et d'invention restent en sommeil. » ... « L'Africain ne réfléchit à rien jusqu'au bout, à moins d'y être
forcé ; c'est son point faible, c'est sa caractéristique. »

En effet, l'esprit, non seulement celui des primitifs, mais
tout esprit ne réfléchit pas de lui-même, librement, surtout
au commencement. Il faut qu'il y soit poussé et forcé par
une nécessité majeure, extérieure et inévitable. Ce qui l'y
déterminera, c'est précisément ce que nous voulons faire
voir ici.

L'incapacité de la conduite logique de l'homme, vivant
dans ces peuplades restreintes et arriérées, est également
constatée d'une manière générale par tous les observateurs.
« La pensée logique, chez le Mélanésien, est pour lui,

à peu près dans tous les cas, une impossibilité. Ce qu'il
ne saisit pas immédiatement par la perception des sens est
sorcellerie ou action magique : y réfléchir plus serait un
travail tout à fait inutile. » « Bref, l'ensemble d'habitudes
mentales qui exclut la pensée abstraite et le raisonnement
proprement dit semble bien se rencontrer dans un grand
nombre de sociétés inférieures et constitue un trait caractéristique et essentiel de la mentalité des primitifs. » « Partout
où l'observation a été assez patiente et prolongée... elle a
révélé chez eux un champ pour ainsi dire illimité de représentations collectives, qui se rapportaient à des objets inac-
cessibles aux sens, forces, esprits, âmes, mânes... Entre ce
monde et l'autre, entre le réel sensible et l'au-delà, le primitif ne distingue pas. Il vit véritablement avec les esprits
invisibles et les forces impalpables. Ces réalités sont pour
lui les plus réelles. »

*
* *

Comment s'explique cette incapacité des primitifs de
suivre les raisonnements et de comprendre les abstractions ?
Est-ce à cause d'une incapacité congénitale ? Est-ce là
l'effet d'une infériorité inhérente à l'individu primitif ?

Non, répond M. Lévy-Brühl, et dans ce non il y a, selon
nous, un véritable tournant dans le progrès de la psychologie comme science, quelque chose comme une nouvelle
orientation, comme une révolution radicale dans l'explication et les recherches des faits de conscience. « Si donc la
mentalité primitive évite et ignore les opérations logiques,
si elle s'abstient de raisonner et de réfléchir, ce n'est pas
parce qu'elle est incapable de dépasser ce que lui offrent les
sens et ce qui n'est pas non plus un attachement exclusif à
un petit nombre d'objets tous matériels. Pour expliquer
cette apparente anomalie, on a recours alors à un certain
nombre d'hypothèses : paresse et faiblesse d'esprit des
primitifs, confusion, ignorance enfantine... qui ne rendent
pas suffisamment compte des faits. Abandonnons ce postulat... Elle (l'activité mentale des primitifs) peut paraître au

contraire normale dans les conditions où elle s'exerce, et complexe et développée à sa façon »... « L'activité mentale des primitifs ne sera plus interprétée d'avance comme une forme rudimentaire de la nôtre, infantile et presque pathologique. »

Ce qui fait la différence entre un esprit cultivé, logique, et un primitif, ce n'est point que ce dernier serait incapable de s'élever à une pensée logique. La preuve en a été faite plus d'une fois. Ils sont nombreux les primitifs qui, ayant quitté leur groupe social, enfants, ont été pris dans le courant de la vie civilisée, se sont facilement élevés à la pensée abstraite et ne s'y sont pas trouvés inférieurs à la généralité des blancs. Qu'est-ce que cela prouve, sinon que la capacité de penser logiquement, que la puissance de l'esprit d'abstraire et de manipuler les concepts ne dérive pas de l'organisation physiologique des cerveaux, mais de l'organisation, ou plutôt de l'inorganisation des groupes sociaux où l'homme primitif vit et se développe. La capacité de raisonner n'est pas inhérente au cerveau, mais à la structure du groupe social ; c'est dans cette dernière et par elle qu'elle est déterminée, disons prédéterminée, et non pas dans le cerveau. Car la structure même du cerveau, comme on l'a déjà fait voir, est elle-même déterminée par la structure sociale du groupe. Le cerveau est, sans doute, l'organe de la pensée, mais c'en est seulement l'organe, ou bien l'instrument dont la fonction logique ne dépend pas de lui, mais de cette autre réalité, extérieure au cerveau et qui le dépasse, qu'est le groupe social. Voici, croyons-nous, la véritable interprétation de ce tournant psychologique que réalise la constatation de M. Lévy-Brühl. « La nature au milieu de laquelle nous vivons est, pour ainsi dire, intellectuelle par avance. Elle est ordre et raison comme l'esprit qui la pense et s'y meut... La nature au milieu de laquelle il (le primitif) vit se présente à lui sous un tout autre aspect. Tous les objets, tous les êtres y sont impliqués dans un réseau de participations et d'exclusions mystiques, qui en font la contexture et l'ordre. »

Dans la pensée de M. Lévy-Brühl, ce qui caractérise

l'activité spéciale de la mentalité primitive, c'est le principe illogique ou prélogique de *participation* et d'*exclusion* mystique. Cette activité est donc dominée par le mysticisme et le surnaturel, comme l'activité psychique des civilisés se caractérise par l'objectivité rationnelle et logique qui la domine. « S'il est intéressé par un phénomène... il songera aussitôt, comme par un réflexe mental, à une puissance occulte et invisible dont ce phénomène est la manifestation ». « Le point de vue de l'esprit d'un Africain, dit M. Nassau, toutes les fois que quelque chose d'insolite se présente, est celui de la sorcellerie. Sans chercher une explication dans ce que les civilisés appelleraient les causes naturelles, sa pensée se tourne immédiatement vers le surnaturel. En fait, ce surnaturel est un facteur si constant dans sa vie, qu'il lui fournit une explication de ce qui arrive, aussi rapide et aussi raisonnable que notre appel aux forces reconnues de la nature. »

Dans l'interprétation de cette différence entre la mentalité logique et la mentalité prélogique des primitifs, M. Lévy-Brühl n'a point insisté sur l'explication sociale et extrinsèque ; il s'est borné presque exclusivement à l'analyse psychologique de cette mentalité prise en soi. Il constate cette différence et ne l'interprète que psychologiquement. Ainsi, ce qu'il constate c'est que, « à partir des impressions sensibles, semblables pour les primitifs et pour nous, la mentalité primitive fait un coude brusque et s'engage dans des chemins que nous ne prenons pas. Nous sommes vite déroutés ». « Ils (les Esquimaux) ne sont pas accoutumés à suivre, si peu que ce soit, ce que nous appelons une suite définie de raisonnements, à s'attacher à un objet unique. En d'autres termes, leur pensée ne s'élève pas à des abstractions ou à des formules logiques ; elle s'en tient à des images observées, à des situations qui se succèdent suivant des logiques que nous suivons difficilement ; en un mot, notre mentalité est surtout conceptionnelle et l'autre ne l'est guère. » Pourtant, « dans la pratique, les primitifs ont à poursuivre pour vivre des fins que nous comprenons sans peine et nous voyons que pour les atteindre ils s'y prennent à peu près comme nous ferions à leur place... la mentalité primitive, souvent indifférente à la contradiction, est néanmoins très capable de l'éviter dès que les besoins de l'action l'exigent[1]. »

Tant qu'il s'agit des impressions purement sensibles et de l'activité pratique, où des fins immédiates doivent être atteintes, le primitif ne diffère pas du civilisé. Aussi bien que le civilisé il voit et sent les choses du monde extérieur et évite les contradictions dues aux besoins de la vie. Dès lors, c'est-à-dire à partir de ce qui constitue le domaine particulier de la vie biologique, le primitif change d'attitude mentale. Il prend une allure tout autre que le civilisé. « Jamais une entreprise ne réussira sans le concours des puissances invisibles. On ne partira pas à la chasse ou à la pêche, on ne se mettra pas en campagne... si les présages favorables n'ont apparu. » « En un mot, le monde visible et le monde invisible ne font qu'un, et les événements du monde visible dépendent à chaque instant des puissances de l'autre. » La mort ou la maladie... « ne sont jamais naturelles ; elles sont l'œuvre d'un esprit, d'un sorcier ». « Aucune question relative à un phénomène de la nature ne se pose donc pour eux comme pour nous... Ils cherchent la cause réelle toujours dans le monde des puissances invisibles, au delà de ce que nous appelons nature. Cette mentalité essentiellement mystique et prélogique va à d'autres objets et poursuit d'autres chemins que nos esprits. Il suffit de voir l'importance qu'ont prise à ses yeux la divination et la magie. »

Comment expliquer cette différence ? « Le mot de l'énigme, dit M. Lévy-Brühl, réside dans le caractère mystique et prélogique de la mentalité primitive. En présence des représentations collectives, où elle s'exprime, des préliaisons qui les enchaînent, des institutions où elles s'objectivent, notre pensée conceptuelle et logique se sent mal à l'aise, comme devant une structure qui lui est étrangère et hostile. En fait, le monde où se meut la mentalité primitive ne coïncide que partiellement avec le nôtre[2]. »

1. *La Mentalité primitive.*
2. *Ibid.*

M. Lévy-Brühl n'a pas poussé plus loin l'analyse, pour établir la concomitance qui existe réellement entre la structure de la mentalité du primitif et celle du groupe social auquel il appartient. Ce qu'il y a ici de primitif c'est donc, non pas l'individu biologique, qui, en général, est le même chez le civilisé que chez le primitif, mais c'est assurément la forme, la structure de la société où il est né et a vécu, et qui détermine, à son image, la structure mentale primitive. Ce qui, chez les primitifs, nous est étranger et comme hostile, selon la remarque de M. Lévy-Brühl, c'est la structure mentale, reflet immédiat de la structure du groupe social où un civilisé se trouve très naturellement mal à l'aise. C'est comme si on voulait habiller un adulte avec le costume d'un enfant.

*
* *

Ce que M. Lévy-Brühl n'a pas fait, pour pousser ses recherches à l'extrême, M. Ch. Blondel l'a tenté. Seulement, ce dernier s'est un peu trop maintenu dans l'interprétation sommaire des opérations prélogiques et dans la généralité des faits. Sans doute, cet auteur a fort bien montré combien est fausse la croyance en l'identité de la pensée humaine, ainsi que la croyance traditionnelle en la faiblesse anormale de la mentalité primitive, qui seule expliquerait ces bizarres opérations prélogiques. Voici en quels termes clairs et logiques M. Blondel exprime cette vérité : « Ainsi, il importe de nous en rendre bien compte, lorsque nous opposons mentalité primitive et mentalité civilisée ; ce ne sont pas, en réalité, deux individus que nous opposons, le civilisé et le primitif, mais bien deux types de sociétés.

« Cette observation est capitale. Elle est, en particulier, de nature à ébranler singulièrement notre croyance en l'identité de la pensée humaine et à montrer l'insuffisance de ce postulat. Primitif ou civilisé, peau rouge, nègre ou blanc, appartiennent à la même espèce. Au point de vue physiologique comme au point de vue psychologique, autant que le psychologique relève directement du physiologique, ils présentent donc naturellement les mêmes caractères essentiels : leur appareil cérébral a la même structure, leurs sens sont les mêmes et, individuellement, ils peuvent aussi bien être tenus pour adroits ou maladroits, bons ou méchants, intelligents ou stupides. A tous ces égards, les différences ne sont que relatives, et représentent, à vrai dire, peu de chose à côté des ressemblances. Ces ressemblances, en revanche, sont telles, si nous nous en tenons toujours à la physiologie et à la psychologie strictement individuelles, que les contrastes entre la mentalité primitive et la nôtre constituent alors autant d'inexplicables mystères.

« Si, au contraire, comme nous l'avons dit, ces contrastes tiennent en réalité non pas aux individus, mais aux sociétés dont ces derniers font partie, il devient peut-être moins difficile de comprendre, car entre les sociétés humaines les différences sautent aux yeux. Leur organisation est loin d'avoir l'uniformité de l'organisme humain. Il y a bien des espèces de sociétés, des plus simples aux plus complexes, et bien des variétés dans ces espèces. Un clan totémique, un état comme les nôtres, n'ont guère que le point commun d'être des groupements humains : au point de vue morphologique, l'écart entre eux est aussi grand qu'entre un vertébré et un mollusque.

« Du moment que les diverses espèces sociales offrent des dissemblances saisissantes et que la mentalité des individus dépend pour une part essentielle de la société à laquelle ils appartiennent, les différences de mentalité cessent du même coup d'être étonnantes : la cause variant, il est naturel que l'effet varie en proportion,... car conduite, idées, sentiments réels, quels qu'ils soient, dont tous les individus normaux sont, au moins en théorie, virtuellement capables, diffèrent en fait considérablement dans le temps et dans l'espace et empruntent leur originalité non aux avatars d'expériences et de raisons individuelles qui maintiendraient leur individualité essentielle à travers les générations, mais aux différences de complexité et même de nature propres aux sociétés au sein desquelles ils se révèlent[1]. »

De même, M. Blondel adopte entièrement les résultats auxquels ont abouti les recherches de M. Lévy-Brühl sur la cohésion particulière de la mentalité primitive : « Caractères et lois de la mentalité primitive ne répondent pas aux caractères et aux lois de notre propre mentalité. Il ne faudrait pas, cependant, croire pour cela que les caractères et les lois de notre pensée soient tout à fait étrangers à la pensée primitive, mais ils sont loin d'y figurer au premier plan, et leur importance y est toute secondaire. Il serait peut-être plus faux encore de croire que les caractères et les lois de la pensée primitive ont tout à fait disparu de notre pensée ; mais, s'ils s'y retrouvent et s'ils y ont même leur valeur et leur rôle, ils ont cessé d'y dominer sans conteste et à peu près sans limite. Prises en elles-mêmes, les deux mentalités s'opposent ; elles semblent incompatibles et impénétrables l'une à l'autre. Envisagées dans la continuité du développement historique, elles se prolongent en réalité et notre mentalité dérive de la mentalité primitive par une série de transformations dont il appartiendra à des études ultérieures de préciser le détail. L'histoire de la mentalité humaine est au fond celle d'une différenciation graduelle qui, en s'introduisant dans la pensée, y a entraîné un bouleversement parallèle du système des valeurs mentales et, en mettant toujours davantage l'accent sur les données objectives, a assuré le développement de notre expérience et de notre raison[2]. »

M. Blondel fait une analyse sommaire mais pénétrante et juste du fondement objectif de la mentalité logique, c'est-à-dire de l'objectivité de la mentalité civilisée. Les sources de cette objectivité sont d'abord dans « l'expérience que le civilisé fait dès son enfance même et qui est interprétée objectivement par les adultes sous ses yeux. Ensuite, le langage et sa structure, avec la hiérarchie bien établie et rationnelle des termes abstraits, fournit à l'adolescent, par

1. *La Mentalité primitive*, p. 25, 26, 27 (Paris, 1926).
2. Blondel, *op. cit.*, p. 29-30.

l'école, avec les notions scientifiques qu'elle offre, par
l'éducation en général, la base la plus large de sa
mentalité. Elle se développe ainsi progressivement dans la
direction de la pensée logique et rationnelle. C'est de cette
manière que se forme dans l'esprit du civilisé une conception précise et ferme du monde objectif avec ses lois propres,
indépendantes de la volonté de l'homme. Parallèlement à la
formation de la conception objective du monde extérieur
se forme la conception du monde intérieur, subjectif, l'idée
du « moi ». « Des analyses incluses dans notre langage et
que l'enfant enregistre avec lui n'intéressent pas exclusivement le monde matériel. Elles portent également sur la vie
intérieure. Sensibilité, intelligence, activité, sentiments,
émotions et passions, tendances, désirs et volontés, autant
de groupes — pour nous borner aux plus généraux et ne
pas nous perdre dans une énumération impossible —
entre lequels le langage invite expressément et contraint même l'enfant à répartir ses états s'il veut comprendre et être compris. Par conséquent, au système de
notions que le langage fournit à l'enfant pour embrasser
le monde matériel, répond un autre système que lui fournit aussi le langage et auquel il doit incorporer tout le
détail de sa vie intérieure. Or, ces deux systèmes de notions
sont parallèles et symétriques : la même hiérarchie, la
même implication réciproque, le même ordre logique,
règnent également dans le premier et dans le second. En
l'armant à deux fins d'une analyse et d'une réflexion toutes
faites, nos langues incitent l'enfant à une attitude d'analyse
et de réflexion vis-à-vis de tout ce qu'il rencontre en lui
comme hors de lui[1]. »

Ainsi, parallèlement et fermement, se produit dans la
mentalité civilisée le sentiment double du monde extérieur
objectif, logique, et celui du monde intérieur, qui diffère
nettement du premier. Le caractère objectif et rationnel
exclut le supra-naturel et le miracle. « Ainsi, partout, dans la
conception contemporaine de l'univers, clarté, distinction et

---

1. *La Mentalité primitive*, p. 38-39.

coordination logique et causale. Le surnaturel d'un côté et la nature de l'autre. Dans la nature, la matière, et là l'esprit. Dans la matière, des objets qui se répartissent en genres et en espèces d'après leurs caractères objectifs, et des faits, qui se suivent régulièrement selon des lois immuables. Dans les esprits, des états qui se rangent en groupes hiérarchisés et, entre ces états, un ordre de succession tel, que, si nous n'en connaissons pas encore le principe, du moins nous en prévoyons souvent le développement avec une approximation suffisante.

« Or, sans y insister outre mesure, considérons nos sociétés. Elles sont coordonnées et hiérarchisées tout comme notre univers : l'autorité s'y répartit de haut en bas en se précisant et en se restreignant tout comme, dans l'échelle des familles, des genres et des espèces, l'extension décroît au profit de la compréhension. Leurs lois valent pour l'ensemble des citoyens comme les lois de la nature pour l'ensemble des phénomènes. Comme le monde, elles se sont laïcisées, tout pouvoir continue à y venir de Dieu, mais il en vient au même titre que tout le reste, et il n'y a plus de droit divin ni de souverain personnellement élu de Dieu. Entre la morphologie de notre univers et celle de nos sociétés il y a donc une conformité intéressante [1]. »

Nous avons longuement cité M. Ch. Blondel parce que sa manière résumée de concevoir le rôle de la vie collective dans la formation de l'esprit des civilisés est identique à notre propre conception sur ce sujet, que nous avons développée dans des ouvrages antérieurs. (Cela dispense de se citer soi-même). Mais il nous semble un peu moins heureux lorsqu'il analyse la genèse de la mentalité primitive. Sans doute, en lignes générales, il dit fort bien que : « dès que nous considérons chez les primitifs non plus leur activité sensori-motrice, mais la manière dont ils se représentent le monde au sein duquel ils la déploient, ils cessent radicalement de nous ressembler. A cela rien d'étonnant. Tout ce qui, dans la vie mentale, dépasse la vie purement

---

1. *La Mentalité primitive*, p. 43.

sensori-motrice, nous le savons par notre propre exemple, est pour l'essentiel d'origine collective. Il est donc naturel que la vie mentale des primitifs soit tout autre que la nôtre, car, comme cette dernière et au même titre, elle est nécessairement socialisée, et les sociétés dont elle reçoit ses formes diffèrent grandement des nôtres. La vie mentale des primitifs est même plus profondément socialisée que la nôtre. Nos sociétés sont complexes[1].

« Les sociétés primitives, au contraire, sont étroites et homogènes. Leur action pèse d'un poids à peu près uniforme sur tous leurs membres. Les individus ont peine et ne songent pas à s'y différencier[2]. »

Selon M. Blondel, l'incapacité des primitifs à se faire des choses une représentation purement intellectuelle qui ne soit que connaissance viendrait de ce que la représentation des choses est inhérente aux sentiments et aux actes qui l'ont habituellement accompagnée. Les primitifs ne peuvent séparer ces éléments, parce qu' « ils les acquièrent dans des circonstances beaucoup plus impressionnantes que nous ne faisons pour les nôtres[3] ». M. Blondel rappelle à ce propos les souffrances vraiment atroces des initiations qui sont l'occasion où les primitifs acquièrent en effet les représentations collectives. Il en résulte que leurs représentations collectives deviennent inséparables des états affectifs qui les accompagnent et, par suite, restent subjectives. Ne pouvant se dégager de leur émotivité subjective, leur caractère objectif n'est pas aperçu, ou bien, lorsque la représentation est objective ou extériorisée, l'élément affectif, émotionnel, l'est également. « Le monde du primitif est ce que sont ses représentations. Dans ses représentations, perception et sentiment, objectif et subjectif sont inextricablement confondus. Dans les objets qui constituent pour lui le monde, même confusion, même interpénétration des propriétés matérielles et des propriétés occultes. »

Ici la pensée de M. Blondel elle-même nous échappe.

1. *La Mentalité Primitive*, p. 45.
2. *Ibid.*, p. 46.
3. *Ibid.*, p. 47.

Qu'appelle-t-il occulte, mystique ou surnaturel? Nous ne voyons pas bien ce à quoi il fait allusion. « Toute réalité qui échappe à nos sens » ? Pour nous, ce qui échappe aux sens, c'est l'abstrait. N'est-ce pas l'abstrait qui échappe au primitif? Sur ce point, il y a confusion de la part de M. Blondel. Disons, pour compléter sa pensée, la préciser et la rendre intelligible, que ce qui est, pour nous, abstrait, rationnel et en quelque sens objectif et naturel, est, pour les primitifs, mystique, occulte et surnaturel, pour employer les termes de l'auteur. Mais, à notre avis, le terme qui convient réellement, en ce cas, c'est *magique*, mot universellement employé, car le mystique et le mysticisme sont beaucoup plus propres à la désignation de la mentalité religieuse. Nous pensons que M. Blondel emploie improprement le mot « mystique », lorsqu'il s'agit de la mentalité primitive. Il est évident qu'il y a une certaine affinité entre les deux mots, mais, dans notre cas, c'est le mot « magique » qui doit être employé.

L'opération abstractive, prenant la forme magique chez le primitif, aboutit également chez lui à une sorte de classification des objets d'après leurs propriétés magiques. Mais, par cela même, sa classification diffère de la nôtre, de là toutes les différences entre notre mentalité et la sienne.

En quoi diffère l'abstraction rationnelle de l'abstraction magique des primitifs? En ceci, suivant M. Blondel, que le primitif néglige la ressemblance réelle et l'identité des choses, comme si elles n'existaient pas, et ne donne de l'importance qu'aux sentiments qui, étant les mêmes, lui commandent une même attitude envers des choses différentes qu'il met alors dans une même classe, malgré leur différence réelle, laquelle peut aller jusqu'au contraste. La classification et l'abstraction du primitif se font selon le critérium du sentiment et de l'émotion, et non selon les ressemblances et les différences des traits réels des choses. Le fait est clair et rend inutile l'emploi des termes : occulte, surnaturel et mystique.

Pourquoi le primitif ne classe-t-il pas selon la ressem-

blance réelle des choses et se contente-t-il du caractère de leur
émotivité ? M. Blondel pense que le primitif néglige délibé-
rément les ressemblances et les différences réelles entre les
choses. En cela, il juge du primitif comme des civilisés. Il
ne conçoit même pas qu'il serait possible que le primitif
soit tout simplement incapable de percevoir les ressemblances ou les différences, lesquelles souvent peuvent ne
pas être apparentes et sont cachées précisément par les sentiments et l'émotivité qui accompagnent leur perception. Et
voici pourquoi le primitif ne peut abstraire comme le civilisé. A un moment donné, M. Blondel se rend vaguement
compte de cela, lorsqu'il dit : « Le primitif subit l'action
matérielle exercée par les objets des sens; il espère ou
redoute d'eux quelque chose; il sent émaner d'eux, sous la
forme de cette crainte ou de cette espérance, une action
bienfaisante ou néfaste qui, pour être immatérielle et
imperceptible aux sens, n'en est pas moins réelle comme
les sentiments qu'elle suscite ». Voilà qui est clair et bien
vu. C'est dire que l'abstraction se fait au moyen de l'émotivité des perceptions, de la peur ou de l'espérance qu'elles
provoquent, en un mot, *de leur sentiment d'utilité ou de
danger*. Nous nous occupons plus loin de cette forme inférieure de l'abstraction. Nous verrons qu'à ce stade de l'abstraction les ressemblances objectives ne sont pas percep-
tibles, surtout parce que l'aspect utilitaire des choses, et le
caractère émotionnel des perceptions en cachent les ressemblances ou les différences. Ce caractère des choses tyrannise
la conscience du primitif et la rend comme aveugle sur les
autres points inhérents aux choses. Rien de plus naturel
alors que l'abstraction se fasse seulement sur le critérium
de l'utilité et de l'émotivité.

Disons seulement ici que l'abstraction par sentiment
d'utilité rend en quelque sorte rationnelle cette fonction de
l'esprit et exclut cette terminologie compliquée et inutile
d'occulte, surnaturel, mystique, etc. La loi de participation
se réduit à l'association des perceptions selon leur utilité,
selon leur participation à la même utilité, au même aspect
émotionnel. Surnaturel et occulte sont des attributs que

nous prêtons gratuitement aux primitifs. Ils n'en ont aucune idée, aucun sentiment, même vague. Car le surnaturel et l'occulte ne peuvent être conçus que par rapport au naturel et à l'abstrait objectif; or ces idées ne se précisent que parallèlement et réciproquement. Le primitif n'a ni l'idée du naturel ni celle du surnaturel. Pour lui, tout est vague et indécis, et surnaturel équivaut au naturel.

D'ailleurs, c'est encore plus simple. Comment pourrait abstraire et classer la conscience d'un primitif, comme celle d'un civilisé, lorsque le formidable appareil abstracteur logique et rationnel du langage des civilisés lui fait défaut? Cela seul suffit à expliquer son incapacité d'abstraire et de faire des opérations logiques, objectives. La pauvreté et la structure rigide et rudimentaire de son langage, image fidèle de la pauvreté et de la structure rudimentaire de sa société, ne peuvent lui permettre qu'une mentalité prélogique ou alogique, ou plutôt une logique dans son genre, qui ressemble bien peu à la nôtre. Cela explique tout et rend vaine et illusoire toute explication confuse et compliquée par mentalité mystique, occulte, etc.

Seule une riche et vaste expérience, contrôlée rigoureusement à l'aide d'un langage précis et logique en lui-même, pourrait vaincre les habitudes illogiques et subjectives des primitifs, mais ces deux attributs, précisément, lui manquent le plus : le langage logique et une expérience large et variée.

Le primitif ne peut dégager les perceptions de leur caractère émotif et utilitaire; le subjectif reste pour lui inextricablement confondu avec l'objectif. Toute la nature est vivante, la mort n'existe pas — ce n'est qu'une apparence, — l'homme est tout-puissant, car le monde extérieur se confond avec l'intérieur et, comme il dispose en maître absolu de son corps, il lui semble qu'il dispose, lui ou d'autres semblables à lui, du monde extérieur dans toute son étendue. Il n'existe alors ni subjectif ni objectif, ni occulte ni invisible, ni impossible ni inexplicable. Il n'y a pas de mort et pas d'échec, et tout échec n'est que l'effet ou le fait de l'intervention d'un autre être comme lui. De là la théorie animiste, analogue à la conception mystique de MM. Lévy-Brühl et Blondel. Si l'on envisage, à ce point de vue, tout le vaste matériel accumulé par M. Lévy-Brühl, son interprétation devient évidente dans le plan de la logique émotive des primitifs. C'est-à-dire que cette confusion irrémédiable entre le subjectif et l'objectif, qui est absolue chez les primitifs, explique fort bien toutes les opérations prélogiques de leur mentalité, si déconcertantes pour nous.

Du reste, cette séparation précise et tranchante entre la sphère du subjectif et celle de l'objectif, entre le monde extérieur et le monde intérieur, est-elle si précise, même chez le civilisé ? Dans quelle sphère mettons-nous notre corps ? Est-ce du subjectif ou de l'objectif ? Où commence et où finit le moi ? A la rigueur, on pourrait soutenir que notre corps, avec ses membres, appartient à la sphère de l'objectif. Même notre cerveau appartient au monde objectif. Il ne reste que le « moi » en lui-même, qui doit être réservé à la sphère du subjectif. Mais il y a aussi une autre manière de penser. Il existe des civilisés et même des philosophes qui pensent autrement. Certains économistes, par exemple, estiment que la propriété des choses matérielles prolonge la personnalité, le corps humain qui les crée. Mais, de proche en proche, par cette méthode, l'univers entier prolonge la personnalité. Si tout ce qui nous obéit tient en quelque sorte de nous, le corps ou la personnalité d'un milliardaire englobe directement une bonne partie de la terre. Par son argent, par sa force financière, il remue une partie de la terre, comme, avec la canne qui me prolonge, je remue un objet extérieur. Voici donc qu'un milliardaire peut réaliser ou presque, par la magie de sa fortune, les conceptions mystiques de son concitoyen. A mesure que la science objective se développe et découvre les lois de la nature, notre technique nous rend maîtres de la terre. Pour une certaine partie, nous pouvons la changer à notre gré. Alors notre monde intérieur commence, d'une autre façon, à pénétrer le monde extérieur, ces deux mondes se pénètrent ainsi progressivement et, à l'extrémité de notre développement scientifique objectif, nous rejoignons le primitif en réalisant effectivement ses conceptions irrationnelles subjectives. La causalité objective et naturelle que le primitif néglige pour s'en tenir à la causalité surnaturelle et émotive, et que le civilisé, lui, ne néglige pas, mais découvre et utilise ensuite, aboutit finalement à la causalité émotive qui, devenue but à atteindre, désir et fin utile, se réalise en faisant jouer cette même causalité naturelle que le primitif n'aperçoit pas.

De même, un lambeau d'étoffe, s'il est au bout d'une perche pour servir de drapeau à un régiment, est-il traité de la même manière, par les civilisés, que tout autre morceau d'étoffe, mis au bout d'une autre perche, mais qui ne symbolise rien ? Voilà donc des traits qui peuvent être multipliés et que nous avons en commun avec les primitifs. Ils sont assez nombreux pour nous rendre leur mentalité pénétrable et intelligible.

.·.

L'objection qui pourrait être faite à M. Blondel c'est de s'être arrêté seulement aux résultats acquis de M. Lévy-Brühl, d'avoir accepté ses acquisitions provisoires et de s'en être tenu aux généralités. Nous pousserons plus à fond et plus minutieusement ses analyses. En effet, il a traité la mentalité primitive un peu comme celle-ci traite le monde objectif, c'est-à-dire aussi sommairement. Il s'est contenté de l'interprétation par la mystique et par la loi de la participation, sans rechercher quelles sont les opérations élémentaires de cette mentalité et sans essayer de montrer comment elle évolue pour aboutir progressivement à la mentalité logique, c'est-à-dire aux formes supérieures de l'abstraction.

Nous allons essayer de reprendre ces recherches au point où MM. Lévy-Brühl et Blondel les ont abandonnées et de les continuer en utilisant la très intéressante étude de Ribot sur l'*Évolution des Idées générales*. Il nous sera possible, ainsi, de continuer à vérifier notre thèse, à savoir que les opérations logiques de notre conscience se développent parallèlement à l'évolution, au progrès des formes de la société, et que celles-là sont directement et strictement déterminées par celles-ci.

Dans l'activité généralisatrice de l'esprit, qui dissocie le contenu des perceptions pour en abstraire les traits semblables, en former les concepts, les idées générales abstraites, Ribot distingue différentes phases qui se suivent insensiblement, de la forme la plus rudimentaire et concrète à la plus abstraite et générale. Nous allons analyser et interpréter ces différentes phases de l'abstraction telles que le célèbre psychologue les a distinguées.

Selon Ribot, la dissociation abstractive a trois stades : 1° concrète-abstraite, la notion générale est constituée par des éléments concrets, plus le mot, dont l'office de substitution est faible ou nul ; 2° abstraite moyenne, le concept est une image évoquée ou évocable, plus le mot qui devient l'élément principal ; 3° abstraite supérieure, aucune représentation sensible ou, s'il y en a, elle est douteuse ou plutôt nuisible, entrave le mot, maître absolu. L'évolution est donc progressive dans le sens que l'image s'efface, à mesure que le mot s'accentue, et la régression serait l'effacement du mot et la reviviscence de l'image.

CHAPITRE II

Les Formes inférieures de l'Abstraction

On n'a pas encore montré quel est le point de départ de
la vie de l'esprit et de son activité abstraite. Nous croyons
qu'on peut tenir la conscience proprement dite, la conscience réfléchie comme apparaissant en même temps que
l'abstraction. La première lueur de conscience coïncide
avec le premier geste d'abstraction et de généralisation.

Quels en sont les facteurs déterminants spécifiques
et primordiaux ? Ce n'est pas simplement l'organisme en
lui-même et par lui-même, et ce n'est non plus le monde
physique ni même le simple choc du monde physique avec
l'organisme. Nous avons déjà dit pourquoi nous ne
pouvons admettre ces explications, qui se présentent
d'elles-mêmes à l'esprit et semblent tout indiquées au
premier abord. L'explication n'est ni simple ni directe.
La cause concomitante, constante qui a accompagné
l'apparition de la conscience et de l'abstration est, à notre
avis, la vie collective au milieu d'un groupe social, de la
horde. S'il faut reconnaître aux animaux un rudiment
d'abstraction et de conscience, c'est en tant qu'ils vivent,
eux aussi, en groupes sociaux rudimentaires. Tant que
l'homme a vécu en simples hordes incohérentes, mobiles
et réduites, sa conscience est restée rudimentaire, simplement embryonnaire. Les travaux récents de M. Lévy-Brühl

en donnent une description et une analyse suffisantes.
Les animaux, qui n'ont pas dépassé ce stade social, sont
restés à un état de conscience et d'abstraction très rudimentaire. L'homme seul, parmi les espèces animales, a
franchi le stade social de la horde, en s'élevant à des stades
sociaux toujours plus complexes, plus étendus et plus
organisés ; sa conscience et son habitude d'abstraire et de
généraliser se sont développées dans la même mesure. Il
y a bien certaines espèces d'animaux inférieures, les
fourmis, les abeilles, qui ont paru suivre l'homme dans
son développement social ; mais, pour des causes que
nous ignorons, elles sont restées bien loin derrière lui.
Sans doute, il n'y a pas de différence de nature entre
l'intelligence animale et l'intelligence humaine en général ;
car si le groupe social est le facteur primordial et originaire de la conscience, l'animal vit de la vie du groupe
autant que l'homme primitif. *L'intelligence humaine ne
dépasse l'intelligence animale que dans la juste mesure où
la société humaine a dépassé en étendue, complexité et
consistance, la horde zoologique des animaux.* Si nous
comparons maintenant l'intelligence humaine courante à
l'intelligence des animaux les plus intelligents, il semble
qu'il y a entre elles un saut brusque, un abîme. Mais cet
abîme se mesure par la différence qui existe entre l'étendue, dans l'espace et le temps, la complexité et la consistance de la société humaine et l'exiguïté et l'incohérence
des sociétés animales. La *socialité* est donc très probablement le phénomène concomitant, unique et exclusif, qui
accompagne d'une façon constante les phénomènes conscience et abstraction ; elle en est la cause essentielle, la
raison suffisante. Et s'il faut à tout prix établir une différence de nature, ou bien une sorte de saut brusque qui
sépare l'homme de l'animal, cette différence, ce saut correspond à l'introduction du langage, qui, au point de vue
de la société, correspond à l'apparition du clan, se constituant par la fusion des hordes.

Nous pensons donc qu'on pourrait énoncer comme un
axiome cette vérité : *La conscience et l'abstraction généra-*

lisatrice sont l'effet exclusif de la vie sociale, de l'influence que la vie du groupe exerce sur la vie de l'individu. Cet axiome posé, on peut construire sur lui toutes les substructures de la vie de l'esprit. C'est ce que nous allons faire, en nous guidant d'après les résultats acquis dans l'étude admirable de Ribot sur les idées générales, et en utilisant les recherches de M. Lévy-Brühl sur la mentalité primitive.

.*.

L'image générique est, envers la vie de l'esprit, ce qu'est la horde envers la vie sociale de l'humanité. C'est le point de départ de la vie de l'esprit et c'est le point de liaison entre l'homme et l'animalité. Voyons de plus près si les éléments de l'image générique correspondent à ceux de la horde animale et de la horde humaine primitive, si l'image générique reproduit et reflète la réalité de la horde.

Selon Ribot, l'image générique résulte d'une fusion spontanée d'images, produite par la répétition d'événements semblables et analogues. Elle consiste en procédés d'assimilation presque passifs; elle n'est pas intentionnelle et n'a pour matière que les ressemblances grossières[1]. Le rôle de la dissociation y est très faible; tout s'opère d'une façon automatique, mécanique[2]... Des dispositions affectives du sujet (plaisir, peine), l'intérêt, l'utilité pratique, rendent certaines perceptions prédominantes[3]. La généralisation est une condensation. « L'esprit ressemble à un creuset au fond duquel un résidu de ressemblances communes s'est déposé, les différences s'étant volatilisées[4]. » Et Ribot résume ainsi les traits de l'image générique: 1° elle est simple et d'ordre pratique; 2° elle résulte d'expériences souvent répétées; 3° elle est extraite de ressem-

---

1. *L'Évolution des Idées générales.* Paris, Alcan, p. 27.
2. *Id.,* p. 28-29.
3. *Id.,* p. 28.
4. *Id.,* p. 13-14.

blances très saillantes ; 4° elle se condense en une représentation visuelle, auditive, tactile, olfactive, etc., fruit d'une assimilation passive.

A vrai dire, l'image générique se rapporte à la représentation ou à l'image concrète, comme la horde envers l'individu ; de même que la horde est une collection d'individus qui se ressemblent, en tant qu'ils ont une origine commune physique, l'image générique est une fusion, une condensation d'images concrètes répétées, en tant qu'elles se ressemblent, et en tant que cette ressemblance est saillante. De même que la vie du groupe est très pauvre, très réduite et relâchée, sans adhérence nette, sans consistance, les représentations concrètes, qui se résument dans les images génériques, sont également pauvres, réduites, peu nombreuses, et leur condensation dans cette image générique, lâche. Par rapport à l'image générique, qui possède un embryon de conscience, l'image concrète se produit dans les centres sensitifs comme une image dans un miroir, de manière à peu près inconsciente. L'image concrète est, par suite, du physiologique pur, et l'image générique est du social mêlé de physiologique, c'est-à-dire de l'abstrait concrétisé dans une modification cérébrale.

Mais il ne suffit pas de montrer en quoi l'image générique reproduit et reflète le social, la horde ; il faut montrer encore comment elle en est le produit, comment la vie de la horde détermine l'image générique. A cette fin, il suffit de montrer tout simplement comment, d'après Ribot, se forme l'image générique. Nous y verrons, d'une façon claire, malgré que purement hypothétique, l'intervention réelle du groupe.

*
* *

Sur ce point, il est vrai, la pensée de Ribot n'est pas assez précise. Il nous présente deux explications, qui semblent contradictoires. L'image générique est considérée par lui, d'abord, comme le résultat du double processus actif de l'esprit, qui consiste à *dissocier pour abstraire et à généraliser pour associer par ressemblance*. Dans cette explication, l'esprit est plutôt actif. En effet, qu'est-ce que dissocier ? La dissociation consiste en deux opérations : l'une, négative, grâce à laquelle, dans un tout complexe, nous saisissons une seule qualité et un seul aspect, variable suivant les moments ; l'autre, positive, consiste dans le renforcement psychique de ce qu'on abstrait, qui a pour conséquence naturelle l'affaiblissement de ce dont on abstrait. « *La vraie caractéristique de l'abstraction est dans cet accroissement partiel d'intensité*[1] ». Ce qu'on supprime, on le néglige, parce que cela ne présente pas d'intérêt pour le moment. Au fond, « l'abstraction a besoin de l'attention, mais elle est plus que l'attention. Elle est une augmentation d'intensité, mais elle est plus[2] ». Ribot, après quelques hésitations, est forcé de réduire l'abstraction à l'attention. Selon lui, l'abstraction comme l'attention peut être instinctive, spontanée, naturelle, ou bien réfléchie, volontaire, artificielle. Sous la première forme, elle résulte d'une attention quelconque ou de l'utilité : sous la seconde forme, elle vient moins des qualités de l'objet que de la volonté du sujet. Elle suppose un choix, l'élimination souvent laborieuse des éléments négligeables. Elle est toujours une application particulière de l'attention qui agit comme un instrument d'analyse.

Or, de cette manière, Ribot confond l'abstraction avec la formation psychique de la représentation, avec la genèse de l'image concrète même. « L'image générique se trouve déjà dans l'image concrète qui est elle-même une sorte d'abstraction, parce qu'elle accentue, isole et renforce une qualité ou un aspect des choses et néglige et supprime les autres. Il faut donc chercher la genèse de l'image générique, dans l'image concrète. Et pour expliquer l'image générique, il faut comprendre comment se forme l'image concrète elle-même, c'est-à-dire la perception. Dans la perception,

1. *L'Évolution des Idées générales*, p. 6.
2. *Ibid.*

l'image concrète n'arrive jamais à embrasser la totalité des caractères de son objet, parce qu'elle est tenue en échec par un ennemi intérieur : la tendance naturelle de l'esprit à simplifier, à éliminer[1]. » A vrai dire, ajoutons-nous, l'image primitive des choses est toujours schématique, abstraite ; l'image ne devient complexe et complète que par une investigation prolongée, par une observation analytique bien avancée. Autrement dit, « il se produit, dit Ribot, toujours une sélection consciente de quelques caractères principaux, qui, groupés, deviennent un substitut de la totalité[2] ». C'est le schéma de l'image.

« Dans l'image, étape intermédiaire entre le précepte et le concept, la réduction de l'objet représenté par quelques caractères fondamentaux s'affirme plus encore... La représentation individuelle, concrète, qui a prévalu entre toutes les autres, n'est qu'une esquisse, une réduction de la réalité avec omission de beaucoup de détails... Ce que nous appelons une représentation exacte, ne l'est que dans ses grands traits ;... chez la moyenne des hommes, l'image, prétendue copie de la réalité, subit toujours un appauvrissement considérable, qui, chez les moins doués, est énorme : elle devient alors un simple schéma qui confine aux concepts inférieurs[3]. »

Cette tendance à appauvrir, à simplifier l'image concrète est poussée plus loin encore. L'image concrète, en se simplifiant davantage, arrive à ne plus être que la conscience d'une qualité unique et isolée du reste. Alors, dit Ribot, « elle est une simplification de simplification[4] » et « c'est une notion singulière, ni individuelle ni générale, mais abstraite, qui est la matière de la généralisation[5] ».

Mais le tout est de savoir d'où provient cette tendance de l'esprit de simplifier l'image concrète, ou bien de connaître ce qui provoque cette tendance de l'esprit de simplifier à

1. *L'Évolution des Idées générales*, p. 9.
2. *Id.*, p. 10.
3. *Ibid.*
4. *Ibid.*
5. *Id.*, p. 9.

l'excès ? Ici, la pensée de Ribot, sans qu'il s'en rende compte, est tiraillée dans deux directions contraires, entre lesquelles il hésite à choisir.

Tantôt il dira que cette tendance à se simplifier, dont dispose l'image, s'explique par le fait qu' « il ne faut pas oublier que la perception est une opération *pratique*, qu'elle a pour premier moteur l'intérêt ou l'utilité, que, par suite, nous négligeons — c'est-à-dire que nous laissons dans le champ de la conscience obscure, — ce qui, actuellement, ne nous touche ni ne nous sert », et, ajoute-t-il, « il convient de remarquer que le mécanisme naturel par lequel la séparation se fait, entre les éléments renforcés et les éléments affaiblis, est une ébauche grossière de ce que sera plus tard l'abstraction, que les mêmes ressorts sont mis en jeu et qu'ils se réduisent finalement à une direction particulière de l'attention ». En un mot, l'abstraction est le renforcement d'un élément de l'image concrète par l'utilité pratique, par nos besoins, et c'est là le mécanisme essentiel de l'abstraction et, par suite, de l'image générique. — Mais, de manière inattendue et insensible, Ribot glisse ensuite sur le terrain d'une explication tout à fait différente. Cette tendance de l'image concrète ou de la conscience s'explique par le pouvoir qu'a l'esprit de saisir la ressemblance, qui est comme l'ossature de la pensée ; « sans lui, nous serions perdus dans le flux incessant des choses ». Cette affirmation est pour le moins contradictoire avec ce qu'il vient de dire quelques lignes plus haut.

Où est le vrai ?

L'image est-elle une opération pratique, et sa tendance à se simplifier dérive-t-elle de ce que l'utilité pratique renforce certains aspects des choses et nous cache les autres ? Et alors c'est là toute la ressemblance qu'il y a au fond des choses. Ou bien les choses possèdent-elles des ressemblances intrinsèques, cachées par les différences contingentes, et alors faut-il que l'esprit s'efforce de les retrouver, et doit-il posséder à cette fin ce pouvoir spécial, « ossature de la pensée » ?

Cette dernière alternative semble discutable. Car Ribot

lui-même nous fait remarquer que « la ressemblance parfaite, supposée entre les choses, s'évanouit à mesure qu'on les connaît mieux... plus on observe, plus l'uniformité apparente se résout en variété[1] ». Rapprochons encore cette idée de celle que nous venons de citer plus haut, à savoir que l'image s'appauvrit considérablement chez la moyenne des hommes, que, chez les moins doués, l'appauvrissement est énorme et l'image devient un schéma qui confine aux concepts inférieurs. C'est dire que l'abstraction traduit plutôt la faiblesse de l'esprit, et qu'elle est l'effet de sa régression, de sa défaillance, loin d'en être une puissance et une perfection. La perfection de l'esprit, sa véritable fonction, lorsqu'il s'applique avec effort à l'observation des choses, c'est d'y trouver des différences qui finissent par cacher la ressemblance et par la faire s'évanouir.

A vrai dire, les choses sont faites dans une égale mesure de ressemblances et de différences, et alors la tendance à simplifier, à abstraire, s'explique naturellement et même mécaniquement.

« L'image est « une condensation » mécanique, passive, et l'esprit ressemble à un creuset au fond duquel un *résidu* de ressemblances communes s'est déposé, les différences s'étant volatilisées[2]. » La tendance à abstraire, à simplifier, que laisse voir l'esprit, dans l'image concrète et dans l'image générique, s'explique tout naturellement, c'est-à-dire passivement, mécaniquement, selon le procédé des *photographies composites* de Galton. Sur ce point, Ribot adopte l'explication de Huxley, qu'il cite : « Pour éclaircir la nature de cette opération mentale, on peut la comparer à ce qui se passe dans la production des photographies composites, lorsque, par exemple, les images fournies par les physionomies de six personnes sont reçues sur la même plaque photographique, pendant un sixième de temps nécessaire pour faire un seul portrait. Le résultat final est que tous les points sur lesquels les six physio-

---

1. *L'Évolution des Idées générales,* p. 11.
2. *Ibid.*

nomies se ressemblent, ressortent avec force, tandis que tous ceux par où elles diffèrent restent dans le vague[1]. »

Il est évident que cette explication de l'image générique est irréprochable et semble même plus évidente et plus précise. L'abstraction du trait isolé et renforcé s'explique donc naturellement et mécaniquement ainsi. Point n'est besoin d'introduire une considération d'utilité, ou d'intérêt pratique, pour l'expliquer. L'homme serait-il un automate, sans besoins comme sans affection, l'abstraction, le renfor-cement et l'isolement des traits isolés abstraits ne s'en expliqueraient que mieux. L'intervention de l'attention, de la volonté, de l'intérêt pratique deviennent plutôt embar-rassantes, ou bien ces phénomènes s'expliquent eux-mêmes par le mécanisme de la photographie composite. L'attention, l'intérêt pratique serait l'épiphénomène qui accompagne la ressemblance soulignée et intensifiée par la superposition, par la répétition des images. C'est pourquoi Ribot a tant hésité à opter, et semble s'être arrêté à cette dernière explication.

Pourtant, malgré son évidence et sa clarté, cette explica-tion nous semble criticable et même inacceptable. Si l'image générique s'expliquait par le procédé des photographies superposées, comment se ferait-il qu'il y ait des hommes qui n'arrivent pas à former des concepts abstraits, par la super-position des images qui se répètent et se superposent dans leur esprit des milliers de fois ? C'est le cas des tribus sau-vages. « Les Américains du Nord ont des mots spéciaux pour le chêne blanc et le chêne rouge, mais aucun pour le chêne en général ; à plus forte raison pour arbre en géné-ral[2]. » Voici des hommes qui ont vu des millions d'arbres sans que l'image générique de l'arbre puisse se faire dans leur esprit, pour aboutir à la fin au mot, car ces hommes sont arrivés au stade de la parole. Si l'explication par le simple procédé de Galton était la vraie, le cas que nous venons de citer reste, lui, inexplicable. En effet, pour que

1. *L'Évolution des Idées générales,* p. 15.
2. *Id.,* p. 110.

l'image générique de l'arbre se produise, il faudrait sans doute que six images concrètes se superposent presque instantanément dans l'esprit. Or, cela n'arrive jamais, car il faudrait d'abord qu'il y ait à la portée immédiate de l'esprit six objets semblables, disposés de telle sorte que l'esprit les passe instantanément en revue. Si c'est l'esprit d'un « civilisé », nous comprenons la formation de l'image générique, elle est possible; mais si c'est celui d'un sauvage, d'un primitif, l'image générique ne peut se former, à moins qu'il n'y ait quelqu'un pour le prévenir, pour *forcer* son esprit à considérer que les objets sont semblables, en lui faisant remarquer leur ressemblance, et peut-être alors s'en rendra-t-il compte. Peut-être le seul moyen de lui faire saisir la ressemblance serait d'attirer son *attention* sur leur côté *utile*, *pratique*, s'il arrive que le côté semblable des objets soit en même temps une qualité utile ou agréable.

**

Ces deux explications de l'abstraction, encore que contradictoires, se supposent et se complètent. Nous croyons qu'elles se concilient en se complétant l'une l'autre. L'analyse même de la pensée de Ribot met sur le chemin de cette conciliation. Elle mène à la véritable et complète explication de l'abstraction. Elle la suggère plutôt.

« La perception vise, selon Ribot, à embrasser la totalité des caractères de son objet, sans y parvenir complètement, parce qu'elle est tenue en échec par un *ennemi intérieur* : la tendance naturelle de l'esprit à simplifier, à éliminer. » Quel est cet ennemi, qui nous pousse à simplifier, à éliminer ? On nous le dit immédiatement : « Le même cheval, au même moment, n'est pas perçu de la même manière par un maquignon, un vétérinaire, un peintre, un profane. Pour chacun d'eux, telles qualités, qui varient de l'un à l'autre, sont en relief, et telles autres dans l'ombre. » Voilà une indication extraordinairement suggestive sur l'opération qu'emploie l'esprit dans l'abstraction et sur la genèse et le vrai mécanisme de cette opération. Par cette simple observation, Ribot pratique une petite brèche dans cette partie de notre ignorance, qui confine à la sociologie, et là lumière semble s'introduire dans les recherches psychologiques. Nous allons voir que toute la sociologie y passe et doit y passer, pour projeter des lumières particulières sur les recherches de la psychologie emprisonnée dans la conscience individuelle.

Ce qui fait que le maquignon, le vétérinaire et le peintre perçoivent tels traits plus particulièrement et non tels autres, c'est que toute une éducation sociale et pratique spéciale à formé et discipliné leur esprit à cette fin. Le métier de chacun d'eux a imprimé à leur esprit une autre direction, une autre attitude envers l'objet de leur représentation présente. C'est donc là l'ennemi intérieur qui force l'esprit à simplifier, à éliminer tels traits ou qualités du cheval pour en retenir et renforcer tels autres. Tout le travail d'abstraction qu'exerce l'esprit sur les images concrètes dérive de là. Quelles qu'en soient la finesse et la généralité, l'abstraction a ce point de départ. L'abstraction est une habitude que l'esprit contracte sous l'influence de l'éducation sociale, du métier en particulier.

*
* *

Nous pouvons maintenant nous expliquer, d'une façon claire et complète, la genèse, la formation des images-schémas et, par suite, des images génériques. Quand le maquignon ferme les yeux après avoir regardé un cheval, il ne lui reste dans l'image qu'il en garde que les traits qui l'ont intéressé, parce que ce sont ceux qu'il a vus le plus clairement. Il en est de même du peintre et du vétérinaire.

Or, ce que le métier est pour le maquignon et pour le vétérinaire, la horde ou le clan le sont pour l'homme primitif. D'après les ethnographes, les groupes humains primitifs vivaient chacun d'une vie spécialisée. Certains se nourrissaient de poisson sur les rives des mers ou des grands fleuves, et s'occupaient avec la pêche. D'autres, dans les forêts, vivaient de chasse ; d'autres, dans les plaines, d'élevage du bétail,... etc. ; d'autres, enfin, et plus tard peut-être, s'adonnaient à une vie sédentaire agricole, et cultivaient quelques pauvres plantes nutritives. Ce qui est certain, c'est que la vie simple et indifférenciée de chaque horde humaine se réduisait presque à un seul et simple genre de vie et était attachée à un certain nombre d'objets dont vivaient les membres des groupes. Ce qui est certain encore, c'est que ces objets étaient peut-être les seuls qui les intéressaient de manière particulière, et, dans ces objets, c'était plutôt certaines qualités nutritives et agréables qui seules attiraient leur attention et existaient pour eux. Les autres caractères ou qualités de ces objets, qui ne dépendaient pas immédiatement des qualités utiles et n'étaient pas en une étroite liaison avec celles-ci, restaient indifférents, obscurs : on les négligeait. Donc, la diversité infinie des choses et la richesse des aspects des mêmes choses demeuraient pour eux inexistantes. Le genre de vie du groupe humain appauvrissait ainsi la richesse de la nature, et, sous l'influence fatale, inéluctable du groupe — car l'individu n'est pas concevable hors du groupe — l'esprit de l'individu ne pouvait percevoir que les qualités des choses soulignées par les nécessités de sa vie pratique. Le groupe était comme fasciné, hypnotisé, par ces qualités, et l'esprit de l'individu en subissait la fascination dès les premiers moments. La première lueur de la conscience, le premier geste de l'esprit est donc un acte forcé, inéluctable, d'abstraction, qui renforce, intensifie un trait ou quelques traits utiles, agréables, d'un très petit nombre d'objets. Nous sommes dans la phase de l'image générique et de la vie sociale de la horde.

Dans cette phase primordiale, qui rattache l'homme à l'animalité, les images génériques devaient être bien pauvres, bien réduites, bien concrètes aussi ; elles s'exprimaient bien par certaines attitudes ou mimiques du corps ou par des signes rudimentaires qui n'avaient aucun besoin de se compléter encore par le mot. L'image générique était identique chez l'individu et chez le groupe. Les quelques pauvres représentations que les hommes peuvent avoir leur sont communes. Dans ce stade, l'individuel se confond avec le social, communie avec lui par l'office des images génériques.

Les deux explications contradictoires de l'image générique, par suite de l'abstraction, peuvent se concilier en se complétant. Ce qui est primordial, c'est l'abstraction pratique, utilitaire qui constitue le passage du physiologique au conscient. L'individualisation, le passage de l'esprit du groupe, si nous pouvons nous exprimer ainsi, dans l'esprit individuel du nouveau venu, de l'enfant, se fait par un procédé qui peut ressembler aux photographies composites de Galton, et se combinant avec l'utilité pratique. En effet, l'image générique est introduite dans l'esprit du jeune homme de la horde sauvage par l'intermédiaire de l'action pratique qui y correspond. La répétition fidèle des actions pratiques — équivalent de la superposition de photographies lorsque, en plus, le facteur affectif (le côté utile et agréable de l'objet) que représente cette image souligne et renforce particulièrement la qualité, le trait à isoler et à abstraire de cet objet — explique suffisamment la genèse et le mécanisme de l'image générique et, en général, de l'abstraction chez l'individu. Dans le fait de répétition, la ressemblance s'offre, se souligne et rend possible l'abstraction; même elle la provoque.

A ce stade social, en effet, notre monde riche et varié, qui présente dans ses objets autant de variation que de ressemblance, n'existait presque pas pour l'homme. Ce qui faisait la base de l'abstraction c'étaient les qualités utiles des choses, qualités toujours les mêmes, envisagées dans la vie pratique commune, faite de la répétition des mêmes actes. C'est par le fil de l'utilité qu'il s'est orienté dans le monde. Le premier geste par lequel s'affirmait sa conscience obscure a été l'abstraction affective, utilitaire, qui a isolé et a renforcé les qualités agréables des choses toujours les mêmes et a permis d'esquisser la première classification, c'est-à-dire la première abstraction. En ce sens, il n'y a pas de doute : la pensée de l'homme a commencé par le général, et l'abstraction est une opération aussi vieille que l'esprit humain.

La difficulté que rencontrent les recherches psychologiques, pour établir le mécanisme et la genèse de l'abstraction, vient de ce qu'on les dirige sur les opérations d'abstraction compliquée des civilisés. Ainsi, Ribot, ayant pris pour point de départ la représentation d'un « civilisé », dont l'esprit s'appesantit sur la richesse variée des objets, — richesse qui cache leur ressemblance, — ne pouvait pas facilement voir comment l'esprit primitif peut découvrir les ressemblances des choses qui précisément sont cachées, pour un civilisé, par leur variété. L'esprit du primitif ne pouvait faire ce tour de force, et l'abstraction devenait pénible à expliquer, à être prise comme point de départ. Mais comme elle était un acte incontestable, dès le commencement, Ribot inclinait à croire que l'abstraction est une infirmité, une défaillance de l'esprit, qui appauvrit les images perçues, de par son étroitesse originelle. Et il conclut que l'abstraction se ferait passivement, mécaniquement, par condensation des images.

Or, à cela l'esprit humain pourrait bien répondre, avec le poète :

> ... Je n'ai mérité
> Ni cet excès d'honneur, ni cette indignité.

Les images des hommes primitifs ne sont ni riches, ni variées, ni semblables, ni différentes. Pour la plupart, elles n'existent pas, tout simplement. Et celles qui existent n'ont que le relief de leur utilité, de leurs qualités agréables et utiles. L'utile et l'agréable, qui sont en même temps le *semblable*, constituent la base des premières images et la cause de ce qu'il y a en elles de renforcé, de séparé, d'abstrait. Toutes les autres qualités, tous les autres traits qui s'éloignent de cette qualité d'agréable, qui ne sont pas liés à elle, restent dans l'ombre, n'existent pas. L'utile et l'agréable sont la base et le mécanisme des images génériques, base encore trop concrète et trop fixe par elle-même pour ne plus nécessiter sa fixation par un mot. Il est vrai qu'à partir de l'image générique, empirique et utilitaire, le progrès de l'image se fera par un double processus de différenciation et d'unification, d'enrichissement et de simplification. Seulement, la simplification ne se fera plus du point de vue de l'utilité ; l'abstraction n'aura plus à abstraire, à renforcer, le caractère agréable des choses, mais seulement leurs traits semblables ou analogues. Le progrès réel de l'abstraction, qui aura dépassé l'image générique, consistera à remplacer l'*utile* par le *semblable*. Et en même temps que l'esprit aura dégagé le semblable réel des choses, il en discernera, par simple réaction, la richesse et la variété.

Le stade intellectuel de l'image générique est comme un *épiphénomène* du stade social de la horde primitive. Comme l'animal partage ce stade de société avec l'homme primitif, il s'ensuit que l'image générique est commune à certains animaux inférieurs, qui vivent en groupes nombreux, la fourmi et les abeilles, par exemple, à presque tous les animaux supérieurs, à ceux-là surtout qui vivent le plus en compagnie des hommes. De nombreux exemples ont permis à Ribot de faire la preuve évidente que les animaux possèdent ce stade inférieur, primordial de l'abstraction : inutile d'insister sur ce point. Le plus qu'on en pourrait dire, c'est de souhaiter des observations au point de vue de l'explication plus détaillée de l'intelligence animale par leur socialité.

Comme les animaux, les enfants, pendant leurs deux ou trois premières années, ne dépassent pas le stade de l'image générique. Voici les propres termes dans lesquels Ribot exprime et résume l'analogie entre l'abstraction des animaux et celle des enfants : « La marche de l'esprit est identique dans les deux cas — pratique et spéculatif ; — c'est une opération médiate qui se développe soit par une série d'actes, chez les animaux et les enfants, soit par une série de concepts et de mots chez l'adulte [1]. »

1. *Op. cit.*, p. 46.

Sans doute, si la vie de l'enfant se réduisait pour toujours aux simples expériences des deux ou trois premières années, pas plus que les animaux, il ne pourrait dépasser le stade de l'image générique. Par ses propres ressources, il serait douteux qu'il aboutît à le dépasser. Mais la vie de l'enfant, enrichie par le patrimoine de l'expérience et des connaissances de la famille, est prise dans l'engrenage de l'école, du métier, de la carrière. Son expérience est ainsi infiniment élargie. En quelques années, il traverse en courant presque tous les stades de l'abstraction et ne s'arrête qu'aux derniers degrés de son échelle. L'élargissement de sa vie et la pénétration réciproque entre sa vie et la vie sociale, directe ou indirecte, mesure exactement le degré d'intellectualité abstraite qu'il a déjà acquis. Réduit exclusivement aux ressources de sa propre expérience, il est peu certain que l'homme arrive à dépasser la phase inférieure de l'abstraction; il resterait toujours enfant, même si le développement de ses organes avait atteint la phase adulte.

Cette expérience, il est vrai, n'a jamais été intégralement et rigoureusement réalisée, et notre affirmation ne peut pas s'appuyer sur des faits décisifs. Mais, logiquement, il est inconcevable qu'un homme, isolé de la société, puisse dépasser la phase primordiale de l'abstraction.

Mais si cette expérience n'a jamais été tentée de façon rigoureuse, le cas se présente couramment d'une expérience approximative dans ce sens, qui est, croyons-nous, suffisante. C'est ce que Ribot a étudié chez les sourds-muets. En effet, les sourds-muets sont, en quelque sorte, mis, par leur infirmité, en dehors de la société humaine. A vrai dire, cette exclusion n'est pas parfaite, car il leur reste la vue et les signes qui, pour ceux cultivés, ont comme résultat de les introduire en partie dans la vie sociale et d'introduire en eux la vie sociale. Cependant le cas des sourds-muets incultes est bien approchant de l'expérience dont nous avons besoin. Comme la vie sociale se communique à l'individu par la parole, les neuf dixièmes de cette vie leur échappent littéralement. Aussi, selon Ribot, arrivent-ils très vite à un état intellectuel stable. « Leur niveau intellectuel est très bas[1]. » Il les compare aux « aborigènes de l'Océanie et des régions sauvages de l'Amérique du Sud[2] ».

Ainsi, pour notre thèse, l'expérience des sourds-muets a la valeur de ce qu'on appelle *experimentum crucis*. Leur infirmité les met comme en dehors de la société; celle-ci ne peut les pénétrer que très imparfaitement. Quels que soient la complexité et le progrès en civilisation de la société où ils vivent, celle-ci n'a pas pour eux un plus grand rôle que les sociétés-peuplades les plus rudimentaires pour les primitifs dont s'est occupé M. Lévy-Brühl. — Les enfants, jusqu'à trois ou quatre ans, et les paysans des villages isolés, dans les pays arriérés d'Europe, se trouvent, pour une large part, dans la même situation et partagent la même phase de mentalité que les peuplades de couleur africaines ou australiennes. Il y a pourtant cette différence que les paysans, tout comme les enfants, ont toutes chances de faire des progrès psychologiques et logiques, par le simple fait du temps, pour ceux-ci, ou de l'espace à parcourir pour ceux-là, tandis que les primitifs n'en ont que peu ou pas.

La loi qui domine la mentalité de cette phase psychologique et sociale est bien celle de la participation, comme l'a vu M. Lévy-Brühl. Mais il faut la préciser, en faisant voir qu'elle résulte d'une abstraction utilitaire et affective, et que l'image générique, qui en est la base, n'en contient que les ressemblances les plus apparentes et superficielles. Dans cette phase mentale, l'image générique, riche d'éléments sensibles, rend le mot presque inutile comme signe abstrait; ou bien, si le mot s'y applique, il a une signification extrêmement vague et souvent fausse.

Chez les paysans, comme chez les enfants, les mots des choses abstraites n'existent pas, ou bien ils les emploient avec une acception confuse, vague, naïve, très souvent comique.

1. *Op. cit.*, p. 47.
2. P. 57.

*
* *

Ce qui distingue encore l'abstraction dans cette phase, c'est qu'elle est plutôt passive, mécanique, car la volonté et l'attention n'y prennent qu'une part minime. Cela s'explique du reste par le peu de développement de la volonté et de l'attention, propre à cette phase mentale. Les conditions particulières de la vie des groupes sociaux primitifs ne permettent pas une activité intense et variée, grâce à laquelle puissent apparaître une volonté énergique et une attention soutenue chez les individus de ces groupes sociaux. Et c'est bien là la véritable explication de ce que l'abstraction, dans cette phase inférieure, ne peut pas s'élever au-dessus de l'image générique.

CHAPITRE III

Les Formes moyennes de l'Abstraction.

La phase moyenne de l'abstraction se caractérise, selon
Ribot, par cela qu'elle peut être accompagnée d'un mot et
s'en fait accompagner. Elle est sans doute moins passive,
plus volontaire, et elle peut avoir pour base des ressemblances réelles. Dans les abstractions moyennes se produit,
en effet, le saut de l'abstraction affective par utilité à l'abstraction intellectuelle par la ressemblance.

Ribot estime que ce qui explique le passage des formes
inférieures de l'abstraction à ses formes moyennes, c'est le
mot. Il croit que « l'importance du mot comme instrument
d'abstraction ira toujours grandissante[1] ». Les formes inférieures de l'abstraction moyenne confinent aux images
génériques et se caractérisent par cela que leur marque
objective, le mot, a un rôle effacé. Au contraire, les formes
supérieures confinent au concept pur et se caractérisent par
ce fait qu'elles ne peuvent se passer du mot. Disons, pour
résumer sa pensée sur ce point, que les idées ne sont
abstraites qu'à mesure seulement qu'elles manifestent le
besoin de s'exprimer par des mots ; leur degré d'abstraction
se mesure par leur manque d'éléments représentatifs sensibles. Une pensée n'est abstraite que dans la mesure où

1. *Op. cit.*, p. 98.

elle ne s'appuie pas sur le sensible qu'elle chasse, pour s'appuyer sur le mot qu'elle crée à cette fin.

Il est évident que les mots sont des phénomènes par excellence sociaux ; ils sont élaborés par la vie en commun et n'ont d'autre raison d'être que d'exprimer ce qu'il y a de commun. « La parole, dit Ribot, est sortie de la communauté d'action, de la collaboration des hommes primitifs, de la mise en commun de leurs activités[1]. » Les mots sont reliés plutôt au commencement des actions exécutées en commun. Ils sont communs à tous ; ils sont intelligibles, étant associés par tous aux mêmes actes. Car, d'après Noiré, les éléments primitifs de toute langue sont des actes.

Si les mots sont les produits incontestables de l'activité collective, en tant qu'ils sont aussi des instruments d'abstraction, il s'ensuit rigoureusement que l'abstraction, effet direct des mots, est l'effet indirect de la vie collective. Comme presque toute la vie sociale se communique à l'individu civilisé par des mots, il est évident que l'activité abstraite de l'esprit individuel se crée et se développe, elle aussi, sous l'influence de la vie collective, par l'intermédiaire des mots. Les mots étant, selon Ribot, l'instrument de l'abstraction et en même temps son véhicule, et en tant que les individus les reçoivent tout faits du groupe, notre thèse, que l'abstraction est dans l'individu un phénomène social, se trouve par cela même démontrée et vérifiée.

La question est de savoir, maintenant, comment la vie sociale du groupe humain est arrivée à créer les mots ? Comment, en fait, le groupe, la horde, s'est-elle élevée au-dessus de la phase de l'image générique, aux formes moyennes de l'abstraction, qui, précisément, semblent nécessiter l'emploi des mots. Qu'est-ce qui détermine l'homme à remplacer l'abstraction purement utilitaire, qui domine dans les images génériques, par l'abstraction par similitude, qui domine dans les formes moyennes de l'abstraction ? Car, s'il faut, à tout prix, admettre une différence profonde, radicale, entre l'homme et l'animal, elle

____

1. *Op. cit.*, p. 71.

consiste dans ce passage de l'homme de l'image générique, basée sur l'utilité pratique, qu'il partage avec les animaux, à l'idée abstraite, basée sur la similitude, qui l'en distingue profondément.

Sur ce point précis, personne, à ce que nous sachions, n'a rien dit, n'a rien eu à dire. Nous ne savons même pas si la question n'a jamais été posée en ces termes. Tout le monde constate ce passage de l'image générique à la notion abstraite, reconnaît que c'est là un événement d'une grande importance pour la psychologie, mais sans trop s'inquiéter à ce propos des raisons qui ont déterminé cette révolution intellectuelle. Nous venons de dire que Ribot l'explique par l'intervention des mots. L'explication est plausible, mais elle ne nous avance pas beaucoup, car il reste encore à expliquer cette intervention des mots. Ribot nous dit bien avec Noiré que les mots sont le produit de l'action en commun du groupe, que ce sont même des actions communes, collectives, mais il ne nous donne pas la raison particulière qui pousse le groupe, à un moment donné, à cette action commune qui crée les mots. Car, alors, nous ne voyons pas pourquoi la horde humaine primitive et les sociétés animales, formes de vie collective, n'ont pas abouti et n'aboutissent jamais à la création des mots et aux idées abstraites, à l'abstraction par ressemblance. Il faut donc que nous voyions clair : qu'est-ce qui a déterminé la vie du groupe à créer les mots, les abstractions moyennes, et lui a imposé l'abstraction par ressemblance ?

Nous pensons que les considérations sociologiques qui suivent nous diront le mot de l'énigme. Sans doute, comme les indications de l'ethnographie nous le laissent entrevoir, à une époque très éloignée, l'humanité vivait, répandue sur les différentes parties de la terre, en hordes naturelles zoologiques restreintes. On ne peut que par hypothèse se faire une idée de ce que devait être la vie des hordes humaines dans ce stade. Ce qui paraît certain, cependant, c'est que les différents embryons d'humanité vivaient à cette époque d'une vie variant d'une horde à une autre, chacune d'elles s'étant adaptée à la localité qui constituait son habitat, et dont les ressources et les conditions géographiques en avaient imposé et modelé le genre de vie. Il y avait des hordes humaines qui, aux environs des grandes eaux, vivaient particulièrement de la pêche; d'autres, dans les régions de plaine, vivaient d'une vie pastorale, et plus tard agricole; d'autres, dans les montagnes, vivaient de la chasse ou des troupeaux, etc. Il est probable qu'avant ce stade de vie, l'humanité a dû mener une grande lutte avec les autres espèces animales, dont elle ne se distinguait d'abord presque pas. Il est certain que son instinct social, que les hasards de cette lutte ont dû provoquer, augmenter et renforcer, a facilité son triomphe sur les autres espèces zoologiques. L'humanité en a domestiqué quelques-unes; elle a réussi à s'imposer plus ou moins aux autres. Il est même très probable que la domestication des espèces plus faibles et de celles qu'elle avait complètement vaincues, cette simple invention pratique de la domestication ait été la cause décisive du triomphe définitif de l'homme sur les animaux. — Tant que la lutte entre l'homme et les autres espèces ne s'était pas terminée par le triomphe de l'homme, les hordes humaines ne pouvaient se multiplier au point d'en venir en conflit. Mais, dès que la suprématie de l'homme sur l'animal fut établie et consolidée, les hordes humaines se multiplièrent sans doute rapidement. Dès qu'elles furent assez nombreuses pour que les ressources des richesses naturelles ne suffissent plus à leurs besoins, elles se retournèrent les unes contre les autres. La concurrence vitale les mit en conflit. Longtemps elles se firent la guerre et s'égorgèrent, ce qui ne se passait pas au sein des autres espèces animales et ce qui ne s'y voit pas même aujourd'hui.

Combien aura duré cet égorgement réciproque, c'est ce qu'il serait difficile de dire. Mais ce qui paraît sûr, c'est qu'un jour vint où quelques-unes firent cette trouvaille pratique merveilleuse : au lieu d'anéantir la horde vaincue, se l'annexer, et la faire travailler pour se faire nourrir. En effet, l'âpre lutte pour la vie comportait également ces deux issues : ou exterminer le concurrent, ou le subjuguer et lui imposer la charge d'un travail plus dur en prélevant pour son propre entretien une partie du fruit de ce travail. L'homme inventa ainsi l'esclavage; et cette simple invention, au début, produit naturel, spontané de la concurrence vitale, le différencia profondément des autres espèces animales. Avec l'esclavage, la horde primitive se transforma aussi profondément; de groupe zoologique, elle devint société proprement dite, en passant, ensuite, par ces phases d'évolution : *clan, tribu, cité, royaume, monarchie, empire* et *nation*, avec une tendance bien marquée de dépasser encore cette dernière phase.

L'esclavage a, sans doute, aussi évolué parallèlement à l'évolution des formes de la société humaine ainsi constituée. Il a passé par ces phases : esclavage, clientèle-colonat, servage, salariat; et sa tendance est très marquée aussi de dépasser cette dernière phase.

Le passage de la horde humaine zoologique au groupe social proprement dit, clan ou tribu, et l'évolution préhistorique et historique du clan humain, jusqu'aux formes sociales suprêmes que nous leur connaissons aujourd'hui, tel fut le grand fait générateur de la conscience humaine et de l'évolution des idées abstraites ainsi que des autres fonctions psychiques. Rien ne pourra jamais s'expliquer *rationnellement* de la psychologie, de la conscience ou de ses lois sans l'avoir rattaché au grand fait primordial de l'évolution historique et sociale, sans avoir laissé voir comment les phénomènes psychiques se laissent simplement déduire du grand courant global de l'évolution des sociétés.

*
* *

Nous allons vérifier ce qu'il y a de bien fondé dans cette manière de voir, et, ce faisant, nous aurons répondu à la question qui a été notre point de départ.

Nous avons fait voir que la forme rudimentaire de l'abstraction se laissait strictement déduire des propriétés particulières de la horde. Si nous passons de la horde au *clan*, à la *tribu* ou à la *cité*, nous pouvons facilement nous rendre compte que les formes moyennes de l'abstraction et les mots y deviennent des nécessités inéluctables, et s'en laissent rigoureusement déduire.

Il suffit, en effet, d'examiner, par une sorte d'analyse hypothétique, ce qui a dû se passer lorsqu'une horde, au lieu d'exterminer ses ennemis, se les est annexés en les réduisant à l'esclavage; lorsque cette opération s'est répétée plusieurs fois en sa faveur. De cette analyse on pourra tirer la réponse à bien des questions que se pose la psychologie.

Le premier effet de cette conquête est une considérable extension du groupe, qui arrive ainsi à se décupler, voire à se centupler. Mais cette juxtaposition, au début simplement extérieure, ne peut rester ainsi. Le conglomérat ainsi formé ne peut durer sans un commencement d'organisation. Le travail d'organisation du groupe, ainsi agrandi, ne peut se faire, à son tour, que par un rapprochement réel et même par une sorte d'interpénétration réelle des individus qui composent le dit groupe. Certains rapports s'établissent, d'une façon plus ou moins violente, entre les différents membres ou classes de membres du clan. Il y a du moins leur répartition violente en deux classes: les conquérants et les conquis, qui deviendront les deux classes primordiales : *maîtres et esclaves*. Les uns doivent travailler pour les autres; les uns doivent forcer les autres à travailler pour eux. C'est là un commencement d'interpénétration. Les esclaves subissent la volonté du maître, mais les maîtres, pour se servir des esclaves, doivent avoir une volonté ; ils s'en créent une, et la développent en s'efforçant de l'imposer aux esclaves. Les rapports de *maître-conquérant* et *esclave-conquis* ont créé les premières formes de la *volonté* et ont déterminé par suite l'apparition des premiers rudiments d'*attention* et de conscience. La religion, de son côté, avec ses rites faits de brutalité et de souffrances, a été, nous l'avons montré, un facteur important et une cause primordiale des premières lueurs de la conscience, de la volonté et de l'attention. Les pratiques religieuses ont sans doute favorisé et facilité l'organisation sociale et l'esclavage.

Tant que la horde humaine a persévéré dans sa première

étroitesse et sa simplicité, les images génériques se réduisaient à résumer certaines actions collectives simples, sym-
bolisées suffisamment par certains signes ou gestes. Mais
qu'arrive-t-il lorsqu'une horde a réduit à l'esclavage deux ou
trois hordes, qui disposaient d'images génériques assez différentes, tout à fait étrangères ; lorsque les hordes conquises
— ce qui pouvait arriver — possédaient un genre de vie différent, que leur imposait leur habitat différent ? Une horde
vivant de la chasse a vaincu et réduit en esclavage des hordes
qui vivaient de la pêche, ou des troupeaux, ou de l'agricul-
ture. Dans ce cas, les différentes hordes réunies n'ont ni les
mêmes images génériques, ni les mêmes gestes symboliques.
Comment pourront-elles se comprendre et collaborer entre
elles ? C'est sous la pression de cette nécessité que l'homme
a dû renoncer aux signes et recourir aux cris. Les groupes
étant plus étendus, les membres étant plus nombreux, des
situations nouvelles se présentaient, les rapports s'y multi-
pliaient ; et, par suite, les cris, simples au commencement,
devaient se modifier, se compliquer, se moduler différemment, pour répondre aux nouveaux rapports, aux nouvelles
situations dues à l'agrandissement du groupe. Et lorsque les
situations se répétaient et que le groupe devenait consistant,
nécessairement les sons, les modulations se fixaient plus ou
moins, s'articulaient en commun et devenaient ainsi des
moyens de communiquer et de s'entendre, en tant qu'ils
étaient créés en commun et répétés. — Pourquoi a-t-on choisi
le mot parlé et non pas le mot des gestes de la main ? Ribot
en a dit la raison : c'est parce que le mot parlé libère les mains
pour le travail, et parce qu'il peut remplir son office même
dans l'obscurité. Les rapports de maître à esclave, les ordres,
les injonctions ont probablement le plus contribué à développer le langage et à l'articuler. Car plus le groupe s'est
étendu, plus il s'est organisé et est devenu consistant, plus
se sont multipliés, d'une part, répétés, de l'autre, et fixés les
rapports inter-individuels, plus les mots sont devenus
nécessaires pour la communication et la pénétration inter-
individuelle, plus aussi ils se sont enrichis en modulations,
jusqu'à prendre la forme de la parole articulée. L'extension

du groupe a fait une nécessité inéluctable de l'apparition de la parole, parce que la parole a servi à l'interpénétration des membres du groupe ; c'est elle qui consolide et assure la cohésion du groupe. La parole et la religion ont réalisé la communicabilité des hommes et la cohésion du groupe agrandi bien au delà des proportions de la simple horde. Si elle n'était pas nécessaire dans la horde, elle est indispensable à la vie du clan, de la tribu ; effet de la vie de la tribu, elle s'est développée sous la pression de la vie collective, pour devenir l'organe même de liaison qui assure la cohésion de la tribu.

Mais, si la parole a été le produit de la vie collective, et a eu pour seul rôle d'exprimer les rapports inter-individuels et sociaux, comment se fait-il que les mots soient devenus l'expression symbolique des choses et qu'ils expriment les concepts, les similitudes abstraites des choses, et leur sont indélébilement attachés ? Tout naturellement, sans doute : car les rapports inter-individuels, les objets des communications faites par les mots ne pouvaient être que les objets habituels de la vie pratique. Et, par là, nous pouvons mieux faire voir comment le mot est devenu l'expression symbolique, indispensable, des images génériques supérieures, abstraites par ressemblance, c'est-à-dire comment l'abstraction par utilité pratique a été remplacée par l'abstraction par similitude. Plus exactement, il s'agirait de voir comment l'abstraction par similitude a pu l'emporter sur l'abstraction pratique utilitaire. Car il s'en faut encore de beaucoup que nos abstractions ne présentent plus ce caractère.

Voici comment les choses ont dû probablement se passer. Le clan ou la tribu, nés de la réunion de plusieurs hordes humaines primitives, se sont, de ce fait même, trouvés enrichis d'une multitude d'images génériques pratiques, qui étaient le patrimoine des hordes réunies. La compénétration des hordes a eu pour résultat que la vie de chaque individu, membre du clan, s'est enrichie de la vie psychique propre à toutes les hordes ainsi réunies. Les hordes qui vivaient de la pêche ont enrichi le patrimoine psychique commun de toutes les images génériques pratiques qui se rapportaient aux poissons, aux instruments de la pêche, etc. De même, les images génériques des hordes vivant de la chasse ont été versées dans le trésor mental commun de la tribu. Il en fut de même des images génériques des hordes de la plaine agricole ou des plateaux propres aux pâturages. Après un temps assez long de pénétration réciproque et de vie commune, dans la vie intérieure de chaque individu s'introduisent les images qui ont été l'apport particulier de chaque groupe particulier. Les membres de chaque horde isolée étaient comme fascinés par les mêmes propriétés utiles de certaines choses, objets de leur vie pratique immédiate ; l'image générique chez eux ne se distinguait pas de l'instinct ; l'esprit ou la conscience ne sortait pas encore des limbes de l'instinct vital. Il a fallu le passage de la horde à la tribu pour que l'image *générique-instinctive* soit ébranlée et enrichie, que l'individu soit tiré de l'état de fascination où l'avait mis l'image-instinct physiologique, et éveillé à la vie supérieure de l'esprit et de la conscience.

Sans doute, les caractères similaires des choses se sont dégagés dans les esprits à peu près de la manière suivante : il y a eu des hordes qui, ayant besoin pour la vie pratique à peu près des mêmes choses naturelles, en avaient remarqué des propriétés différentes suivant les groupements. Or, la pénétration réciproque de ces hordes a eu ce résultat que les vues utilitaires différentes qu'avaient les individus des mêmes objets, en se superposant dans les consciences, ont enrichi et varié les images de ces objets. C'est-à-dire que les différentes images que prenait chacun, ayant pour bases diverses propriétés de l'objet, en se superposant ou en se juxtaposant, ont fusionné ; il en est sorti une représentation enrichie, où les différents traits saillants, particuliers à chaque horde, s'équilibraient en se contrebalançant. L'état de fascination exercé par une seule propriété et qui provoquait l'assoupissement de l'esprit sur les autres propriétés du même objet, prenait aussi fin ; l'esprit ou la conscience se réveillait pour remarquer d'autres propriétés. Le résultat décisif était que la propriété utile de l'objet cessait de tyran-

niser et d'endormir l'esprit ; car, étant contrebalancée et en
quelque sorte diminuée par les autres propriétés du même
objet, elle s'atténuait et rendait ainsi *virtuellement possible*
la perception des similitudes, la prise de connaissance
d'autres qualités, qui n'étaient plus objet d'utilité pratique.
Il devenait possible alors de prendre connaissance des propriétés des choses, autres que celles d'une utilité pratique
immédiate, par ce fait que les images génériques immédiatement utilitaires pour une horde, lorsqu'elles étaient pas-
sées dans la tribu, n'étaient plus du même caractère pour
les membres des autres hordes. C'est dire que ces images
génériques, toutes faites, étaient pour les membres des
autres hordes des images plus ou moins désintéressées. En
tous cas, ces derniers n'étaient pas au même point fascinés
par le caractère saillant utilitaire de ces images génériques
étrangères qu'on leur apportait toutes faites. Le résultat fut que
l'attention fut attirée désormais sur des objets et sur des qualités particulières à ces objets, qu'on n'avait pas encore
aperçues. Dans ces conditions, la propriété pratique était
moins nette, plus faible, et rendait possible la perception
d'autres qualités, qui ne présentaient aucune utilité pratique. A mesure qu'augmentait le nombre des hordes réunies, qui fusionnaient, et celui des images génériques pratiques, particulières à chaque horde, dans la même mesure
l'abstraction par utilité perdait du terrain ; le caractère prati-
quement utile et agréable des choses s'effaçait, tyrannisait,
fascinait moins l'individu, et laissait un peu plus de place
à la perception des autres propriétés des choses. Le terrain
de la conscience était ainsi dégagé et enrichi par la pression
et les conditions du groupe social élargi.

Mais, jusqu'ici, nous avons fait voir seulement comment
l'extension du groupe, le passage de la horde à la tribu a
rendu virtuellement possible l'abstraction par similitude ;
nous avons montré les conditions négatives, préparatoires
de la prépondérance de la ressemblance sur l'utilité. Voyons
maintenant comment s'est effectivement réalisée l'abstraction par similitude.

Échappé à la tyrannie des propriétés utilitaires des corps,

et l'impression qu'il recevait des choses étant enrichie par l'apport des différents groupes, l'homme a commencé à percevoir les similitudes des choses à côté des différences réelles qu'elles présentent. Seulement, une ressemblance perçue par un seul individu peut s'évanouir aussitôt aperçue. Pour qu'elle reste et se fixe, en quelque sorte, dans la mémoire, il faut que le groupe entier la perçoive et qu'elle devienne en quelque sorte l'élément commun de tous les membres du groupe. Car, du fait même de la vie sociale très serrée, du fait de la pénétration réciproque des membres de la tribu, le côté semblable de certains objets se superposant, par la superposition même des images perçues par tous, dans la conscience de chacun, en qui se répète l'écho des images de tous les autres, la similitude, devenue fait social collectif, par cela même se renforce en même temps chez chaque individu en particulier. Commune à tous et puissante en chacun, la perception s'exprime dans une modulation de hasard, vaguement onomatopéique, le mot jaillit de la collaboration de tous et se fixe par la vie collective en s'associant indissolublement à la perception du caractère semblable perçu dans les choses. Le mot matérialise cette sorte d'image générique supérieure et joue, par rapport à elle, le rôle de la sensation agréable qui faisait le fond de l'image générique inférieure en s'exprimant par un vague geste extérieur du corps ou des mains. La vie de la tribu, continuant, et ayant à transmettre aux générations futures les acquisitions de l'expérience sociale, le mot est à jamais rivé à son correspondant psychique abstrait. Il devient la monnaie courante par laquelle se fait l'échange entre les richesses psychiques acquises par les individus au milieu du groupement social.

Les recherches sur le totémisme nous semblent propres à jeter quelque lumière utile et quelques précisions sur la formation des concepts de ces objets usuels. Comme nous l'avons déjà fait voir, le *sacré* est l'aspect social extérieur et primordial du *conscient*, qui est individuel, intérieur; ce qui apparaît, pour la conscience naissante de l'individu, comme *sacré*, c'est ce qui apparaît comme *conscient* pour la première fois, comme réfléchi, comme état intérieur pleinement conscient, objet de conscience réfléchie. Ainsi, chez les hordes australiennes, qui seront devenues des clans, lorsqu'elles auront été absorbées par des tribus, les concepts des choses usuelles que les indigènes ont formés, et fixés par des noms spéciaux, sont précisément les totems des clans. Ces objets sont les objets de leur expérience immédiate, appartenant au règne végétal et au règne animal. « Sur plus de cinq cents noms totémiques relevés par Howit, parmi les tribus sud-est australiennes, il n'y en a guère qu'une quarantaine qui ne soient pas des noms de plantes ou d'animaux : ce sont les nuages, la pluie, la grêle, la lune, le soleil, etc. [1].

Il est fort problable, en tous cas, il est logique qu'à l'origine chaque clan prenne pour totem l'objet de son expérience la plus utilitaire, qui doit être aussi la plus fréquente. L'objet *totem* n'a pu devenir conscient, état de conscience réfléchie, qu'en devenant objet de conscience collective, objet de culte ; c'est alors qu'il s'est imposé particulièrement aux consciences individuelles : c'est alors aussi que les consciences individuelles se sont éveillées du néant de l'inconscience biologique. Le contact des clans dans la même tribu et le contact des tribus entre elles ont eu pour résultat, sans doute, d'enrichir chaque clan des états de conscience qui étaient les totems des autres clans, et c'est ainsi que les clans et les consciences individuelles ont pris connaissance d'objets qui ne les intéressaient pas directement, ont appris les noms de ces objets et se sont enrichis de concepts plus ou moins abstraits.

Ici, nous serons en contradiction avec Durkheim, qui admet que l'individu, à l'origine même, et « réduit à ses seules forces, » peut « apercevoir des ressemblances entre les choses particulières » et que « les classifications totémiques, même les plus primitives, supposent déjà cette faculté ». Pourtant il admet aussi que les abstractions ne sont possibles que par les facteurs sociaux, ce qui est

---

1. Durkheim, *Les Formes élémentaires de la vie religieuse*, p. 145.

contradictoire. Car si la conscience individuelle a d'elle-même le pouvoir de percevoir les ressemblances, le groupe social lui est parfaitement inutile pour la création des concepts et des classifications ; et si les facteurs sociaux lui sont indispensables pour la classification et la formation des concepts, c'est que la conscience individuelle, l'individu, par lui-même, n'est pas capable d'apercevoir de telles ressemblances. Nous admettons aussi, avec Ribot, que l'homme primitif peut concevoir des ressemblances, mais ce sont des ressemblances utilitaires ; l'homme primitif, comme l'animal, ne peut abstraire que le caractère utile des choses, et c'est ce caractère qui lui sert de base d'abstraction pour former les images génériques. Durkheim, au contraire, attribue à l'homme primitif la capacité de percevoir des ressemblances abstraites, pures, logiques, mais, ce faisant, il ne fait qu'étendre arbitrairement aux clans primitifs la faculté des hommes civilisés.

Pour nous, au contraire, les concepts totémiques, qui sont les premières formes d'abstraction proprement dite, ainsi que la classification, sont l'œuvre collective des clans, et, par suite, en dehors des moyens particuliers de l'individu et de la conscience individuelle. La preuve en est fournie par Durkheim même lorsqu'il montre que c'est le clan qui passe aux individus leur totem personnel, et que c'est là ce qui constitue l'acte de l'*initiation*. Cet acte d'initiation est très important au point vue de la sociologie subjective ; il fait voir comment l'individu s'approprie les abstractions collectives et les mots qui les expriment. C'est également Durkheim qui nous apprend que les totems sont des mots abstraits : « Le totem n'est pas un individu, mais une espèce et une variété ; ce n'est pas tel kangourou, tel corbeau, mais le kangourou en général [1] ». Ce qui prouve que la conscience individuelle ou l'individu n'est pas à même, par ses propres forces, de percevoir des ressemblances abstraites et de former des concepts. Si Durkheim tombe dans ces contradictions, c'est parce qu'il ne veut pas admettre que la con-

---

1. *Les Formes élémentaires de la vie religieuse*, p. 146.

science individuelle ne préexiste pas à la vie du clan ; c'est
parce qu'il en fait, lui aussi, un phénomène biologique
c'est-à-dire une qualité qui dérive de la constitution physiologique de l'individu, sans aucune influence du groupe
social. Toutes ses belles démonstrations, qui tendent à
prouver que les concepts et la classification des concepts
sont le produit de la vie du groupe et sont formés sur le
modèle même de la vie du groupe, tombent d'elles-mêmes,
s'il admet que la conscience individuelle peut, même
réduite à ses propres ressources, abstraire et faire des images
génériques.

A réfléchir sur le totémisme, nous voyons comment
l'intelligence humaine, abstraite et générale, a émergé de
l'*image générique instinctive* des animaux. La conquête
des hordes, leur soumission et l'extension sociale considérable qui en est résultée, voilà ce qui détermine le passage
de l'instinct à la notion abstraite, de l'abstraction pratique
et utile à l'abstraction par similitude plus ou moins désintéressée, et ce qui explique l'apparition et le développement
de la parole.

*
* *

Le degré d'abstraction des notions, leur richesse, le développement du langage et de sa puissance symbolique, ayant
pour origine et pour cause l'extension des sociétés, seront
ce que sera la phase évolutive, l'extension et la concentration de la société.

Si nous nous en tenons seulement aux formes supérieurement évoluées des sociétés civilisées, le bien fondé de
notre hypothèse se vérifie parfaitement. Mais cette expérience étant trop compliquée et ayant en même temps l'in-
convénient d'être unique sans qu'on puisse la varier à
volonté pour en montrer les conséquences, nous recon-
naîtrons qu'elle ne peut être convaincante. Pour entraîner
une conviction, il n'est que les contre-vérifications répétées
et nombreuses. Mais si l'humanité était réduite aux seules
sociétés civilisées, la chose ne serait guère possible. Heureu-

sement pour nous, il existe aujourd'hui des groupes
humains qui se sont arrêtés aux plus primitives et aux
plus simples formes de sociétés : clans et tribus. L'observation de ces types inférieurs laisse voir des formes
inférieures et moyennes d'abstraction, et nous permettent
d'apporter la vérification de notre hypothèse, à savoir que
les formes sociales déterminent strictement le degré
d'abstraction ainsi que la richesse des idées et des mots. Les
formes primitives d'humanité qui restent encore rendent,
pour l'explication des formes moyennes de l'abstraction, le
même service que l'observation des animaux et des sourds-
muets rend à l'interprétation des formes inférieures de
l'abstraction.

Ce qui tout d'abord est caractéristique dans ces groupements réduits de société humaine, c'est que, comme
chez les Groenlandais et les tribus sauvages du Brésil, la
parole coexiste avec le langage d'action. Chez eux « les
gestes sont indispensables pour donner quelque précision
aux sons vocaux... Les Boschismans ont un vocabulaire si
incomplet et l'aident de tant de signes mimétiques, qu'ils
ne se comprennent même plus dans l'obscurité ; quand ils
désirent causer la nuit, ils sont obligés de se rassembler
autour de leurs feux [1]. » Tantôt la parole coexiste avec des
« sons inarticulés (chez les Fuégiens, les Hottentots et
quelques tribus de l'Amérique du Nord) que les voyageurs
ont comparés, suivant les cas, à des gloussements ou à des
claquements [2] ». Dans ces états sociaux primitifs, non
seulement les mots se dégagent péniblement des gestes
mimétiques, ce qui montre que l'abstraction inférieure
utilitaire y domine encore, mais l'intelligence est encore
loin de saisir les concepts, les idées abstraites. Elle conçoit,
au contraire, une multitude d'images génériques à propos du même objet, sans arriver jamais à l'abstraction
d'un concept unique. C'est pourquoi « le Lapon, dont la
langue est si pauvre, a plus de 3o mots pour désigner le

1. Ribot, *L'Évolution des idées générales*, p. 78.
2. *Ibid.*

renne, animal indispensable à sa vie. Ces prétendus synonymes dénomment chacun un aspect particulier des choses [1] ». En arabe, rappelle Ribot, le lion a 5oo noms ; le serpent, 200 ; le miel, plus de 8o ; le chameau, 5744 ; l'épée, 1000.

« Dans les langues barbares, il y a des termes pour désigner non seulement chaque espèce de chien, mais leur âge, la couleur de leur poil, leurs qualités bonnes ou mauvaises... Les indigènes du Brésil peuvent dénommer les différentes parties du corps, mais non le corps en général. » De même, chez les Finnois et les Lapons. « Les premiers ont un nom pour le moindre ruisseau, mais aucun pour dire fleuve ; de même, à l'origine, un mot pour chaque doigt, aucun pour doigt en général ; mais, ultérieurement, le terme qui désignait le pouce seul en est venu à désigner tous les doigts [2]. »

Il en est de même pour les adjectifs, qui sont les termes abstraits les plus caractérisés. « On a souvent cité le cas des Tasmaniens qui ne peuvent exprimer les qualités que par des représentations concrètes : dur = comme une pierre ; long = jambes ; rond = comme une boule, comme la lune..., etc. « Les verbes comme les adjectifs sont des abstractions qui peuvent se distinguer selon leur plus ou moins grande généralité. Selon Ribot, dans les sociétés inférieures, dont nous venons de parler, il arrive avec les verbes ce qu'on a observé pour les adjectifs et les substantifs : une multiplicité encombrante, faute d'une généralisation bien simple. « Les Indiens du Nord de l'Amérique ont des mots particuliers pour dire : laver sa figure, la figure d'un autre, le linge, les ustensiles..., etc. ; en tout, trente mots, mais aucun pour laver en général. De même pour dire : manger du pain, des fruits, de la viande..., etc. ; pour frapper du pied, de la main, de la hache..., etc. ; pour couper du bois, de la viande, ou tout autre objet, il y a des termes spéciaux, mais aucun terme pour dire sim-

1. *L'Évolution des Idées générales*, p. 89.
2. *Ibid.*, p. 110.

plement : manger, frapper, couper[1]. » Chez les Finnois et chez les Lapons on observe déjà une sorte de transition, analogue à celle qu'on remarque pour les substantifs. « Certaines tribus du Brésil ont quelques verbes à signification générale simple : boire, manger, voir[2]. »

Les observations faites sur les substantifs et les verbes ont été vérifiées par des constatations analogues, plus saillantes même, sur la *numération*. « On sait que beaucoup de tribus australiennes et sud-américaines ne comptent verbalement que jusqu'à deux ; quelques-unes disent : deux-un = trois ; deux-deux = quatre ; quelques autres, par le même procédé, s'élèvent jusqu'à six ; puis tout le reste est « beaucoup ».

Il va de soi que ces tribus, n'ayant pu s'élever jusqu'à de véritables concepts, peuvent d'autant moins raisonner, juger et continuer le processus abstracteur par le raisonnement et le discours. La pensée se réduit chez elles en des liaisons concrètes de cette sorte d'images semi-abstraites. L'attention, la faculté de se concentrer leur fait défaut, ou est très défectueuse. Il y a plutôt chez elles des velléités d'attention.

Toutes ces constatations vérifient notre hypothèse et la rendent évidente. Ce qui revient à dire que notre thèse peut seule expliquer pourquoi ces tribus se sont arrêtées à ce stade inférieur d'abstraction, et pourquoi, chez elles, l'attention n'a pu se développer. A vrai dire, ces défauts de l'esprit des primitifs se laissent strictement déduire de la forme de vie sociale du clan ou de la tribu, ou des défauts de cette forme sociale inférieure.

Le clan ou la tribu est le simple conglomérat, peu organisé et encore peu étendu, de plusieurs hordes fusionnées. L'exiguïté relative de cette société en est un premier caractère distinctif. Un second caractère en est le manque relatif d'organisation, de consistance ou de fixité. Les rapports entre les individus sont encore très réduits, pauvres et relâchés ; la cohésion sociale est plutôt hasardeuse et pré-

1. *Op. cit.*, p. III.
2. *Ibid.*

caire. Par suite, l'organisation du clan est embryonnaire et très peu définie ; la compénétration des membres du groupe, superficielle. Les adjectifs, les verbes, les substantifs et les notions abstraites qui y correspondent reflètent exactement et traduisent fidèlement l'étendue, la pauvreté et le peu d'organisation du clan, parce qu'ils sont déterminés par lui et parce qu'ils en dérivent directement. Toutes les formes de pensée abstraite-concrète devaient y apparaître nécessairement. Mais la vie collective, sous forme de clan ou de tribu, ne pouvait donner davantage ; elle a arrêté l'homme à cette phase inférieure d'abstraction. Ce n'est que lorsque l'homme a dépassé socialement la tribu qu'il a dépassé aussi cette phase d'abstraction concrète.

Le fait est que les tribus australiennes, américaines et africaines que nous venons de nommer n'ont pas dépassé ce stade. Pourquoi ? C'est une question qui ne peut pas être ici résolue. En tous cas, il ne semble pas probable que ce soit à cause de la faiblesse de leur intelligence. Nous pensons que cette faiblesse en est exclusivement l'effet. Ces tronçons d'humanité sont restés derrière l'homme civilisé, tout comme les autres espèces animales ont été laissées bien en arrière de l'humanité. Nous avons indiqué ce qui nous semble propre à expliquer l'*arrivisme* de l'espèce humaine. De même, nous pensons que ce qui explique l'arrêt social et intellectuel des tribus sauvages ce sont peut-être des conditions climatériques et géographiques particulières. Ces tribus, pendant la concurrence préhistorique, ont cherché à éviter la grande lutte, en se réfugiant — ce fut le cas des Esquimaux ou des nègres des régions tropicales — dans des régions plus dures pour la vie. C'est pourquoi elles n'ont pu être entraînées dans le processus historique d'intégration sociale, pour fusionner, avec les autres groupes pareils, dans des sociétés de plus en plus vastes, dans des régions où les conditions climatériques et géographiques étaient plus favorables. Ces lambeaux épars d'humanité sont des déchets du processus de l'histoire que le monde moderne veut conquérir maintenant et intégrer à l'humanité.

Que l'isolement relatif et l'exiguïté de la vie collective du clan soit la véritable cause de l'état intellectuel arrêté à mi-chemin de ces groupes, le fait semble si vrai, que si l'on pouvait prendre des civilisés et les abandonner à leurs seules ressources dans une contrée inaccessible, après quelques générations leur état intellectuel régresserait jusqu'à atteindre le niveau des tribus australiennes. C'est là une expérience difficile à réaliser volontairement, mais qui s'est probablement produite au cours des vicissitudes de l'histoire humaine ; mais comme elle n'a jamais été connue, ses enseignements ont été perdus.

*
* *

Nous avons vu que Ribot distingue deux sortes d'abstractions : l'une passive, l'autre volontaire, active, comme il distingue deux sortes d'attention : passive et volontaire. Selon lui, l'abstraction passive est l'effet d'une attention passive, et l'abstraction active, volontaire, produit de l'attention active. Pour lui, abstraction est attention. Le faible degré d'abstraction qu'on observe dans les tribus sauvages est dû au peu d'attention active et volontaire qu'on y trouve, et les notions mi-abstraites que nous avons citées sont plutôt l'effet de l'attention passive.

La question qu'on doit se poser est la suivante : Pourquoi les tribus ne peuvent-elles atteindre à un plus haut degré d'attention volontaire ?

Sans doute, la volonté n'est pas, au commencement, la cause des actes, ni de l'activité en général. La volonté émerge et se crée par l'activité, et, une fois engendrée par les actes, devient source d'actes volontaires. Dans un groupe social, elle sera tout d'abord ce que sera l'activité de ce groupe ; ensuite, le groupe se développant, son activité accrue développera, accroîtra la volonté de ses membres. Or, l'activité des tribus, en raison de leur exiguïté relative, ne peut être ni compliquée, ni intense, ni prolongée, ni méthodique. Elle serait plutôt un *laisser-aller* ; la vie pratique y est plutôt due au hasard et va à *vau-l'eau.* Elle est pourtant un peu différente dans les tribus. Le fait est plutôt vrai pour la vie collective en horde. Dans la tribu, il y a déjà une *velléité* d'activité un peu plus intense et ordonnée, parce que commandée, car l'esclavage y existe en germe. Bien que cela puisse sembler paradoxal, nous ne concevons la volonté libre, méthodique, intense, que comme fruit de l'esclavage.

Expliquons-nous. Seul l'esclavage peut réaliser un travail intense et prolongé, car, obligé de travailler pour son maître et pour lui, l'esclave doit redoubler d'énergie, donner un travail plus intense que celui auquel il serait disposé étant libre. Pour arriver à ce résultat, il doit encore prolonger son effort et son travail. D'où, l'intensité et la continuité d'activité, que l'état d'esclavage lui impose fatalement, sous peine de mort ou de douleurs accrues.

L'ordre, le commandement du maître, a déterminé le travail intense, prolongé et ordonné. Si l'esclave ne donne pas ce travail, il risque de s'attirer des sanctions désagréables, plus désagréables même que l'effort intense et prolongé. Sans doute le fait ne se produit pas dès le commencement. Il survient bien plus tard, quand l'esclavage est juridiquement organisé. Au commencement, pour que l'esclave accomplisse le commandement du maître, il faut qu'il y soit contraint directement par ce dernier. L'effort du maître, pour obliger l'esclave à faire un effort intense et prolongé, est presque égal en intensité et est égal en durée à celui qu'il exige. Celui qui poursuit bien apprend aisément à suivre, dit Nietzsche. (*Ainsi parla Zarathustra.*) En continuant et en multipliant les rapports entre maître et esclave, l'effort prolongé et intense du travail aboutit à la volonté.

Dans les tribus où l'esclavage n'existe qu'en germe, où il ne s'est ni développé ni organisé, les rapports de maîtres à esclaves sont peu définis et peu consistants, les efforts peu intenses et peu prolongés. L'attention comme l'activité, faibles, sporadiques, vacillantes, et l'abstraction intellectuelle n'est que ce qu'est l'attention elle-même.

L'abstraction devient possible dans la vie de la tribu parce que l'attention volontaire y est déjà apparue ; elle y est encore favorisée, surtout chez les maîtres, par un autre fait, que nous avons déjà mis en évidence. En effet, en tant que la vie du maître est assurée par le travail de l'esclave, le besoin, le caractère utilitaire des choses hante moins, tyrannise et fascine beaucoup moins son esprit naissant. La concentration de l'attention volontaire, bien qu'encore embryonnaire, appliquée à des objets dont les propriétés utiles ou agréables ne fascinent plus l'homme, a sans doute pour résultat de dévoiler à l'esprit ce qu'il y a de semblable entre des choses différentes. Cette circonstance particulière favorise et facilite la perception des ressemblances. Donc, plus la vie du groupe s'organise avec l'esclavage organisé, plus se développe en lui l'attention volontaire, la faculté d'abstraire et de généraliser, plus se multiplient aussi les abstractions proprement dites. L'évolution se fait de façon peu sensible ; on l'aperçoit pourtant si l'on examine des phases évolutives un peu distancées, telles que le stade où se trouvent les Lapons et les Finnois, par rapport aux Tasmaniens et aux tribus australiennes.

* *
*

Sur ce point, nous devons rappeler l'effort de M. Lévy-Brühl d'utiliser la méthode sociologique dans l'étude des données ethnographiques pour expliquer la mentalité primitive et les formes prélogiques de l'esprit humain. Cette méthode a été reprise, on l'a vu, par M. Blondel. Mais il est regrettable que, dans l'effort très méritoire qu'il a fait, la monographie de Ribot, qui pouvait lui être d'une grande utilité, ait été négligée.

La loi de participation qu'a formulée M. Lévy-Brühl et qu'a adoptée M. Blondel, telle quelle, sans en pousser plus loin l'analyse, ne nous semble pas établir une ligne nette de démarcation entre la mentalité logique et la mentalité prélogique des primitifs, car elle régit aussi toute la mentalité civilisée dans la littérature, par exemple. La métaphore,

avec sa gamme infinie de nuances, est une application de
la loi de participation. Au fond, cette loi de participation
est la même chose que ce que Ribot appelle l'*image générique*, qui est, comme on l'a vu, la forme inférieure de
l'abstraction. M. Paulhan, ayant analysé les lois de l'association des idées, a cru pouvoir les réduire toutes à ce qu'il
appelle la *loi de totalisation*. Or, cette loi de totalisation
gouverne aussi bien la mentalité prélogique des primitifs
que la mentalité logique des civilisés.

L'image générique et les abstractions moyennes ou concrètes-abstraites de Ribot correspondent parfaitement à la
loi de participation, avec cette seule différence que Ribot en
a poussé l'analyse aussi loin que possible, et en a montré
très clairement la genèse et l'évolution. Selon Ribot, cette
forme mentale de l'abstraction inférieure et moyenne se
distingue des formes supérieures par ceci que « le caractère
logique, abstrait est ici noyé par le caractère concret, utilitaire ». « On y établit, dit M. Lévy-Brühl, des liaisons
entre les objets visibles et tangibles et les forces invisibles
et occultes[1]. »

L'abstrait est ici l'occulte ; le concret, le tangible. En
effet, pour le primitif comme pour les paysans, l'abstrait
étant l'invisible, comme il n'est familiarisé qu'avec le
visible, l'abstrait invisible prend forcément un caractère
mystérieux, mystique, c'est-à-dire occulte, parce que invisible et surnaturel, en tant que le naturel, pour lui, n'est que
le visible. Le lien entre les choses est toujours fait d'un
caractère d'utilité immédiate, base de cette sorte d'abstraction. Ainsi, par exemple, M. Lévy-Brühl cite le cas du primitif, qui identifie le blé avec le cerf et d'autres aliments,
par cela seul que tous ont cette qualité générale d'être nutritifs[2]. De cette forme moyenne d'abstraction concrète,
M. Lévy-Brühl fait une forme d'abstraction mystique, en
vertu de la loi prélogique de participation.

Cette abstraction mystique est, selon M. Lévy-Brühl

1. *Op. cit.*, p. 126.
2. *Ibid.*, p. 132.

comme selon Ribot, le produit d'une attention qui se porte exclusivement sur certains caractères des choses, parce que l'attention des primitifs est orientée, selon lui, autrement que chez nous. Ce dont ce penseur ne s'aperçoit pas, c'est que l'orientation de l'attention du primitif diffère de la nôtre, parce qu'elle est encore dominée par le caractère pratique et utile des choses, tandis que, chez nous, elle s'en dégage beaucoup plus, et que, chez le primitif, l'attention volontaire est beaucoup plus faible que chez nous. Le primitif ne se dégage pas assez des considérations d'utilités, parce qu'il n'a pas l'aptitude de se concentrer, comme nous, sur les objets de sa perception et sur leurs rapports. Et il ne l'a pas parce qu'il ne possède ni activité volontaire ni force d'attention assez développées.

M. Lévy-Brühl ne s'est pas demandé pourquoi le primitif n'a pas l'activité volontaire ; il ne s'est pas non plus demandé quels rapports il y a entre une forme sociale et la forme d'activité psychique qui y correspond, et comment l'une peut déterminer l'autre. Cela s'explique parce qu'il n'a pas poussé plus loin l'analyse de la loi de participation.

Ce qui fait toute la différence entre les formes moyennes de l'abstraction et les formes supérieures, c'est le plus ou moins d'attention volontaire dont l'individu est capable ; c'est le plus ou moins d'effort de se concentrer sur les choses et sur leurs rapports. Mais l'effort, l'attention volontaires sont des états psychiques, qui n'apparaissent que dans un groupe considérablement élargi et organisé, où l'activité volontaire, à la suite de la pratique intense de l'esclavage, s'est développée et intensifiée dans la même mesure. Et comme l'attention est avant tout un phénomène de volonté, elle n'apparaît dans toute sa force que dans les sociétés civilisées. Les populations rurales nous semblent, en général, ne pouvoir s'élever au-dessus des formes moyennes de l'abstraction, de ce que Ribot appelle les idées concrètes-abstraites ; elles sont dominées presque exclusivement par la loi de participation. Et cela s'explique. L'activité des populations rurales n'est ni intense ni suffisamment riche en variations. Par suite, elle ne permet pas l'essor d'une attention aiguë et soutenue, qui est, selon Ribot, le meilleur instrument d'analyse et d'abstraction. Les paysans restent forcément dans cette phase mentale, quoiqu'ils vivent dans une société civilisée.

Quand, par exemple, une peuplade a vécu de la vie d'un grand empire et en sort, son état mental en sort également accru et son activité mentale atteint un niveau supérieur. Tel semble le cas des Juifs à leur sortie d'Égypte. Ils possédaient une classification des espèces animales, faisant preuve d'une aptitude d'abstraction assez prononcée.

Au point de vue scientifique, cette classification est, d'une part, complète et très générale et, d'autre part, superficielle et enfantine ; elle est le produit d'un effort d'attention de beaucoup supérieur à celui des Finnois et des Lapons. Les Juifs, à ce moment, n'avaient pas dépassé le stade social de la tribu, fusion de douze hordes à ce qu'il paraît. L'effort d'abstraction que suppose cette classification semble donc dépasser, par sa généralité et son ensemble, les ressources d'une forme sociale encore si primitive. Mais nous nous l'expliquons cependant, si nous ne perdons pas de vue que les Juifs ont passé en Égypte de longues années de servitude. Ils ont emprunté à l'Égypte cette classification toute faite et l'ont adaptée à leur niveau d'abstraction ; elle a dégénéré chez eux, comme il arrive à toute abstraction scientifique ou philosophique qui descend des milieux intellectuels supérieurs dans les couches inférieures de la société. Nous avons bien, dans cette classification, presque tout l'ensemble des animaux connus, avec des noms spéciaux génériques, ce qui dépassait sans doute les propres ressources d'une peuplade vivant en forme de clans à peine fusionnés et ne peut s'expliquer que par la vie d'un vaste empire centralisé et organisé. Mais les subdivisions y sont établies d'après les apparences les plus superficielles des animaux, selon qu'ils marchent, qu'ils volent ou qu'ils nagent. Les reptiles, les mollusques sont classés à côté des vertébrés supérieurs ; les insectes, à côté des oiseaux. Non seulement les ressemblances sont absolument superficielles, mais le critérium de l'abstraction est tout ce qui pouvait être de

moins abstrait; c'est l'utilité pratique, car il s'agit avant
tout, dans cette classification, de savoir quelles espèces sont
mangeables et quelles espèces ne le sont pas. Cette classification fait partie de la loi même que les Juifs avaient
empruntée à l'Égypte. Jéhovah ne faisait que symboliser
aux yeux des tribus d'Israël la supériorité que le vaste
empire des Pharaons avait sur eux; il était tout simplement
l'hypostase de l'Égypte, qui avait réellement donné des lois
supérieures au peuple errant.

CHAPITRE IV

Nous venons de montrer que, de tous les points de
vue, la forme de vie collective qui se réalise dans les
tribus ne permet pas de dépasser la phase des formes
moyennes de l'abstraction. L'homme qui y vit est nécessairement amené à créer des mots multiples, par suite peu
sûrs, et les formes moyennes de l'abstraction ; mais il
est aussi nécessairement empêché de concevoir et de créer
des mots précis et des concepts abstraits supérieurs.

Pour s'élever au-dessus des abstractions superficielles et
semi-concrètes, la société humaine a dû monter à des
degrés supérieurs d'évolution et d'intégration. C'est ce qui
est arrivé lorsque des tribus ont fusionné avec d'autres
tribus, à la suite d'une guerre victorieuse, décisive, qui
s'est terminée par la complète conquête et la soumission de
tribus ennemies, par leur réduction à l'état d'esclavage.
L'histoire écrite et même l'histoire légendaire, lorsqu'elles
ouvrent les yeux, fixent leurs regards sur de pareilles
formations sociales. Tel a été l'empire de l'Assyrie et de la
Chaldée, tel l'empire des Pharaons. Il est probable que ces
vastes assemblages humains n'étaient pas les premiers du
genre. Dans des temps immémoriaux, que les plus vieilles
légendes laissent à peine entrevoir, de telles vastes fusions
sociales ont dû précéder longuement les grands empires

connus dans l'histoire. Car l'histoire écrite est un fruit bien tardif, qui témoigne seulement du moment actuel de la conscience humaine et de l'histoire, et ne dit rien des évolutions antérieures de cette modalité nouvelle de vie ; c'est un fruit mûr qui ne dit rien sur l'efflorescence, sur l'épanouissement et sur la germination de la plante qui le porte, et ces phénomènes resteront à jamais inconnus.

Avec la fusion des nombreuses tribus dans une vaste société humaine, toutes les conditions des formes supérieures de l'abstraction sont remplies. La haute philosophie comme les notions abstraites des sciences naturelles, avec les concepts régulateurs les plus abstraits, en sont les effets nécessaires ; toutes les formes supérieures de l'abstraction philosophique et scientifique poussent fatalement et prennent leur libre essor dans cette atmosphère de vie collective infiniment élargie, qui leur était propice au plus haut point.

Si l'on pouvait hypothétiquement analyser en détail et refaire, dans son ensemble, la somme des actions et des réactions qui ont eu lieu, du fait même de la fusion des tribus, dans une vaste société centralisée, on pourrait avoir comme une vue cinématographique de la poussée de l'esprit humain, de sa croissance progressive, des moments intermédiaires de son évolution, et on pourrait voir comment, à la suite de ces réactions et actions interindividuelles, ont apparu et se sont développés les germes de tous nos concepts, de toutes nos idées abstraites et les mots qui les symbolisent.

Vues dans leurs grands traits, l'évolution de l'esprit était parallèle à l'évolution de la société ; on peut les concevoir, *grosso modo*, à peu près comme il suit :

L'ensemble social, issu de la fusion de nombreuses tribus, a dû, pour durer, s'organiser, se centraliser. De cette nécessité sont issues les *castes* ou les *classes sociales*, qui sont à peu près invariablement les suivantes : *guerriers*, *prêtres*, *bureaucrates* (scribes), *commerçants*, et la classe la plus nombreuse, de beaucoup plus nombreuse que toutes les autres réunies, les esclaves. Dans cet état social, l'esclavage est en effet juridiquement organisé. Les rapports de maître à esclaves sont définis, comme les rapports entre les autres classes sociales. L'expérience de la vie collective et l'activité en son ensemble, qui se développent au milieu d'une telle société, sont, par suite, infiniment plus étendues, plus compliquées, plus intenses, plus volontaires que dans une simple tribu, étroite, incohérente et inconsistante. L'activité plus développée des membres de la société développe dans la même mesure leur personnalité et surtout leur volonté. L'activité s'intensifie, car l'esclave est forcé de fournir des efforts plus grands et plus prolongés, ce que le maître ne pourra obtenir qu'en faisant, lui aussi, des efforts à peine moins intenses et moins prolongés pour l'y contraindre. De ce fait, se crée et se fortifie, dans l'intérieur des vies individuelles, une aptitude à l'effort volontaire, intense et prolongé, qui serait impossible dans les conditions d'une société étroite et inconsistante.

Or avec la naissance de l'attention volontaire coïncide la différenciation des classes sociales, et surtout, ce qui nous intéresse ici, l'apparition des classes privilégiées : les guerriers, les prêtres, les scribes. Cette différenciation des classes, et l'apparition de l'attention volontaire sont les conditions nécessaires et suffisantes qui ont déterminé l'évolution de la conscience, ses lois, et l'apparition des concepts les plus abstraits de la philosophie et de la science. Car la classe privilégiée des prêtres et des scribes est composée d'hommes contemplatifs, dont la vie est à l'abri de toute nécessité matérielle. Ils ne sont point préoccupés des propriétés utilitaires que présentent les choses. Armé déjà de l'attention active, volontaire, leur esprit, en s'appliquant à l'observation des choses du monde extérieur, fera abstraction de leurs qualités agréables, affectives, et dégagera plus facilement les similitudes plus profondes des choses, qui peuvent être cachées par des différences notables ou par leurs propriétés pratiques. Le sens de leur vie contemplative sera de créer des abstractions, de découvrir le semblable, de l'isoler, de le dissocier et de le généraliser. Cette fonction de leur esprit modèle et fixe sous cette forme l'activité générale de l'esprit humain. Connaître sera abstraire et abstraire sera dissocier et isoler les ressemblances des choses, les fixer par un signe symbolique, le mot, et appliquer ce mot à toutes les choses qui, sous leurs différences, présentent les mêmes caractères similaires.

La vie de l'esprit se compose donc de ce double rythme : se dilater par la perception des images des choses, se contracter ensuite pour réaliser l'acte de dissociation, d'abstraction proprement dite, et se dilater de nouveau pour généraliser, pour unifier, par les traits dissociés, tous les objets extérieurs, leurs images, qui présentent les mêmes traits. Ce double mouvement rythmique de l'esprit contient en lui les trois opérations essentielles de l'intelligence qu'étudient la logique et la psychologie : l'*aperception*, l'*abstraction* et la *généralisation*.

L'esprit des hommes contemplatifs est d'autant plus préparé à adopter cette activité spéciale et à en faire son mécanisme intime essentiel, qu'il est déjà préparé à prendre ce pli par les besoins de la vie pratique qui est, continuellement, elle aussi, un acte de choix et qui n'est que cela. Or, le choix, précisément, suppose une multitude d'objets, parmi lesquels on choisit d'après un critérium qui est ici un besoin précis. D'après ce critérium, on choisit, on abstrait en quelque sorte, tous les objets qui présentent telle ou telle qualité utile le plus souvent, et l'on rejette, on néglige tous ceux qui ne la présentent pas. C'est pourquoi l'on peut dire que la base de l'activité essentielle de l'esprit se trouve dans la vie pratique, que son mécanisme est déjà en puissance dans la vie pratique, mais qu'il ne prend son essor que lorsque l'attention volontaire remplace la tyrannie des besoins pratiques, et pousse l'esprit à descendre sous l'apparence des choses, en tous cas à dépasser leurs qualités pratiques utilitaires. L'activité de l'esprit s'étend de ce fait, s'élargit infiniment, en s'appliquant à tous les objets, sans tenir compte de leur utilité. Si l'abstraction pratique ne concerne qu'une classe d'objets, celle des objets utiles, — car pour elle les autres n'existent même pas — l'abstraction intellectuelle compose toutes sortes de catégories, autant que de genres d'objets, et elle ne s'inquiète même pas de la classe des objets agréables. C'est là sa grande supériorité. Mais c'est parce que le mécanisme de la vie pratique est en essence le même que celui de la vie de l'esprit contemplatif que s'établit un lien sûr entre les hommes spéculatifs et les autres, et que ceux-là se font comprendre par ceux-ci et peuvent communier avec eux.

.˙.

Mais il y a plus. Si nous examinons les aboutissants et les facteurs de l'organisation sociale, nous découvrons qu'ils sont presque toujours à peu près les mêmes. L'organisation de la société nécessite tout d'abord sa centralisation, d'où le besoin social d'un chef, *prince*, en latin *princeps*, ἀρχή, en grec, d'où l'idée de *monarchie*. Lorsque la société est en guerre avec une société voisine, elle a besoin d'un *dictateur*, d'un *roi*, d'un *duc*, en latin *dux* et *rex*, en grec *archonte*, en français *général*, *généralissime* ou *commandant*. En quoi consiste la fonction sociale du chef, (*princeps*, *rex* ou *duc*) ? Celui-ci doit *régir*, *commander*, *donner* des *ordres*, *dicter* des *règles* qui seront des *lois*, et, par ces ordres, réaliser l'ordre. Le prince, le général, par les ordres qu'ils donnent, établissent l'ordre, la régularité sociale ; ils sont donc les *générateurs* de l'ordre, les créateurs de l'ordre, la cause initiale des ordres devenus règles ou lois. Par suite, le prince, le général sont la *cause génératrice* des *lois* et de l'*ordre* social, la source principale, le *principe* de ce qu'il y a de *général* dans les manifestations de la vie sociale. Mais le commandement du général, l'ordre donné, décrété par le prince, n'est jamais sans but ; il ne peut être arbitraire ; il a un motif, une fin ; il traduit une intention ; l'acte de volonté du prince, du général, du roi ou du duc, ne peut pas ne pas avoir une *fin*, un *motif*, une *raison*. Cet acte de volonté est donc la cause ou la raison de l'ordre donné et par suite de l'*ordre*, de l'uniformité sociale qui résulte de l'application de cet ordre décrété et imposé à l'ensemble social. Cause, motif, fin, volonté, ordre et raison se valent dans l'acte du prince, du dictateur, du duc régnant. Ce sont les sources génératrices, les causes et les fins de l'uniformité sociale et, par suite, des lois, qui ne sont que le résultat, l'effet des ordres donnés et obéis. Ces *ordres* sont la *raison* et la *cause* de l'uniformité des *lois*, de l'*ordre* social.

A côté de cette fonction de conduire, régir et commander la société, le souverain, le chef exerce une autre fonction, presque aussi importante dans l'organisation sociale : c'est le droit et l'obligation de juger ses sujets, de rechercher qui a *tort* ou *raison*, d'être l'arbitre de leurs conflits, de leur *donner raison*, de décider pour eux dans le cas de contestations. L'acte de *juger*, de *raisonner*, le *raisonnement* est une fonction que le prince, le chef de l'État exerce méthodiquement et constamment dans une société organisée, ou bien qu'il délègue à des hommes qualifiés, et préparés à cette fin, en se réservant de décider en dernière instance.

Un coup d'œil jeté sur ce résumé sommaire de l'organisation politique et sociale des peuples permet de remarquer qu'elle se réduit à une double série de fonctions et de fonctionnaires, qu'on peut fixer dans la liste suivante : *Le prince* (princeps, ἀρχή), *roi* (rex), *duc* (dux) ou *commandant, général, juge, ordre, décret*, qui traduisent la *volonté* du prince ; *motif, fin, intention, cause, raison*, de ce qu'il y a d'*uniformité* dans l'intérieur du groupe. Ces *ordres*, devenus *lois* ou *règles*, sont la cause *génératrice* de l'*ordre* social, qui résulte précisément de leur *application*, de leur *généralisation*. Dans les sociétés, il y a aussi conflits, tort ou *raison* et *jugements*.

Mais à bien observer les termes que nous venons de souligner, et qui résument l'organisation sociale, nous remarquons que, à peu d'exceptions près, ils représentent les idées les plus abstraites, dominant toute l'activité logique abstraite de l'esprit et constituant les idées dominantes des sciences naturelles, celles qui marquent l'orientation et confèrent la fixité et la solidité des vérités scientifiques, et qui, dans la terminologie de Kant, s'ap-

pellent catégories. Ces idées sont les formes supérieures
de l'abstraction, et traduisent les fonctions les plus abstraites de notre logique. Car les *principes directeurs*,
des recherches scientifiques s'y trouvent explicitement et
implicitement presque tous. *Cause, loi, raison, ordre,
fin* ou *motif, principe, généralisation, loi, règle, jugement, induction-recherche, déduction-application, régularité, uniformité*, sont des termes abstraits, qui expriment des concepts, des principes, auxquels obéissent
à la fois toutes les sciences de la nature et de la société, et
la vie de la société elle-même. Ils s'appliquent également
à l'organisation sociale et aux sciences, car ils ne
changent que très peu de leur physionomie, en passant
de l'organisation sociale à celle des sciences abstraites.
Il n'y a pas d'erreur possible : ce ne sont pas les fonctions
abstraites, supérieures, de la logique qui ont préexisté,
pour être ensuite reprises et appliquées à l'organisation
politico-sociale des peuples, et il est évident que c'est le
contraire qui s'est produit.

*
* *

Rappelons ici que les recherches de Durkheim sur *les
Formes élémentaires de la Vie religieuse* apportent un
appui précieux au rapprochement que nous venons de
faire entre les formes supérieures de l'abstraction et l'organisation des sociétés supérieures. Durkheim conclut, en
effet, de ses recherches, que l'idée de cause, comme les
différents principes scientifiques, se laissent déduire des
phénomènes de la vie sociale religieuse. Il en a fait la
preuve pour l'idée de temps et d'espace. Nous croyons
avoir montré la source sociale des autres principes directeurs des sciences.

On peut en conclure que les sciences de la nature, qui
avaient commencé par l'anthropomorphisme des mythes
et des poèmes, ne se sont développées et n'ont réalisé des
progrès sérieux que lorsqu'elles ont dépassé l'étape anthro-
pomorphique. Mais, pour réaliser ce progrès, il leur a fallu

devenir *sociomorphiques*. Car si les indications que nous suggère le précédent rapprochement sont vraies, toute notre science actuelle est une sorte de *sociomorphisme* de la nature; c'est un effort pour capter, pour enlacer la nature dans le *réseau de pièges* que suscite l'organisation de notre vie en société. Et si la nature se laisse faire, c'est peut-être parce que ses *manières d'être* sont analogues aux manières de notre société; c'est parce que le mécanisme de son organisation, de son développement est d'essence analogue à celui de la société, de notre organisation sociale. Comme la nature nous est extérieure et reste impénétrable, nous ne pouvions la connaître que par le moyen des analogies qui existent entre elle et notre société. De même, nous pouvons connaître nos semblables seulement par nous-mêmes, par ce qu'il y a de commun et d'analogue entre eux et nous. Ainsi, l'homme et la société ne peuvent connaître et pénétrer la réalité naturelle extérieure qu'à mesure seulement qu'ils se seront eux-mêmes réalisés et formés. Les abstractions sont des traits qui se marquent dans la société, puis dans l'homme, à mesure qu'ils se réalisent; ces traits ont une analogie profonde avec ceux de la nature. C'est par ces traits, qui sont de nature et d'origine sociales, que l'homme peut pénétrer les mystères indéchiffrables du réel extérieur. Tout acte de dévoloppement organique, social et personnel est une prise de contact avec le réel et constitue une prise de connaissance de l'organisation de la nature.

En résumé, on peut présenter l'évolution parallèle des consciences et des sociétés humaines à peu près comme il suit. D'abord, les groupements humains, par conquêtes violentes ou pénétration commerciale et pacifique, augmentent en étendue, en volume et en densité. Ce n'est pas là l'effet d'une volonté intelligente, la réalisation d'un plan préconçu, mais c'est le fait le plus général même que présente l'histoire de l'humanité. Avec l'accroissement du groupe, la nécessité de la vie collective détermine l'organisation intérieure de la société: différenciation en classes sociales, une hiérarchie, une administration hiérarchisée, des institutions, un gouvernement, un chef, etc.

Parallèlement à l'organisation sociale intérieure se produit une organisation des consciences qui reflète l'organisation sociale parce qu'elle se fait sous la pression de celle-ci; de plus, l'organisation sociale se fait à travers ou par les consciences individuelles, non pas en dehors d'elles, ce qui n'aurait pas de sens. C'est ainsi qu'avec la formation des cadres de l'organisation politique, économique et sociale de la société, se créent dans les consciences les cadres de la logique objective, comme nous venons de le voir, et comme M. Blondel en a donné une esquisse très sommaire.

En possession de ce cadre formel, logique, la conscience s'est appliquée à étudier la nature. Elle lui en a fourni les principes, les casiers où l'homme a classé les données sensibles du monde extérieur. Le réseau psychique de ces concepts et de ces principes, forgés par le fait de l'organisation sociale, a été appliqué de gré ou de force aux phénomènes naturels. Un long travail d'ajustement s'est poursuivi entre ces cadres initiaux, logiques, et les données de la réalité, et c'est là l'œuvre de l'effort scientifique. A la longue, la nature a épousé les données de la conscience et, avec Kant, la conscience est devenue législatrice de la réalité. Il est probable que la réalité sociale, dans son développement, présente des analogies avec le développement du monde extérieur, et c'est pourquoi les formes de l'intuition kantienne, les concepts, se sont trouvés applicables à la nature et que les données de la réalité naturelle se sont organisées dans les concepts abstraits, objectifs, constructions subjectives initiales, faites sous la pression de l'organisation sociale. Bref, nous avons d'abord l'organisation sociale qui crée, en se réalisant par les individus, qui en sont les agents, l'organisation mentale logique (rationnelle, abstraite). Ensuite, l'organisation mentale objective et rationnelle s'applique aux données des sens, qui prennent contact avec le monde extérieur de la nature. Peu à peu se créent ainsi les sciences naturelles objectives, comme dernière phase de ce processus de la conscience humaine.

On pourrait dire que l'Antiquité — surtout l'Antiquité gréco-romaine, qui a résumé la vie de tous les empires antiques — a eu pour mission d'organiser le contenu de la conscience humaine. L'administration hiérarchique des grands empires et des cités antiques a déterminé l'organisation mentale dans les concepts et les systèmes philosophiques de Platon et d'Aristote. L'organisation administrative et juridique des Romains a achevé, avec le christianisme, cette organisation mentale. Mais l'Antiquité s'est arrêtée là. Avec la Renaissance, Copernic, Léonard de Vinci, Galilée, Bacon, Descartes, l'effort antique d'Archimède, d'Aristote, etc., a été repris. L'organisation logique de la conscience a été appliquée à la nature et les sciences naturelles en sont résultées.

L'idée de loi et son évolution sont là pour nous montrer comment les fonctions et les notions de l'organisation sociale ont été insensiblement introduites dans le domaine des sciences de la nature pour en diriger et organiser les recherches. En effet, l'idée de loi est une notion tout d'abord exclusivement sociale, une simple dénomination juridique des *décrets*, de l'*ordre* donné par l'autorité. La loi, l'ordre est en effet la source, la *cause* ou la *raison* de la régularité sociale, autant qu'il peut y en avoir. Et lorsque l'observation désintéressée a commencé à dégager une certaine régularité, un certain ordre et des similitudes dans les phénomènes naturels, et qui devaient être exprimés en termes abstraits, on a longtemps cherché les termes convenables. Copernic et Képler se sont servis du mot « hypothèse ». « Galilée appelle les lois fondamentales de la nature des « axiomes » et celles qui en dérivent, des « théorèmes », suivant la terminologie des mathématiciens [1] ». « L'extension du mot *loi* est, dit Ribot, due vraisemblablement au besoin d'établir une distinction tranchée entre les axiomes purement abstraits des mathématiques et des principes auxquels on attribue une valeur objective, une existence dans la nature [2]. » Remarquons que *loi* et *principe* sont la

1. Ribot, *op. cit.*, p. 222.
2. *Ibid.*

même chose, et que dans la société c'est le prince qui décrète la loi et en assure l'application. Le prince, *princeps* latin, est en quelque sorte identique à la loi dans la société, et s'il en diffère c'est en tant qu'il en est la cause génératrice. Observons, de même, qu'en logique, les principes diffèrent des lois presque dans le même sens ; les principes, surtout les premiers principes, sont la source, la cause génératrice, l'explication générale des lois.

Wundt a montré que Descartes faisait cette distinction entre « règles » et « lois », à savoir : « que les règles servent à expliquer les choses et que les lois sont constituées par Dieu à l'origine, comme propriété de la matière ; que, plus tard, au XVIII⁰ siècle, c'est la nature qui prend la place de Dieu ; et qu'enfin, au XIX⁰ siècle, ce sont les savants qui donnent les lois, en y associant aussi leur nom ». Ce qu'il y a de vrai dans ce paradoxe, c'est que le savant, comme le prince, décrète les lois de la nature en les découvrant, c'est-à-dire en découvrant les règles, la régularité de la nature, les ordres, les principes que la nature s'est donnés à elle-même. Sans doute, pas plus que les savants, les princes ne peuvent ou ne doivent être arbitraires dans les règles et les ordres qu'ils décrètent.

L'idée de loi, empruntée à la société civile par Montesquieu, et appliquée aux *rapports nécessaires* de la nature, semble aujourd'hui avoir existé depuis toujours. Nous avons presque perdu le souvenir de la source où elle a pris naissance, et il nous semble que la loi naturelle n'a rien de commun avec la loi civile. La preuve en est que tous les sociologues contemporains, en cherchant les lois de la société, sont loin de penser aux lois juridiques, pour lesquelles ils ont une sorte d'indifférence méprisante. La sociologie cherche encore et toujours les lois sociales là où elles ne sont pas, égarée qu'elle est par le mirage que les lois naturelles projettent en sociologie, et elle ne cherche pas les lois sociales là où elles sont, c'est-à-dire dans les codes et dans les chartes,... etc.

Les règles juridiques correspondent, en effet, à ce que Ribot appelle *lois empiriques*, qui sont, en gros, « des formes moyennes de l'abstraction ». « Elles consistent dans la réduction d'un grand nombre de faits en une formule unique, mais sans donner leur raison explicative... La constance n'est pas même nécessaire pour les lois empiriques, la fréquence suffit[1]. » « On assimile donc avec raison la loi empirique à un fait général, et il est permis de dire, en psychologie, la loi d'association ou le fait général d'association[2]. » D'ailleurs, nous ajouterons que tout ce qu'il y a en psychologie de généralisation, de loi ou de velléité de loi, est de l'empirisme et n'a pas plus de valeur scientifique que les règles juridiques. Toutes les généralisations de la psychologie introspective ou expérimentale sont des approximations empiriques, dont on n'a pas encore cherché les vraies raisons explicatives, car, en général, on ne s'est même pas douté de leur existence. D'une façon bien vague et surtout ces derniers temps, on s'est aperçu, en effet, que les lois juridiques et leur évolution doivent être rapportées aux conditions générales de la société et de son évolution ; mais, la plupart du temps, on a essayé l'analyse psychologique. De même, on a commencé à se rendre compte que certains concepts supérieurs de la logique dérivent de certains rapports sociaux ou des conditions de la vie sociale. Personne, que nous sachions, n'a encore envisagé d'une façon bien nette tout le problème des phénomènes conscients du point de vue sociologique

La sociologie, en tant que science proprement dite, sera l'effort pour expliquer et interpréter rationnellement les approximations des règles juridiques, en même temps que les approximations et les généralisations de la psychologie tant subjective et introspective qu'expérimentale et objective. Elle devra établir de véritables concordances rationnelles entre les lois de l'esprit et de la société ; car, pour nous, il est évident qu'il n'y aura pas de lois juridiques et sociales véritables, tant que celles-ci ne seront « inscrites, pour emprunter l'expression des prophètes, dans le sein et

1. *Op. cit.*, p. 223.
2. *Ibid.*, p. 224.

le cœur des individus », c'est-à-dire tant qu'elles ne seront pas devenues des lois psychologiques.

Le problème de la sociologie générale sera donc de réaliser la transformation des formes moyennes, empiriques, d'abstraction, donc des lois empiriques, psychologiques et juridiques, en formes supérieures d'abstraction, c'est-à-dire en lois théoriques ou idéales, telles que les conçoit Ribot. « Les lois empiriques sont, dit-il, leur matière (des lois théoriques), et la transformation s'accomplit au moment et dans la mesure où la description cède la place à l'explication ». Or, précisément, la sociologie, l'économie politique, la science du droit et la psychologie contemporaines sont encore dans cette phase descriptive. Pour dépasser cette phase inférieure, ces sciences doivent fusionner dans une sociologie rationnelle. La sociologie sera alors, pour les règles juridiques, l'introduction rationnelle qui leur manque encore, en même temps qu'un exposé rationnel de motifs et qu'un recueil de principes généraux, d'où se laisseraient facilement dériver la moindre et la plus éloignée règle juridique et la réglementation positive. Il en sera de même du rapport de la sociologie avec la psychologie. La sociologie doit fournir le pourquoi, la raison explicative de toutes les généralisations psychologiques, de sorte que toutes, jusqu'aux plus insignifiantes, se puissent déduire directement des principes sociaux généraux.

C'est, à beaucoup près, ce que nous avons essayé de faire ici pour l'évolution des idées générales, en nous servant de l'ouvrage si souvent cité de Ribot, que nous avons pris comme base et point de départ et comme guide.

CHAPITRE V

L'Interprétation physiologique de l'Abstraction.

Nous avons vu que ce qui détermine le passage des
formes inférieures de l'abstraction aux formes supérieures,
c'est l'évolution historique des groupes humains, évolution
qui consiste dans un processus d'intégration, de plus en
plus vaste, des groupes humains zoologiques. Les concepts
abstraits proprement dits n'ont été possibles qu'à partir des
intégrations de second degré, c'est-à-dire, lorsque des
groupements binaires se sont groupés et ont constitué des
groupements tertiaires, quaternaires, etc., pour constituer de
vastes sociétés intégrées, comme les empires des Pharaons,
de Ninive, de Babylone, etc. C'est donc dans ce processus
historico-social d'intégration humaine que se trouve la
source de la conscience réfléchie et du processus intellectuel de l'abstraction ; c'est lui qui a provoqué l'essor de la
conscience et de l'intelligence humaines. En somme, le
processus intellectuel de l'abstraction ne fait que reproduire et, par suite, refléter, dans l'intérieur des individus,
le processus de l'évolution historico-sociale des groupes
humains. Le développement de la société et de l'esprit
humain constitue un double processus parallèle : le processus historico-social est la cause, la condition extérieure-
objective du processus intellectuel ; et celui-ci est la cause,
la condition intérieure, subjective de celui-là. Le processus

objectif social détermine, extérieurement, le processus psychique, mais le processus psychique, en s'effectuant sous sa pression, l'aide à s'effectuer à son tour dans les individus; car si la *conscience* est la création du *processus objectif* historico-social, ce processus lui-même se crée par les hommes, et dans leur conscience.

L'évolution sociale, telle que nous l'avons plutôt logiquement conçue, crée son organisation et les institutions à l'extérieur, et les concepts, l'intelligence à l'intérieur des hommes. Les *idées abstraites* et les *institutions* sont deux formations parallèles ; leur parallélisme est analogue à celui qu'on a conçu entre les phénomènes conscients et leurs correspondants *physiologiques*.

* *
*

Notre hypothèse ne saura pourtant être acceptable que si nous pouvons montrer que les données de la psycho-physiologie peuvent la confirmer. Pour la vérifier, il faudrait montrer qu'il existe, en effet, un parallélisme socio-physiologique et que les substituts physiologiques, les réflexes cérébraux correspondant aux idées abstraites, produit du processus de l'abstraction, sont réellement déterminés par la pression du processus social tel que nous venons de l'esquisser.

L'anatomie et la physiologie générales du cerveau nous offrent le premier moyen de vérifier, du moins sommairement, le bien fondé de notre thèse. En effet, on trouve, tout d'abord, une correspondance visible entre le développement et la masse du cerveau et l'extension de la socialité. On peut dire, *grosso modo*, que le développement du cerveau a été parallèle au développement de la société. Comme nous l'avons souvent fait remarquer, ce parallélisme et cette correspondance s'expliquent par ce fait que le cerveau est l'organe au moyen duquel l'homme s'est adapté au milieu social humain et historique dans lequel il a dû vivre. Il va de soi que lorsque le milieu social a augmenté de volume et de densité, lorsqu'il s'est étendu et compliqué considérablement, le cerveau, organe de l'adaptation de l'homme à ce nouveau milieu, a dû, lui aussi, augmenter et se développer. Ainsi, tant que l'homme a vécu en petites hordes zoologiques, son cerveau a été à peu près ce qu'était le cerveau des anthropoïdes ; il n'était pas de beaucoup supérieur à celui des autres bimanes. Au contraire. Selon Soury, « *l'arrondissement de l'occipital atteint fréquemment le même degré de développement chez les jeunes anthropoïdes et chez certains hommes. L'écaille occipitale d'un Nigritien, d'un Papou, d'un Malais jeune peut même se montrer* plus aplatie que celle *d'un jeune gorille ou d'un jeune chimpanzé* [1]. »

Mais lorsque, par la conquête, le groupe humain primordial s'est augmenté, en englobant plusieurs autres groupes similaires, et en tant que l'esclavage et la domestication de l'homme par l'homme ont pu être réalisés et organisés, le groupe s'est considérablement compliqué. La conséquence, pour l'homme qui y vivait, a été qu'il a dû s'adapter, répondre et correspondre à une vie plus large, plus riche et plus compliquée, à des rapports beaucoup plus nombreux ; par suite, son cerveau a dû augmenter et se compliquer dans la même mesure. Les différentes fonctions du cerveau, ses différentes parties se sont développées et ont augmenté parallèlement avec l'augmentation et la complication du milieu social. Les fonctions du cerveau, déterminées par les rapports avec le milieu cosmique et le milieu zoologique réduit et simple, ont été reprises et infiniment développées et enrichies par la vie du milieu social considérablement agrandi et compliqué. Aussi voyons-nous que le cerveau se développe dans la même mesure par le développement que prend l'écorce cérébrale, par sa différenciation et sa complication bien plus grandes chez l'homme que chez toutes les autres espèces et chez l'homme des grandes sociétés civilisées que chez les hommes des tribus sauvages qui se distinguent encore peu des anthropoïdes. En effet, l'écorce cérébrale présente beaucoup moins de différenciation et de

---

1. *Les Fonctions du Cerveau.*

volume dans les autres espèces, alors que chez l'homme elle
se différencie dans les différents lobes : frontal, pariétal et
occipital. Une constatation admise par tout le monde est
que « le lobe frontal a de plus en plus grandi au regard du
lobe pariéto-occipital[1] ». « Le lobe frontal, au plus haut
degré de développement chez l'homme, diminue de l'homme
aux anthropoïdes, des anthropoïdes au cebus et au
macaque[2]. » Il est vrai que les physiologistes ne se sont
pas mis d'accord pour attribuer un rôle précis à chacun de
ces lobes. Pour les uns, la vie de l'esprit réside dans le lobe
pariétal ; d'autres en mettent le siège dans le lobe frontal.
Mais le plus clair de leurs dernières conclusions c'est que
les lobes pariétal et occipital seraient le siège des centres
sensori-moteurs, base matérielle de l'intelligence, et que le
lobe frontal serait le centre de l'attention, de la conscience,
du langage, de la mémoire, enfin des centres d'association
et d'inhibition. Ces régions sont considérablement développées chez l'homme par rapport aux autres animaux, et
chez les hommes des sociétés civilisées par rapport à
l'homme des sociétés arriérées et étroites, et ce développement touche à son comble chez les hommes d'une intelligence supérieure.

Qu'est-ce qui a déterminé ce développement cérébral
exceptionnel ·de l'homme des sociétés civilisées ? Ce n'est
sans doute pas l'adaptation au milieu physique, qui est
pour lui le même que celui des anthropoïdes et des hommes
des tribus primitives ; c'est inévitablement, nécessairement,
l'adaptation au milieu social, infiniment plus vaste et plus
compliqué que la tribu primitive des sauvages. Sans
doute, l'extension du milieu social a pour conséquence
immédiate l'extension du milieu physique. Car le vaste
processus historico-social, réalisé sous l'empire des Pharaons, qui transportaient les populations du fond de l'Asie
en Égypte, ou celui, réalisé par les empereurs de Ninive,
qui transportaient des populations entières d'Égypte en

1. Soury, *op. cit.*, p. 917.
2. *Ibid.*

Asie, ou enfin celui de l'empire romain, qui mit en circulation de vastes courants d'humanité, allant de l'Asie aux extrémités de l'Europe occidentale, tous ces remous historiques gigantesques élargirent infiniment, non seulement le milieu humain, mais aussi l'*habitat physique* de l'homme. Les hommes des hordes ou des tribus primitives, comme les animaux, n'ont qu'un habitat très étroit; quelques dizaines de mille, tout au plus, tandis que, pour les populations de l'empire romain, le cadre, l'habitat étaient immensifiés. Rien de plus naturel alors que le cerveau de l'homme civilisé se soit infiniment compliqué et enrichi, et que ses lobes : frontal, pariétal et occipital, aient pris des développements inconnus par les espèces inférieures et par les races des clans sauvages.

Les temps préhistoriques, ceux qui ont précédé les grandes formations égyptiennes et assyriennes, ont dû connaître des remous analogues qui, se répétant pendant des siècles, ont provoqué le développement exceptionnel du cerveau humain. Sous la large pression des temps préhistoriques, l'écorce cérébrale s'est particulièrement développée, et surtout le lobe frontal, qui, précisément, sous cette pression de la vie sociale en grand, détermina le refoulement du lobe pariétal « en arrière et en bas »; et « ses prolongements devinrent ce que les anatomistes ont appelé lobes occipital et temporal ».

Qu'est-ce qui a déterminé, à proprement parler, ce développement exceptionnel du lobe central? Le rôle qu'il joue dans l'économie du cerveau laisse facilement voir à quelles fonctions sociales il a servi, et ce semble précisément cette fonction sociale qui en a déterminé le développement. Or « le lobe frontal est censé contenir les centres d'inhibition, de modération; il est une sorte de frein ou d'arrêt des réflexes inférieurs et plus élémentaires, c'est-à-dire moins complexes que ceux qui forment la trame de la vie de ce lobe frontal, dont tous les processus, même les plus élevés et les plus rares, ne peuvent jamais être en dernière analyse que des réflexes tendant à s'organiser [1] ». Le

1. Soury, *op. cit.*, p. 993.

lobe frontal est, selon Meynart, le *substratum* atomique des processus mentaux, des associations qui constituent, entre autres, le travail manuel, etc. [1]. Selon Broca, cité par Soury, il est le centre d'association en général [2], le siège des représentations mnémoniques des images motrices du langage ; il contient les conditions motrices de l'attention, de la volonté. En un mot, la fonction du lobe central consiste « dans un pouvoir régulateur exercé sur tous les autres centres, dont le lobe frontal tire les matériaux de sa propre activité fonctionnelle, si bien qu'il devient pour cette raison l'organe le plus immédiat de la conscience, de la mémoire, c'est-à-dire de la personnalité [3] ». Sur ce point, les expériences ont donné des conclusions unanimes. Chez les idiots, la faculté de l'attention et de la synthèse mentale n'est si peu développée que parce que le développement de leur lobe frontal est arrêté. C'est à l'élévation de ses lobes frontaux que l'homme devait de l'emporter sur les animaux inférieurs, dont les régions frontales sont en quelque sorte demeurées rudimentaires. L'ablation des lobes frontaux entraîne nécessairement la perte de « cette capacité d'attention consciente, qui est la condition de l'entendement dont la somme ou la résultante est ce qu'on nomme l'intelligence [4] ».

D'après ce que nous venons de voir, il est évident que les lobes frontaux ont été provoqués par la nécessité de la société agrandie de s'organiser. Plus particulièrement, l'organisation de l'esclavage, l'exercice de l'effort, dans l'action imposée et l'effort pour l'imposer, qui, avons-nous dit, développe également la volonté et l'attention de l'esclave et du maître. C'est cette fonction sociale qui a été remplie par les lobes frontaux, et ceux-ci ont dû se développer par suite de cette fonction remplie par eux. Avec l'extension de la société, cette fonction s'est accrue et a provoqué l'accroissement de l'organe.

1. Soury, p. 912.
2. *Ibid.*, p. 910.
3. *Ibid.*, 989.
4. *Ibid.*, p. 1008.

Les temps immémoriaux de la préhistoire et les milliers d'années de l'histoire antique ont suffi à provoquer ce développement exceptionnel de l'écorce cérébrale. Les pyramides, les grands travaux légendaires de Memphis et de Thèbes en Égypte, ceux de Ninive et de Babylone sont les objets auxquels s'est appliqué le cerveau humain pour que son écorce cérébrale prît le développement que nous lui connaissons. Nous pouvons donc élever au rang d'axiome fondamental pour la psychologie et la sociologie la vérité suivante : *Les fonctions supérieures du cerveau et de l'esprit se sont développées et compliquées parallèlement au développement historique des sociétés humaines.* Disons, pour résumer, qu'au fond, le développement du processus historico-social semble avoir eu pour mission, au point de vue physiologique, de développer la masse de l'écorce cérébrale et d'y fixer les riches réflexes compliqués, base physiologique de la vie psychique consciente.

L'écorce cérébrale paraît à peine chez les oiseaux. Elle est très mince et réduite, et ne prend d'importance qu'avec les mammifères supérieurs et surtout avec les carnassiers et les primates. A ce stade de développement réduit du lobe frontal, dont la subdivision en lobes pariétal, occipital et temporal est à peine esquissée, correspond le degré très inférieur d'abstraction, c'est-à-dire l'image générique à caractère utilitaire, qui, sous cette forme, est commune aux animaux supérieurs, aux hommes les plus arriérés, aux petits enfants et aux sourds-muets sans culture. Dans ce stade de développement cérébral, les images des objets sont perçues par suite de l'utilité de ces objets. Le contenu cérébral étant très pauvre, l'image générique est bien simple. Elle laisse à peine une disposition cérébrale dans l'écorce grise, disposition qui sera un faible écho, et sa reproduction ressemble plutôt à un réflexe ou à l'instinct. L'impression reçue dans le centre sensori-moteur atteint à peine le centre rudimentaire et simple qui lui répond dans l'écorce corticale et la réaction est presque spontanée ; elle ne s'accompagne pas de conscience claire et réfléchie. La vie de l'image générique, sous cette forme réflexo-instinctive, est ce qu'est le groupe même auquel appartiennent l'homme ou l'animal; elle est donc simple, étroite et irréfléchie.

Lorsque le groupe s'est considérablement élargi et compliqué, et surtout lorsqu'il a commencé à s'organiser, le réflexe cérébral qui correspondait à l'image générique s'enrichira, se compliquera et s'organisera dans la même mesure. Les images perçues par les organes des sens, transmises dans les centres sensoriels, passeront de ces derniers dans l'écorce cérébrale du lobe frontal, et laisseront là une sorte d'écho, de disposition fonctionnelle, une sorte d'habitude neurale, enfin un réflexe cérébral compliqué, qui tend à s'organiser en s'associant à un réflexe verbal-auditif. En tant qu'il a réussi à se fixer, le réflexe cérébral, qui correspond maintenant à une idée générale moyenne, est relié à un réflexe plus ou moins fixe, à un centre verbo-moteur qui fera dorénavant partie intégrante du réflexe cortical. Toutes les impressions analogues mettront en mouvement le même réflexe cortical, avec le même centre verbo-moteur, et ainsi la liaison du mot avec l'idée devient presque indissoluble. Jusqu'à ce que le mot soit né, l'image abstraite contribue à sa création; mais, du moment que le mot est créé, il contribuera, lui, à enrichir, à perfectionner le caractère abstrait de l'idée. Car tout ce que la vie collective imposera à l'individu sera, par la voie du langage et du mot, le mot servant ainsi de véhicule pour transmettre au réflexe cérébral les expériences analogues, toujours plus nombreuses, avec tendance d'accentuer ce qui existe en elle de semblable, d'analogue et, par suite, *en soulignant le côté semblable des impressions*; le mot fortifie le réflexe cérébral dans les parties communes, dans ses voies les plus battues, et développe ainsi le côté abstrait des idées. Toute communication de l'individu au groupe et du groupe à l'individu se faisant par l'intermédiaire du mot, le réflexe cérébral correspondant au mot se développera, se renforcera d'une manière particulière. De plus, le mot, étant en même temps un phénomène moteur et auditif, ayant en même temps deux sources, qui se réunissent chaque fois qu'il est prononcé, devient la partie la plus importante du réflexe cérébral correspondant à l'idée. Le mécanisme de sa reproduction est le plus facile, le plus facilement maniable ; il se substitue alors même à l'idée. Le mot devient ainsi l'instrument le plus propre, sinon exclusif, de la pensée ; en tous cas, penser par les mots réalise une extraordinaire économie pour le cerveau.

Tout ce qui aura contribué à développer et à fixer le langage aura, par cela même, enrichi l'esprit humain, en enrichissant le lobe frontal de réflexes nombreux et relativement sûrs, stables et, par suite, plus abstraits, c'est-à-dire plus compliqués et plus riches. Lorsque la société s'est considérablement agrandie et compliquée, avec les vastes agglomérations des empires historiques, qui ont enchevêtré, multiplié à l'infini les rapports entre les hommes, le langage s'est imposé avec la force d'une nécessité inéluctable. Par suite, l'extension progressive de la société rend, de façon également progressive, le langage indispensable, et, par là, fixe et développe les mots verbaux. Cette même nécessité de l'extension sociale fait apparaître, à côté du mot parlé, le mot écrit. Dès lors, non seulement le mot acquiert une fréquence incomparablement plus grande que celle de tout autre phénomène de la vie intérieure, mais le réflexe cérébral, auquel le mot est indélébilement attaché, étend ses racines dans toute la complexité de l'organisme de l'individu et devient le plus puissant et le plus consistant des réflexes cérébraux. Le mot écrit est, en effet, en même temps une sensation auditive, visuelle, verbo-motrice et scripto-motrice. Le réflexe cérébral, qui correspond à une notion abstraite, est un réflexe qui, en même temps qu'il relie une complexité de voies cérébrales aboutissant à l'image verbo-motrice, se relie par celle-ci aux centres sensitifs de l'ouïe et de la vue et aux centres moteurs de la parole et des mains, qui sont les centres sensori-moteurs les plus nobles, les plus élevés, ceux enfin qui procurent à la vie de l'esprit la plus grande partie des matériaux dont elle se nourrit.

Si l'abstraction est, comme nous venons de le voir, l'individualisation des images génériques collectives, — individualisation qui se réalise nécessairement lorsque les hordes sont prises dans le processus social d'intégration, et par le moyen des mots, que l'élargissement du groupe social rend utiles d'abord, nécessaires ensuite, — il est évident que tout ce qui aura contribué à élargir davantage le groupe social et, par suite, à développer l'usage des mots, aura, par cela même, d'une part, renforcé, fixé et développé l'usage des mots, et, d'autre part, enrichi et compliqué le réflexe cérébral correspondant d'éléments nouveaux. C'est qu'avec l'extension sociale, en même temps que les mots se fixent, ils s'appliquent à un plus grand nombre d'impressions reçues du monde extérieur. L'extension sociale détermine de manière automatique la généralisation du mot et, par contre-coup, sa force d'abstraction, car, entre la fixation du mot et son pouvoir d'abstraction, existe comme un cercle vicieux. D'une part, plus le mot est stable et fixe, plus il s'étend et se généralise avec l'extension et la complication du groupe social ; mais par cela même il s'applique à un grand nombre d'objets analogues et son contenu cérébral augmente — c'est-à-dire que les réflexes cérébraux secondaires ou tertiaires qui s'y attachent se multiplient, — ce qui fait augmenter, par suite, dans la même mesure, le pouvoir d'abstraction du mot. D'autre part, à mesure que l'extension du groupe impose la généralisation du mot — les groupes conquis doivent adopter le langage du vainqueur ou inversement — le mot se fixe, car, dans la mesure où il se répète, il devient plus stable. L'extension sociale, par le moyen des mots qu'elle provoque et qu'elle généralise, détermine donc comme automatiquement le développement et l'extension ainsi que la fixation des réflexes cérébraux, auxquels correspond le processus de l'abstraction.

Les mots sont l'agent le plus efficace au moyen duquel le processus social détermine et développe le processus intellectuel, par eux la vie collective met en mouvement l'individu. Le mot est l'intermédiaire par lequel l'individu s'attache au groupe, mais en même temps s'en détache et s'individualise ; il est le canal par lequel la vie collective s'individualise, en passant de la collectivité au centre de la vie intérieure des individus. Par l'intermédiaire des mots, la vie sociale s'individualise dans les membres de la société et la vie individuelle, personnelle, se dépersonnalise ou se socialise ; de vie individuelle zoologique, devient vie consciente, réfléchie. On peut dire que le mot remplit ce rôle, car il est un réflexe cérébral individuel en même temps qu'un réflexe social. Les mots sont les prolongements naturels de la vie collective dans l'intérieur de la vie individuelle ; c'est par le langage que le lien entre le groupe social et la conscience individuelle devient un véritable lien réflexe matériel. *Les mots sont le chaînon commun entre le réflexe social extérieur que sont les institutions et le réflexe cérébral individuel.*

Au point de vue psycho-physiologique, voici comment nous pouvons nous représenter, d'une façon un peu plus précise, le processus de l'abstraction : lorsque les réflexes verbo-moteurs ont été reliés aux réflexes cérébraux, à peine esquissés, concomitants des formes moyennes de l'abstraction, par l'usage des mots, que l'extension sociale rendait indispensable, les réflexes verbo-moteurs sont devenus comme une sorte de cadre, vide encore ou à peu près, dont la seule présence faisait drainer vers eux les impressions du monde extérieur. Les réflexes cérébraux, équivalents des mots, deviennent ainsi une sorte de crochets auxquels les impressions se suspendent d'après leur affinité intrinsèque, et le langage est un filet qui guette et retient les événements de la vie intérieure, que le contact avec le milieu extérieur provoque en elle. Or, les impressions recueillies ainsi par le langage sont centralisées et fixées dans l'écorce cérébrale du lobe frontal, où le réflexe verbo-moteur se relie avec les réflexes cérébraux des centres associatifs. Il va de soi que le mécanisme même de la vie collective détermine la tendance intrinsèque des impressions extérieures à se drainer vers tel ou tel mot et à s'attacher à telle ou telle appellation. Le besoin essentiel de se faire entendre force chacun à attacher *invariablement* tel mot précis, et jamais un autre, à tel objet, et non à un autre, et à telle circonstance ou expérience et jamais à une circonstance ou expérience autres. L'expérience de la vie collective détermine et impose nécessairement l'association de telle ou telle image concrète (par suite, de tel ou tel réflexe cérébral) à tel ou tel mot. *Car le mot est, à vrai dire, un réflexe cérébral qui traduit un réflexe social.* Le langage devient ainsi comme une sorte de *passoire* cérébrale qui, mise en mouvement par l'expérience collective, exerce un triage réel sur les données des sens, les classe, et les dirige vers des réflexes cérébraux appropriés. *Ce triage que le langage exerce sur les impressions constitue à proprement parler le mécanisme physiologique de l'abstraction.*

Il est dès lors évident que plus sont nombreuses les expériences de vie collective et les impressions reçues des objets extérieurs, plus riches et étendus sont les réflexes cérébraux reliés par les mots, plus abstraites aussi les idées qui leur correspondent.

Le résultat anatomique de l'accroissement et de la multiplication des réflexes verbo-moteurs et des réflexes cérébraux, que l'extension et la complication de la vie sociale rendent absolument nécessaires, est une augmentation et une complication considérables de l'écorce du cerveau humain. Sous la pression de l'extension sociale, nous avons vu que le lobe frontal humain augmente de masse d'une façon exceptionnelle et se différencie en se développant en lobes pariétal, occipital et temporal. Le fonctionnement de la vie sociale différencie ainsi le lobe frontal, et si les données de la physiologie sont aujourd'hui certaines, il semble que le lobe frontal est plus particulièrement le siège de l'abstraction verbale, des associations cérébrales réflexes qui correspondent aux associations des idées et constituent la mémoire et la personnalité consciente et volontaire, tandis que les autres lobes, pariétal et occipital, sont le siège des différents centres sensori-moteurs. Pour qu'une image aboutisse à une abstraction, il faut qu'elle soit spécifiée par un mot et centralisée dans le lobe frontal, associé lui-même au réflexe correspondant au mot approprié.

Les mots, signes matériels et comme extérieurs des concepts, sont comme autant de formes, de moules où doivent être coulées les données de l'expérience, les impressions produites par la réalité extérieure sur nos organes sensitifs pour que nous en puissions prendre une connaissance claire, une conscience proprement dite, et pour que ces données sensibles puissent se transformer en perceptions ou concepts. Les mots et les concepts qu'ils couvrent sont autant de centres magnétiques, si l'on peut dire, attirant selon leur affinité spéciale les données des sens et leur donnant forme. Ainsi, ce que Kant attribuait seulement aux catégories et aux formes de l'intuition sensible, espace et temps, doit être généralisé et étendu à tous les concepts qui s'expriment par des mots. Les mots sont des alvéoles vides, que les sens doivent remplir du miel de la vie psychique. Tous les mots sont autant de formes d'intuition, autant de catégories, selon leur degré d'abstraction et de généralité.

On voit ainsi l'importance extraordinaire que prend le langage, le rôle dominant que les mots jouent dans la vie de l'esprit. Tout ce qui devient conscient doit passer par les cadres du langage, être rattaché de façon plus ou moins certaine à un mot particulier. Les réflexes verbo-moteurs, devenus, lorsque le mot est écrit, des réflexes moteurs verbo-auditivo-scripto-visuels, plongent leurs racines dans tous les compartiments supérieurs du cerveau et de la vie intérieure. Par suite, ils constituent les réflexes cérébraux les plus fortement organisés, les voies les plus battues et les plus faciles à parcourir pour l'esprit. C'est pourquoi toute notre vie psychique consciente, notre pensée s'expriment, se manifestent par des mots; c'est pourquoi l'on ne peut penser sans mots, et la pensée abstraite se réduit exclusivement aux mots. Sans doute, ces réflexes cérébraux étant les voies du cerveau les plus battues et les plus faciles, c'est la voie de ce réflexe que prendra l'esprit et que la vie intérieure mettra en mouvement. En fait, notre pensée consciente, notre conscience, est la mise en branle des réflexes verbo-moteurs, en tant qu'ils arrêtent là leur expression. Notre conscience est donc l'expression inhibée des réflexes verbo-moteurs mis en branle. C'est pourquoi l'on a dit que la pensée est une parole intérieure. *L'esprit peut être représenté comme une main invisible qui parcourt, avec une vitesse plus ou moins grande, les touches de ce piano extraordinairement complexe et varié que constituent les réflexes cérébraux* correspondant aux mots, et dont les sons s'arrêtent, s'amortissent à l'intérieur. Cette main, c'est le milieu social qui la dirige et la met en mouvement. Il est évident que ce qui met en branle les touches de ce piano intérieur, ce sont les impressions mêmes, venues, pour une large part, du milieu physique, mais plus encore, de la sphère des intérêts personnels et de la vie collective du groupe social où la vie de l'individu évolue et se manifeste, car les réflexes cérébraux ont cette particularité d'être un réflexe social en même temps qu'un réflexe cérébral individuel.

Ribot a eu l'intuition nette de ce fait lorsqu'il a défini les idées générales en disant que ce « sont des habitudes dans l'ordre intellectuel [1] ». A proprement parler, ce sont des habitudes cérébrales, c'est-à-dire des réflexes cérébraux fortement constitués. Ribot les compare à la monnaie, et cette comparaison est très juste ; mais ce sont plutôt les mots qu'on doit comparer à la monnaie, et plus particulièrement au papier-monnaie. Comme le papier-monnaie, le mot, comme le réflexe cérébral qui lui correspond, est le tout sans être rien par lui-même. Le mot est le tout parce qu'il est facilement maniable ; mais sa valeur réelle lui vient du réflexe cérébral correspondant, lequel a son siège dans le lobe frontal. Sa valeur est donc contenue dans la richesse des réflexes cérébraux associés à lui et qu'il met très facilement en branle, dans le trésor d'images qu'il réveille à tout instant. A ce point de vue, le mot est le véritable agent qui élève les événements conscients passés de l'inconscience à la lumière de la conscience.

---

1. *L'Évolution des Idées générales,* p. 149.

A vrai dire, la valeur psychique du mot consiste dans la richesse, l'étendue et l'énergie du réflexe frontal auquel il est attaché, c'est-à-dire dans la richesse plus ou moins grande d'expériences qui se sont *subsumées* et associées à lui dans l'écorce corticale du lobe frontal. Si le mot a été assimilé formellement par quelqu'un et constitue ce *flatus vocis* dont parle M. Dugas, il n'a aucune valeur psychique. Tel est malheureusement le cas fréquent ; tel est, dans une large mesure, le résultat de nos méthodes verbales d'enseignement. La plupart du temps, le résultat de ces méthodes est d'apprendre aux enfants des mots et des associations de mots que ne soutient aucun savoir expérimental, des mots qui ne sont pas les résultats d'intuitions et d'expériences riches et organisées pour les approfondir et leur créer une valeur psychique réelle. *C'est pourquoi notre enseignement est, au point de vue psychique, un grand faux-monnayeur.* Car, dans l'instruction des enfants on n'aboutit pas toujours à munir chaque mot d'un savoir potentiel, d'une richesse d'expériences véritables qui le rendent réellement interchangeable sur le terrain de la culture générale.

La valeur des mots et des abstractions est donc faite de toute cette richesse inconnue, invisible, inconsciente, que recèle le réflexe cérébral, de la richesse et de l'étendue de ses associations. La valeur des mots abstraits et conscients se mesure donc par la richesse et l'étendue de *l'inconscient* qui subsiste à leur base.

*
* *

Comment naissent, en fait, les abstractions et les mots ? Nous avons vu que les conditions sociales générales déterminent leur apparition, mais il faut voir comment, dans la réalité de l'expérience sociale, apparaissent les réflexes cérébraux des mots et des abstractions. Ribot donne à cette question une réponse très satisfaisante. Les inventions, les inventeurs sont la cause déterminatrice des réflexes cérébraux ; ce sont les inventeurs qui esquissent, les premiers, les traces des réflexes cérébraux, que l'expérience répétée, lorsque l'invention se généralise, ne fait que renforcer, préciser et généraliser dans tous les esprits. Or, les inventions, on le sait, sont, dans tous les domaines de l'activité humaine, le produit de certains besoins historico-sociaux plus ou moins fortement ressentis et sont préparées ou empêchées par l'état social actuel et le concours des acquisitions sociales antérieures. Pour réaliser l'invention dans son cerveau, l'inventeur a bien de la peine à se donner. Les nouveaux réflexes cérébraux sont et ont toujours été très difficiles à esquisser, et les difficultés ne cessent pas, ne sont pas moindres pour la généralisation de l'invention : elles sont même souvent beaucoup plus grandes. La résistance du milieu social a très souvent étouffé en germe des inventions importantes.

Les abstractions sont donc des réflexes cérébraux, selon Ribot, des « habitudes intellectuelles » que les inventeurs créent et que la vie collective généralise, étant censée les faire répéter par tous ou presque tous les membres de la même société. En nous laissant guider par Ribot, et en poussant l'analyse au fond du processus intellectuel comme au fond du processus social, nous découvrons l'action incessante des deux lois essentielles que l'intuition géniale et la finesse d'esprit de Gabriel Tarde a formulées dans l'idée de *répétition-imitation* et d'*invention créatrice*, et dont il a si bien mis en évidence l'importance essentielle et la réelle universalité. En effet, *invention* et *imitation* sont le pendant exact, parce qu'elles en sont la cause, du processus intellectuel qui est *abstraction* et *généralisation*.

Pour résumer cette interprétation socio-psycho-physiologique de l'abstraction, disons que l'*abstrait, c'est le social*; qu'une idée abstraite, qui se couvre par un mot, contient le processus de réflexes cérébraux reliés directement à ce mot, c'est-à-dire la somme d'expériences collectives que le groupe social, dans sa généralité, met sous l'étiquette du même mot. Sans doute, cette expérience riche, nombreuse, appartenant au passé, est tombée dans l'inconscient, et l'inconscient est précisément ici la somme des réflexes cérébraux associés qui se relient au même mot, qui peuvent être mis en branle par le mot et rendus à la conscience par son intermédiaire. C'est pourquoi Ribot a pu dire que « la pensée symbolique est une pensée par substitution » et « que le substitut suppose, exige, l'existense actuelle du substitué[1] ». Le substitut est, ici, la parole, une sorte de formule cérébrale algébrique, abréviative, du réflexe frontal, et le substitué est le processus plus compliqué et inconscient des réflexes cérébraux qui lui sont associés. « Pour tout résumer d'un mot : la psychologie de l'abstraction et de la généralisation est, dit Ribot, en grande partie *une psychologie de l'inconscient*[2]. » Et comme cet inconscient est en réalité l'expérience collective, assimilée par l'individu et qui lui a été imposée, en tant qu'il l'a assimilée, nous pouvons traduire la formule résumée de Ribot en disant que la psychologie de l'abstraction est la psychologie (ou plutôt la sociologie) du social conscient devenu inconscient. L'inconscient qui est à la base de l'abstraction est du social individualisé ou assmilé.

Jamais l'analyse introspective n'arrivera à découvrir, à éveiller et à détailler tout l'inconscient qui se cache, et se condense, sous l'enveloppe d'un mot. Car, analyser l'inconscient qui est au fond d'une conscience, serait réveiller, faire revivre toutes les expériences de sa vie, rééditer sa vie en entier : la chose en fait n'est guère possible. Mais si nous nous en tenons aux abstractions intellectuelles d'un homme cultivé, il y a bien un moyen de discerner ce qu'il y a, ou plutôt ce qu'il doit y avoir d'inconscient, d'abstrait, sous les différentes notions abstraites qui meublent son intelligence. Toutefois, ce moyen ne sera jamais l'analyse introspective. Car bon nombre d'expériences intellectuelles ne peuvent plus jamais être reconstituées. Présentes au plus bas fond de l'inconscient, leur évocation exigerait de trop grands efforts et même alors, on n'est jamais bien sûr de les rétablir. Mais si l'on ouvre simplement un grand dictionnaire, la *Grande Encyclopédie*, par

1. *Op. cit.*, p 235.
2. *Ibid.*

exemple, au mot *abstrait*, dont il s'agit, on trouve tout ce que l'inconscient correspondant devait condenser d'expérience collective véritable. De là, l'utilité capitale des livres, des bibliothèques, encore et surtout des grands recueils encyclopédiques, dans le genre de celui que nous venons de citer, qui sont une manière de fixer notre inconscient, de nous le rendre facilement accessible et même de nous l'enrichir à volonté. Ces recueils fixent l'inconscient et la mémoire de l'expérience collective qui, forcément, chez l'individu, tombe dans l'oubli, dans l'inconscient. Ils permettent d'analyser l'inconscient humain, de le faire revivre, et sont, pour notre thèse, une preuve expérimentale, car ils font voir que l'inconscient de notre vie, de nos abstractions, c'est le social. Les dictionnaires dans ce genre gardent nettement la traduction matérielle de tous nos réflexes cérébraux, de toutes nos expériences acquises, même les plus faibles et les plus superficielles. Une bibliothèque est la doublure matérielle des réflexes cérébraux des membres cultivés de la société. Un recueil encyclopédique doit être, en droit, la doublure et l'appui matériel des réflexes cérébraux qui doivent se trouver dans le cerveau de toutes les personnes instruites. En effet, plus un homme possède une instruction solide et vaste, plus son cerveau doit refléter dans ses réflexes le contenu d'un pareil dictionnaire.

*
* *

Ils nous est désormais plus facile de comprendre comment, par l'intermédiaire de la parole, véritable baguette magique, le milieu social, les rapports complexes qui s'expriment et se résument dans les mots, ont une force extraordinaire de détermination sur la conscience et sur l'activité individuelles. Un mot est comme un bouton électrique qui, lorsqu'on appuie, déclenche brusquement, par la vibration sonore d'une parole, tout un processus de réflexes cérébraux sous-jacents et met en mouvement la pensée, la conscience et les muscles correspondants.

L'extraordinaire finesse et l'instabilité ou la souplesse

excessive des réflexes cérébraux, qui correspondent aux idées abstraites, concrétisées dans les mots, font que le cerveau et, par suite, aussi la conscience, sont comme un organe extraordinairement susceptible, comme une boîte de résonance excessivement sensible aux rapports sociaux extérieurs, complexes et immatériels (qui s'expriment en mots extérieurs, résumé et expression matérielle de ces rapports). Voilà ce qui fait que l'individu conscient et intelligent est infiniment malléable et sensible aux plus légers changements sociaux extérieurs comme aux plus complexes et aux plus profonds. C'est pourquoi tous les mouvements sociaux, tous les rapports et toutes les tendances sociales qui le touchent le font vibrer et résonner avec eux, déclenchent et déterminent l'activité des réflexes cérébraux et ce qui en résulte. — Ici Oliver Lodge se pose cette question : « A quel moment la volonté ou la détermination pénètrent-elles dans le système physiologique ? Considérez une cellule cérébrale où s'élabore un processus nerveux quelconque qui libère de l'énergie et produit certains effets : qui a pressé la détente dans la cellule où est née l'impression ? Sans doute quelque processus chimique, une combinaison, une dissociation, quelque fait anatomique s'est produit; mais qui l'a fait se produire à ce moment précis et de la manière indiquée ? Je réponds à cela que c'est une cause encore inconnue pour nous[1]...»

Pour nous, ce mystère s'explique. La cause qui déclenche le mécanisme cérébral et physiologique peut être un simple mot qui résume toute une situation sociale ou une réalité de rapports sociaux, un mot lu ou entendu tout simplement où se concentre toute l'importance d'une situation sociale donnée.

Les mots et les abstractions sous-jacentes de la conscience sont comme des touches de piano sur lesquelles courent les mots des semblables. Les troubles ou fermentations profonds de la vie collective, cherchant à exprimer les besoins du groupe social en mal de se satisfaire,

---

1. *La Vie et la Matière*, p. 129, Paris, Alcan, 1909.

laissent dans la conscience un écho, dû à l'acuité cérébrale qui la caractérise, et y provoquent une activité créatrice effective, qui n'est qu'une réaction spontanée. *L'immatérialité, la complexité extrême et la spontanéité de ces influences extérieures d'origine collective donnent à l'activité consciente le sentiment de spiritualité, d'immatérialité qui est à la base de la croyance dans l'existence de l'esprit, de l'âme immatérielle.* L'esprit et l'âme existent comme conscience, mais ils n'ont qu'une réalité faite de rapports infiniment complexes et par suite immatériels, comme tout ce qui est rapport et tout ce qui, étant abstrait, dépasse le sensible et les sens. C'est pourquoi l'influence, la force déterminante de la vie collective sur l'individu donne le sentiment de l'activité d'un esprit, comme si un esprit supérieur à l'homme le guidait et déterminait sa pensée et son action. C'est là l'artiste qui joue, disions-nous, sur le clavier des réflexes cérébraux, pour en tirer la conscience, la pensée et l'activité humaines. Le fait se produit, sans doute, par l'intermédiaire de tout l'inconscient abstrait contenu dans ce qu'on appelle le moi subliminal, domaine particulier de la psychanalyse.

La psychanalyse, qui est devenue une méthode d'une application généralisée dans ces dernières années, trouve dans ce que nous venons de dire une entière confirmation. Comme elle est une exploration de l'inconscient par l'analyse du sous-sol de la conscience, elle est très propre à montrer combien notre discipline mentale, qui constitue notre être moral et rationnel, est d'origine sociale ; effet de la discipline que la vie collective impose à l'individu. La force inhibitrice, la force de refoulement, que la discipline collective exerce sur les actes et les pensées de l'individu, à mesure qu'elle se prolonge et se généralise, rend nos actes et nos pensées conscientes, détermine en même temps, par la répétition, leur automatisme, et les fait passer dans l'inconscient.

C'est pourquoi, en ce qui concerne nos connaissances acquises, apprises mais oubliées, les dictionnaires, les encyclopédies, les manuels sont des instruments admirables de psychanalyse, qui servent à élever dans la claire

conscience tout ce qui était tombé dans l'oubli de l'inconscient. Les mémoires, écrits par ceux qui en ont l'habitude,
sont également des moyens infaillibles pour analyser l'inconscient et le rendre conscient en l'actualisant. Toute
l'utilité de la psychanalyse consiste, si nous ne nous trom-
pons pas, à actualiser dans la lumière de la pleine conscience tous les événements passés et oubliés de la vie, sans
faire usage des instruments objectifs, livres, mémoires,...
etc.

D'une manière générale, la psychanalyse semble une
méthode qui facilitera au plus haut point la démonstration
que, dans l'inconscient, il y a du social conscient devenu
inconscient, et effectivement du social conscient devenu
habitude, c'est-à-dire automatisme, et aussi que les idées
abstraites et les concepts matérialisés dans les mots sont du
social condensé en habitude, c'est-à-dire de l'automatisme.

CHAPITRE VI

Dans sa très remarquable étude sur *Les Formes élémentaires de la Vie religieuse*, Durkheim pense nous offrir l'explication sociologique des concepts, auxquels la conclusion consacre une dizaine de pages du plus haut intérêt, pour juger des résultats de sa méthode. En voici le résumé :

Dès d'abord, il commence par faire une distinction radicale entre le *concept* et l'*idée générale*. Il pense que la généralisation est une fonction que la conscience de l'individu a pu exercer d'elle-même, qu'elle est due aux propres ressources de l'individu, et que, pour en expliquer la genèse, point n'est besoin de faire intervenir l'influence de la société. Il n'en est pas ainsi des concepts. Les concepts « correspondent à la manière dont cet être spécial qu'est la société pense les choses de l'expérience propre ». La différence entre le concept et l'idée générale est tout d'abord que le concept est une « pensée de la société » et non pas de l'individu, tandis que l'*idée générale* est une pensée de l'individu considéré en lui-même. De même, tandis que l'idée générale n'existe que dans le fait particulier, « car c'est le particulier simplifié et appauvri[1] », qui n'a rien de

____

1. *Op. cit.*, p. 617.

logique, le concept ne peut se caractériser exclusivement que par la plus grande extension des représentations qui le constituent.

Durkheim, pour rendre infranchissable l'abîme existant à ses yeux entre l'idée générale et le concept, attribue à ce dernier des propriétés qu'il refuse à l'idée générale : 1° les concepts sont *immuables*, par rapport aux représentations, qui sont en devenir, mobiles dans le temps ; 2° les concepts sont fixés, en dehors du temps, par les mots qui sont fixes et supra-individuels, étant des phénomènes sociaux, produits de la vie collective ; 3° les concepts sont *universels* ou universalisables, — c'est-à-dire communicables, ou parce que communicables : produits du commerce entre les hommes et par cela encore des phénomènes sociaux *extra-individuels* ou impersonnels, tandis que les représentations sont exclusivement personnelles et incommunicables. Notons tout de suite cet étrange oubli : Durkheim, voulant établir une différence marquée entre le *concept* et l'*idée générale*, établit à juste raison une différence nette et, cette fois, incontestable, *celle-là*, entre le concept et les représentations individuelles particulières. Car s'il parle d'idées générales, ce sont les représentations qu'il a en vue. Il est vrai qu'il se reprend ensuite. Si les concepts sont communs à un groupe social entier, « ce n'est pas parce qu'ils représentent une simple moyenne entre les représentations individuelles correspondantes ; car alors ils seraient plus pauvres que ces derniers en contenu intellectuel, tandis qu'en réalité ils sont gros d'un savoir qui dépasse celui de l'individu moyen[1] ».

Mais, de ce fait, la confusion devient inextricable.

Qu'est-ce que Durkheim entend par la pauvreté de l'idée générale, qui est une moyenne des représentations individuelles ? Est-ce le manque de richesse de traits particuliers ? Cette pauvreté de l'idée est exacte et réelle à ce point de vue. Mais si les traits particuliers de l'idée générale sont plus pauvres, c'est parce que cette idée n'en tire que l'*essentiel*

---

1. *Op. cit.*, p. 615, 618, 620.

des représentations individuelles. Le général représente ce qu'il y a de relativement fixe, d'essentiel, de commun dans les représentations particulières et il en élimine tout ce qu'il y a de passager, de variable, de contingent, d'accidentel. Si le général est plus pauvre, il l'est en accidents qui altèrent, font dévier, troublent, amoindrissent et rendent particulières les physionomies des choses. La richesse des choses est donc une pauvreté, un amoindrissement ; elle est une richesse de défauts ; la pauvreté du fait général est au contraire une richesse de qualités essentielles qu'aucune déviation n'altère, ne trouble, n'empêche et, par suite, ne particularise.

La Vénus de Milo ou l'Apollon du Belvédère doivent être, par la pureté et la simplicité des traits, des lignes, — et, selon la théorie de Durkheim, — une bien pauvre conception, une réalisation beaucoup plus pauvre que la structure anatomique extérieure de tous les visiteurs qui viennent les admirer à cause de leur parfaite et idéale simplicité. De même l'idéale simplicité morale d'un Jésus ou d'un Socrate est une bien pauvre réalité à côté des milliards d'hommes qui les ont vénérés, et qui étaient beaucoup plus riches, plus variés et plus compliqués. L'idée générale est, par rapport aux représentations correspondantes, d'une pauvreté analogue à celle que représente Vénus au physique, Jésus au moral, par rapport aux exemplaires humains habituels.

Et lorsque Durkheim, pour montrer l'infériorité de l'idée générale par rapport au concept, dit que « le général ne contient rien de plus que le particulier », nous devons ajouter qu'il en contient beaucoup moins même, et que c'est là sa supériorité.

C'est, paraît-il, à M. Bergson que Durkheim a emprunté cette manière de considérer l'idée générale inférieure à l'image, et elle lui a rendu de bien mauvais services.

Comme on le voit, tout en cherchant à réhabiliter l'idée générale en face de l'image particulière, nous avons été amenés à lui attribuer les mêmes qualités que Durkheim attribuait, lui, au concept, en pensant le différencier de l'idée générale, sans se rendre compte que c'était des représentations qu'il le différenciait. L'idée générale, en effet, est, par son essence même, impersonnelle, stable, c'est-à-dire relativement immuable et, par suite, en quelque sorte universelle. Elle est aussi *communicable*, et c'est pourquoi elle est générale, *commune*. Sans doute, l'idée est une représentation particulière qui, ayant réussi à être communiquée à plusieurs hommes, par cela même s'est appauvrie; car, en passant parmi plusieurs consciences, chacune l'a déshabillée d'une quelconque de ses particularités. Le fait est bien explicable. Dix objets analogues, semblables plus ou moins, ou bien leurs images vues par dix personnes, s'appauvrissent de ce qui constitue la particularité de chacune d'elles; car dix personnes ne peuvent s'entendre que sur ce que les dix objets présentent de commun; ou bien ce qu'ils présentent de différent s'élimine de soi-même dans l'idée que l'on s'en fait.

Alors, quelle pourrait encore être cette différence marquée que Durkheim veut voir entre l'idée générale et le concept? Est-ce le mot? Mais, nous allons voir que Ribot a montré le mot devenant indispensable même pour les idées d'une généralité ou d'une abstraction moyenne, plus encore lorsqu'il s'agit d'idées générales supérieures. Est-ce le fait que le concept, comme l'affirme Durkheim, enrichirait notre connaissance de toute la richesse de l'expérience collective, car il contient, condensé, toute une science? Mais Ribot a montré, par une enquête méthodique, que les concepts les plus abstraits, autant que les idées générales, ne contiennent rien en plus du mot, ou de l'image typographique du mot. Il a longuement fait voir que plus un concept est abstrait — ce qui signifierait, selon Durkheim, qu'il contiendrait le plus riche savoir — plus il est pauvre en contenu, qui se réduit à l'image verbale, écrite ou imprimée du mot, et nous inclinerons à croire Ribot, qui nous en donne les preuves, plutôt que Durkheim, qui l'affirme tout simplement. Est-ce encore ce fait, que l'idée générale serait l'œuvre de l'individu, tandis que le concept est une « pensée sociale »? Mais non seulement Durkheim n'a pas fait la preuve négative, n'a pas prouvé que la société n'intervient pas dans la confection des idées générales, — et l'objet de cette étude est de faire voir que l'idée générale n'est pas concevable sans l'intervention de la vie collective, — mais, quelques pages plus loin, il revient de lui-même sur cette affirmation et, sans tenir compte du point auquel il se contredit, affirme que l'individu cherchant « d'où ces représentations éminentes tenaient leurs prérogatives et, dans la mesure où il crut en avoir découvert les causes, entreprit de mettre lui-même ces causes en œuvre, pour en tirer par ses propres forces les effets qu'elles impliquent, c'est-à-dire qu'il s'accorde à lui-même le droit de faire des concepts [1] ».

Il est alors évident que l'idée générale est elle-même une sorte de concept ; en tous cas elle est forgée sous l'influence de la société ; elle est une fonction sociale individualisée.

La chose est tellement vraie que Durkheim, forcé par la logique réelle des choses, se contredit une fois encore en reconnaissant que les « concepts sont le plus souvent des idées générales [2] » ; « ils expriment des catégories et des classes plutôt que des objets particuliers [3] ». Mais les concepts ne s'appauvrissent-ils pas par là ? Notons que, dans la mesure même où Durkheim analyse les concepts, il les identifie lui-même avec les idées générales ; et que, pour se conformer à la réalité des faits, il doit sans cesse se contredire. Toutes les différences radicales que Durkheim commence par poser entre l'idée générale et le concept tombent une à une. Alors pourquoi distinguer l'idée générale du concept ?

Dire, comme il le fait, que l'individu peut, par ses moyens, généraliser, car ce faisant il n'a pas besoin de la société, et que la pensée logique ne se caractérise pas par la plus grande extension des représentations qui la constituent, n'a plus aucune espèce de sens. Car nous avons vu, avec Ribot, que la généralisation, l'abstraction même sous

---

1. *Op. cit.*, p. 624.
2. *Ibid.*, p. 621.
3. *Ibid.*

ses formes moyennes, n'est pas possible sans le mot, qui représente, même pour Durkheim, l'assistance, l'intervention bien caractérisée de la vie sociale dans l'opération intellectuelle respective. Si la conscience individuelle arrive, par ses propres ressources, à généraliser, c'est parce qu'elle est elle-même un produit de la vie collective et porte en elle comme une habitude acquise à sa source et qui lui reste constitutionnelle, en vertu de laquelle tout ce qu'elle touche devient abstrait, généralisé, jusqu'aux images les plus concrètes. Cette aptitude est contenue dans des mots-concepts qui sont les cadres où rentrent les perceptions et qu'elle doit à la société. Mais après avoir réintégré l'influence de la société sur l'action généralisatrice de la conscience et, par suite, sur l'idée générale, réintégrons, à son tour, l'activité de la conscience individuelle dans la confection des concepts et que Durkheim veut exclure tout à fait, car nous ne voyons pas comment les concepts peuvent être conçus autrement que par la conscience individuelle.

Un concept est un mot abstrait, expression d'une idée abstraite. Nous avons dit ce qu'il y a de social dans l'abstrait, et nous avons vu, en même temps, que ce qu'il y a de social dans une idée abstraite est ce qu'il y a d'inconscient sous l'étiquette consciente du mot. Le social, conscient à son origine, tombe dans l'inconscient, mais il existe toujours dans le cerveau de l'homme, sous forme de réflexes plus ou moins faibles. *Tout le social abstrait* (tout le social en général, qui est tout l'abstrait) *ne peut exister comme une modalité propre d'un être social en dehors de l'individu, en dehors de son inconscient, et ses réflexes cérébraux.* Il existe, il est vrai, la traduction matérielle des réflexes cérébraux inconscients, leur insertion dans les livres et les dictionnaires, mais cette traduction matérielle est sans valeur, si elle n'est pas la simple doublure de l'inconscient, un moyen d'économiser les efforts et qui nous aide à attirer l'inconscient dans la clarté de la conscience.

Les concepts sont donc exclusivement ces habitudes intellectuelles, qui couvrent un fond inconscient très riche. En dehors de l'esprit individuel, il est impossible de les concevoir. Durkheim les conçoit tout autres quand il dit que les concepts sont « non des abstraits qui n'auraient de réalité que dans les consciences particulières, mais des représentations tout aussi concrètes que celles que l'individu peut se faire de son milieu personnel : *elles correspondent à la manière dont cet être spécial qu'est la société pense les choses de son expérience propre* ». Si Durkheim entend par les concepts leur traduction infiniment enrichie et systématisée dans les recueils encyclopédiques, par exemple, il aurait raison. Mais encore faut-il tenir compte que toute la valeur de ce recueil dépend de l'*inconscient* qu'il y a sous la conscience des hommes, sans quoi toutes ces traductions matérielles seraient du pur charabia. Malheureusement Durkheim est bien loin de les concevoir ainsi, lorsqu'il dit que les concepts sont des manières de penser de la société comme telle. Or, si ce n'est pas une métaphore, le sens de la pensée de Durkheim est absolument insaisissable ; c'est une espèce très particulière d'anthropomorphisme social.

L'inconscient que Ribot met sous l'abstraction est, comme nous l'avons vu, du collectif, du social, et c'est probablement l'intuition de cette vérité qui s'exprime si contradictoirement chez Durkheim. En effet, si l'on identifie le conscient individuel avec ce qu'il y a de clairement conscient, ce qui est, d'ailleurs, bien peu de chose, il est alors vrai qu'entre l'individuel et l'inconscient, qui contient le social, existe un véritable abîme, tellement le clair conscient est pauvre et réduit, et l'inconscient riche et large. Ce que l'état conscient gagne en clarté, en conscience, il le perd en richesse et en profondeur. Mais sa clarté est représentative de sa richesse ; car il est une abréviation algébrique, un symbole. Et en tant que l'inconscient est le social, on peut le fixer socialement, dans quelque chose d'extérieur et de matériel. Durkheim a raison d'opposer le social au conscient, comme infiniment plus riche. L'inconscient social, qui est en nous et qui dépasse infiniment le conscient clair, est, par rapport à celui-ci, exactement dans les mêmes termes que, dans la philosophie de Platon, la raison individuelle, le νοῦς, est par rapport à la raison divine qui contient le monde des idées. A vrai dire, le monde des idées est l'intuition lucide que Platon a eue du domaine de l'inconscient social qui gît sous la claire conscience individuelle. Cette sphère supérieure transcendante, où il logeait les idées pures, est bien plutôt le sous-sol de la conscience, ce moi sub-liminal que Myers a identifié, à sa manière, avec le ciel de Platon. Sans doute, l'idée abstraite, qui apparaît clairement dans notre conscience, se présente sous l'aspect schématique du mot qui, le plus souvent, n'évoque aucune image, aucune représentation et demeure tout ce qu'il y a de plus réduit et de plus pauvre. Mais cette pauvreté n'empêche qu'il y a au-dessous de lui une richesse infinie d'images qui peuvent l'incarner et le vérifier, les unes heureusement, les autres imparfaitement. L'image générique, la notion abstraite est, par rapport aux images particulières, ce que le triangle ou le cercle géométrique sont par rapport aux cercles et aux triangles empiriques. Sous le mot s'agite cette notion abstraite, équivalent du cercle géométrique, que jamais la réalité n'aura réalisée ; et c'est pourquoi, aux yeux de Platon, le monde des formes pures, des idées abstraites, est si supérieur aux images du monde empirique, concret, que celui-ci n'a pu lui sembler qu'une dégradation de celles-là. Platon voyait, en effet, dans les choses réelles, comme une dégradation des idées pures et éternelles.

C'est là, selon nous, l'explication du sentiment qu'avait Platon de l'écart infini entre les idées pures, transcendantes et les idées empiriques. Sa transcendance traduisait la réalité de l'inconscient, du sub-liminal, qui se réduit à l'abstrait. L'abstrait, à son tour, nous l'avons vu, se réduit au social. Toute l'expérience de la vie individuelle est en effet alimentée par la vie collective. Cette expérience tombe, au fur et à mesure qu'elle se produit, dans l'inconscient. Cet inconscient contient donc tout le social de la vie individuelle ; il contient la somme des influences de la vie collective sur l'individu ; il est toute la réalité sociale qui a pu pénétrer la vie individuelle ; il est, en un mot, l'équivalent de la société qui a pénétré la vie individuelle. Le

transcendant sub-liminal de la conscience claire individuelle, c'est donc son fond de social. Social, abstrait,
inconscient et transcendant sont des termes équivalents.
Le social est sans contredit transcendant, car, en tant que
social, il est transcendant, il dépasse l'individu comme
exemplaire purement biologique. Il est inconscient, étant
donné que la conscience ne contient, à chaque moment,
qu'une infime partie de son expérience totale, laquelle
tombe au fur et à mesure dans l'inconscient. Il est abstrait
parce qu'il se condense en concepts à l'aide du langage.
C'est cet abstrait social, conceptuel, que Durkheim conçoit
par ce qu'il appelle les représentations collectives qu'il
localise en dehors de la conscience et, par suite, en dehors
des sensations individuelles et qui constituent, au fond, la
forme supérieure de l'abstraction et les concepts de la logique proprement dite, lesquels ne diffèrent pas des idées
générales.

Il y a, par suite, en dehors des sensations et des images
individuelles, tout un système de représentations qui jouis-
sent de propriétés merveilleuses. Elles ont en elles une sorte
de force, d'ascendant moral : elles sont des « notions types »,
qui « dépassent l'homme[1] ». Des sensations et des représentations sociales, en dehors de la conscience individuelle :
l'expression n'a pas de sens. Des représentations imperson-
nelles inconscientes, c'est-à-dire en dehors de la claire
conscience des personnes, sous forme de réflexes cérébraux
infiniment riches, c'est ce que nous pouvons concevoir.
Est-ce bien cela que Durkheim entend par représentations
collectives ? Si oui, il est dans le vrai ; car ces réflexes cérébraux sont d'origine collective. En cas contraire, où les
localise-t-il ? Une seule signification pourrait encore être
attribuée à cette différence entre le collectif et l'inconscient
individuel ; c'est que l'inconscient et, par suite, le social, est
très inégalement distribué parmi les individus. Mais c'est
là simplement un défaut de culture, d'instruction, d'enseignement. La pensée impersonnelle est d'origine sociale,

1. *Les Formes élémentaires de la vie religieuse* (Conclusion).

elle est collective; mais l'impersonnel n'est possible que dans une personne, comme l'inconscient n'est possible que sous forme de sous-conscient, parce qu'il n'est que ce qui a été une autre fois plus ou moins conscient.

Nous pouvons répondre maintenant à la question : Pourquoi Durkheim a-t-il cru devoir faire une distinction marquée entre l'idée générale et le concept? Il avait bien vu que l'abstraction et les concepts sont un produit de la vie sociale, mais, en même temps, il ne pouvait contester que la conscience individuelle peut, elle aussi, et comme d'elle-même, abstraire et généraliser. Il lui semblait que, ce faisant, on doit nier la psychologie comme science et la confondre en quelque sorte avec la sociologie, ce qu'il n'a pas osé, quoique Comte l'ait déjà fait avant lui. C'est pourquoi il distingue le concept, comme produit social, de l'idée générale, qui serait un produit de la conscience individuelle, sans se rendre compte qu'il n'y a peut-être entre le concept et l'idée générale psychique que cette différence, à savoir le mot qui donne comme une forme concrète au contenu psychique de l'idée générale. Mais le mot, produit de la vie collective, est assimilé par la conscience individuelle, et c'est surtout par l'intermédiaire du mot, et avec son aide, que se créent les idées générales dans la conscience individuelle. Une autre raison qui s'opposait à ce que Durkheim identifie le concept à l'idée générale, c'est que sa méthode objective en sociologie lui dictait de faire abstraction de l'individu et, par suite, du psychique, sans tenir compte du fait que l'individu est façonné à l'image de la société et que le psychique, la conscience, est un produit de la vie collective assimilée par l'individu; qu'elle est, en tout cas, formée sous l'influence immédiate de la vie du groupe.

De là une confusion et des contradictions inextricables dans la conception qu'a Durkheim des rapports de l'individu avec la société et du psychique au social. Pour en sortir, il n'y a que ce moyen héroïque, dont Durkheim ne voulait pas : réintégrer l'individu conscient dans la sociologie et l'interprétation des faits sociaux, et recon-

naître franchement que la psychologie, pour devenir
rationnelle ou science proprement dite, doit compléter ses
descriptions par une interprétation sociologique des faits de
conscience. C'est dire que la psychologie peut et même
doit être conçue comme une sociologie subjective, dont
la matière serait toutes les fonctions psychiques et
logiques qui dépassent les sensations. Et pourtant Simmel
est allé dans ce sens jusqu'à proposer une *sociologie des
sensations*, ce qui semble prouver que l'influence déterminante de la vie collective s'étend même sur les plus simples
éléments des faits psychiques, domaine réservé, selon
Comte, aux sciences biologiques.

*
* *

Si nous voulons jeter un coup d'œil résumant cette partie
de notre étude, voici quelles en peuvent être les conclusions : La mentalité primitive n'est pas due, comme l'a
très bien vu M. Lévy-Brühl, à une faiblesse congénitale de
l'esprit des primitifs, ou encore à une sorte de paresse qui
leur serait inhérente. Les travaux de cet auteur ont rendu
la chose inconcevable. Cette paresse ou cette faiblesse de la
mentalité des primitifs dérive, comme l'a montré M. Blondel, des propriétés du milieu social où vivent les primitifs.
Nous avons pu préciser en disant que c'est l'exiguïté du
groupe social et sa pauvreté, que c'est son état amorphe,
inorganique, son manque d'organisation sociale et politique qui expliquent leur mentalité prélogique et mystique,
leur incapacité de raisonner, leur répulsion pour la raison
discursive. Ici, peut-être, nous nous permettrons de signa-
ler que, si la conscience en général est le produit de l'organisation sociale du groupe, on ne peut plus voir un abîme
entre la conscience du primitif et la nôtre, comme M. Lévy-
Brühl semble le penser. Le facteur société étant commun
au primitif et au civilisé, il existe entre leurs mentalités la
même différence qu'entre les sociétés qui y correspondent.
Mais, de même qu'il y a toujours quelque chose de commun
entre toutes les sociétés comme telles, il doit y avoir aussi

quelque chose de commun entre les mentalités respectives. Et, puisque la société civilisée n'est qu'un développement très avancé de la société primitive, nous concluons que la mentalité primitive prélogique est simplement une phase embryonnaire de la mentalité logique. En cela, nous aboutissons donc à la manière de voir de Durkheim, qui diffère de celle de M. Lévy-Brühl.

Le fait se vérifie d'ailleurs par l'étude de l'abstraction moyenne, chez les Indous, par exemple. Les opérations abstractives de leur conscience, leur activité mentale, sont en grande partie prélogiques. Dans un livre de M. Maurice Boucher, récemment paru, qui résume l'œuvre philosophique de Keyserling, nous trouvons : « Ne faisant aucune différence entre le réel et l'imaginaire, l'Indou est naïf. Il devient, par sa pente naturelle, crédule et superstitieux. Il ignore les lois de la nature et il admettra les explications les moins fondées. Il est dans un monde de connexions spirituelles qui ont leur réalité propre et qui sont toujours assez solides pour que celui qui les considère soit persuadé de leur réalité ». On pourrait citer d'autres textes encore, où l'on voit que la mentalité indienne est en grande partie illogique, irrationnelle. Pour les primitifs les plus arriérés, autant que pour les Indous, « les enchaînements naturels sont ignorés... la science reste unilatérale et néglige l'examen des causes [1] ». Chez les Indous, comme on l'a observé chez les primitifs, les causes naturelles sont connues; seulement, comme l'a remarqué M. Lévy-Brühl, elles restent au second plan et c'est comme si elles n'existaient pas.

Mais c'est précisément pourquoi, pensons-nous, on ne peut plus dire qu'il existe un abîme entre cette mentalité et la nôtre. Ce qui les fait différer, c'est que nous vivons de la vie d'un vaste organisme social, — le monde civilisé et progressif, au milieu de sociétés fortement organisées et hiérarchisées, ce qui constitue précisément le fondement de notre logique rationnelle, tandis que les Indous vivent, ont vécu surtout, au sein d'une société vague, non centralisée,

---

1. *La Philosophie de Hermann Keyserling*, p. 40. Paris, Rider; 1927.

divisée en compartiments presque clos, comme la féodalité, et connaissant une telle hiérarchie sociale que les échelons en sont comme des cloisons étanches imperméables. La vie de société des Indous est donc doublement morcelée; c'est une hiérarchie sans aucune centralisation. Aussi la mentalité indoue reflète-t-elle fidèlement cette forme de vie sociale.

Peut-être notre logique actuelle, produit de notre forme de vie sociale, vécue en nations qui s'entrepénètrent dans une vie internationale civilisée mais inorganisée; peut-être notre logique, qui en résulte, sera-t-elle comme une *prélogique* par rapport à la mentalité qui se formerait si les nations actuelles s'organisaient solidement dans une société des nations fortement centralisée et dans laquelle les cloisons relativement étanches des nations actuelles s'effaceraient et se perdraient presque. Nous aurons alors l'hyperlogique ou le super-rationalisme, équivalent logique de ce qu'on a entrevu dans le sur-homme ou dans le sur-réalisme. Entre celle-ci et notre logique, il y aura aussi un semblant d'abîme, comme il en existe aujourd'hui entre notre logique et la prélogique des primitifs ou des Indous, mais il se réduira en fait à une différence de degré.

TROISIÈME PARTIE

L'IDÉALISME

CHAPITRE PREMIER

L'Idéalisme moniste.

Il nous reste à examiner notre position en face de la philosophie idéaliste qui s'est affirmée plus vigoureusement ces dernières années.

A la suite d'Hamelin, M. Le Senne, qui a adopté la conception hamelinienne, a publié une étude très suggestive et originale, et a tiré de cette conception les conclusions les plus hardies. En même temps, on remarque, en Italie, la philosophie idéaliste de M. Gentile[1], qui est, à peu près, l'idéalisme même d'Hamelin et de M. Le Senne. Cependant nous ferions tort à M. Jules de Gaultier, si nous oubliions de rappeler qu'en même temps qu'Hamelin, ou même avant, sa pensée avait abouti à l'idéalisme intégral.

Quelle est la signification de cette philosophie ? En quoi consiste-t-elle ? Quelle en est l'originalité ?

1. *L'Esprit, acte pur*, Paris, Alcan, 1925.

* *

Nous croyons résumer sa nature et sa signification en disant que, selon elle, la conscience est l'équivalent de Jéhovah, le dieu monothéiste. Comme Jéhovah, la conscience de MM. de Gaultier, Gentile, Hamelin et Le Senne, ou plutôt leur moi, nous dit : *Je suis celui qui est et tout ce qui est n'existe que par moi.* Aussi bien MM. de Gaultier et Gentile nous engagent, comme Jéhovah, et nous ordonnent même aussi implacablement de ne pas nous faire d'autres divinités en dehors de notre moi, car ce seraient des idoles. Monde extérieur, société, Dieu même, tout cela n'existe pas, car, si même il existait quelque chose en dehors de la conscience, nous n'en savons rien, nous ne pouvons rien en savoir, nous ne pouvons pas savoir ce que c'est et comment cela est. La *chose en soi*, le noumène, la réalité kantienne, le monde extérieur, celui que nous supposons gratuitement au-dessous des phénomènes, c'est-à-dire à la périphérie de nos sensations, tout cela est un fantôme, une idée qu'il faut rejeter pour ne concevoir et garder que le moi, la conscience comme seule et unique réalité. Car, du moment que toute réalité n'est connue que par nos états de conscience et sous les formes dont ils l'habillent, nous ne pouvons rien connaître en dehors de la conscience. La chose est, en effet, claire et logique comme un axiome et l'évidence. C'est simple question de bon sens, à condition de s'y tenir exclusivement et absolument, car, à la moindre exception, cette évidence croule comme un château de cartes.

Il est vrai que ces philosophes conçoivent, eux aussi, toutes les choses et en parlent comme nous. M. de Gaultier, comme les autres, mais plus habilement encore, sait tirer de la substance de son moi toute l'immense et infinie réalité extérieure, par le jeu de sa propre conscience. Comme l'araignée file sa toile avec sa propre substance, M. de Gaultier, par le déploiement de son moi qui s'analyse et se divise, tire de ce moi toute la phénoménologie du monde extérieur ; recrée et remet en place le monde extérieur qu'il avait commencé par absorber dans sa propre conscience. Et encore, en comparant M. de Gaultier à l'araignée, sommes-nous quelque peu athée, iconoclaste et faisons-nous preuve de manque de vénération ; c'est toujours à Dieu même qu'il faut comparer le moi de M. de Gaultier, car il jouit de la même toute-puissance créatrice. Le moi de ce philosophe est un véritable demiurge. Il est plus grand, plus puissant même que Dieu, parce que, de sa substance consciente, il ne crée pas seulement le monde et les hommes, mais Dieu même.

L'idéalisme de M. Gentile est aussi intégral que celui de M. de Gaultier, mais un peu moins prudent. Par exemple, il cherche sa parenté avec l'idéalisme de Berkeley, tandis que, pour M. de Gaultier, Berkeley et sa pensée ne peuvent exister qu'en fonction des données immédiates de sa conscience. Et alors, qui peut lui prouver que le philosophe anglais n'est pas qu'un fantôme de sa conscience et la propre pensée de ce fantôme, sa propre pensée, à lui, qu'il engendre par une simple dialectique de sa conscience, s'analysant, se divisant contre elle-même ?

Reconnaissons que le penseur italien est moins logique avec son système, car, en supposant qu'il a existé une réalité extérieure et en elle-même, qui s'appelait Berkeley et sa pensée, c'est admettre que le dieu unique de son moi admet d'autres dieux-idoles, et le monothéisme de son idéalisme croule ainsi de lui-même. C'est précisément ce qui n'arrivera pas à M. de Gaultier.

L'originalité du nouvel idéalisme, par rapport aux formes antérieures de cette conception, c'est qu'il est intégral. Ainsi M. Gentile n'admet point l'existence de Dieu et de sa pensée. Laquelle, selon Berkeley, faisait la réalité, le fondement réel de la pensée humaine et sur laquelle celle-ci se basait, pour lui comme, d'ailleurs, pour Descartes. Pour M. Gentile, admettre Dieu c'est rendre inintelligible la pensée de l'homme. Et c'est là son originalité.

A cela, il semble que M. Le Senne fait une exception imprudente. Il reconnaît qu'il ne peut éviter d'admettre l'existence des autres consciences. Pour lui donc « la réalité se réduit à une république de consciences [1] ». Mais alors, s'il y a d'autres réalités que celle du moi propre, ne voyons-nous pas que, par cela même, nous pratiquons une brèche par où tout le monde extérieur peut passer? C'est ce qui ne peut arriver à M. de Gaultier qui, lui, n'admet plus rien en dehors de sa conscience, laquelle crée tout d'elle-même.

Dans ce système de pensée, il est évident que la conscience est comme Dieu. Elle crée tout et tout s'explique par elle. Par suite, tout comme Dieu, elle aussi ne peut s'expliquer par rien, rien ne la crée. Elle est l'incréée, étant la créatrice de tout. Peine perdue tout le travail des psychologues, comme Ribot et Blondel, des sociologues comme Lévy-Brühl, pour scruter les origines et les lois de cette divinité. Pour M. de Gaultier, s'il voulait être conséquent avec sa philosophie, tout cela n'est que fantôme et hallucination. La conscience a en elle tout ce qui l'explique et, du moment que toute réalité n'est qu'une réalité spectaculaire, spontanée, automatique, tout travail scientifique n'est qu'un effort pour développer et intensifier le spectacle de la conscience en face d'elle-même. On irait ainsi jusqu'à justifier et considérer comme utile cet effort de préciser et de déterminer l'origine de la conscience.

Quant à nous, nous préférons, malgré tout, l'autre voie de justification, la voie du dualisme, étroite, épineuse et rude, escarpée et pleine de contradictions, d'échecs et de déboires.

⁎

Pour cela, commençons par examiner sommairement le point de départ et le motif logique de cet idealisme intégral.

Le motif logique de l'idéalisme contemporain est une réaction très naturelle de la conscience contre le matéria-

1. Le Senne, *Introduction à la Philosophie*, p. 127.

lisme en général, plus particulièrement contre le physiologisme des dernières années, qui niait la conscience et la
réduisait à l'ombre d'elle-même, à un *épiphénomène*. En
effet, la physiologie était arrivée à ce résultat : *la
conscience est le néant*. Le matérialisme, avec Buchner et
dernièrement avec Haekel, aboutissant au monisme, avait
également nié conscience, morale et Dieu. A vrai dire, il ne
les niait pas, comme l'idéalisme ne nie pas en fait le monde
extérieur. Mais les matérialistes niaient en droit la conscience, la morale et Dieu, qu'ils gardaient en fait, comme
les idéalistes, tout en niant en droit la matière et le monde
extérieur, les maintiennent en fait.

Pour Buchner, la matière c'est Dieu, tout comme pour
M. de Gaultier la conscience est Dieu. Buchner tirait toute
la réalité, conscience, morale et Dieu, de la matière ; il en
faisait une émanation, un épiphénomène, de même que
M. de Gaultier tire de la conscience tout ce qui existe et
qui n'existe que comme création du moi en se divisant
entre et contre lui-même.

L'idéalisme est donc une simple réaction contre le matérialisme. Logiquement, il ne pouvait être que le contrepied
de celui-ci. Puisque le matérialisme a nié la conscience,
l'idéalisme, pour être à la hauteur du matérialisme et en
symétrie avec lui, nie le monde extérieur, c'est-à-dire la
matière. Cette négation est absolue chez M. de Gaultier. Sa
réalité spectaculaire aboutit à cette négation absolue.
C'était donc là le motif logique, d'un ordre plus général : de la philosophie idéaliste. Quel en est le point de
départ ?

Pour M. de Gaultier, il semble que l'avantage de l'idéalisme et sa justification consistent en ceci qu'il résout très
facilement tous les problèmes posés par la pensée philosophique et qu'il élimine, en se jouant, toutes les contradictions. C'est, en d'autres termes, qu'il présente, seul, une
interprétation de la réalité complètement cohérente et
logique. D'ailleurs, pour l'auteur du bovarysme, le phénomène du rêve et sa seule possibilité sont décisifs dans la justification de son idéalisme moniste. C'est presque le seul

argument que nous lui connaissons pour son idéalisme à outrance.

Pour M. Le Senne, l'idéalisme a une justification logique analogue à celle de Descartes. L'idéalisme de Descartes a eu pour point de départ la nécessité de distinguer le réel du rêve. Il a abouti au *cogito, ergo sum.* La pensée étant tout le réel, le reste n'est què du rêve et de l'irréel. A cela s'est ajouté, pour M. Le Senne, la constatation des illusions des sens. Un bâton plongé dans l'eau nous donne une image menteuse, fausse. Les couleurs changent selon le moment où nous les regardons; elles sont le soir autres que le jour. Quand sont-elles vraies? Les sens nous présentent donc non les choses telles qu'elles sont, mais telles qu'elles nous paraissent. La vraie réalité est donc celle de nos données intérieures, celle de la conscience. Comment les choses sont et même si elles existent, nous n'en pouvons rien savoir. Parce que les sensations peuvent être illusoires, l'idéalisme conclut qu'il en est de même de toutes nos connaissances. En ajoutant à cela la constatation, vraie également, que les phénomènes d'ordre physique du monde nous sont étrangers et extérieurs, n'étant pas du même ordre que nos états de conscience, les idéalistes se trouvent confirmés dans leur négation de la connaissance du monde extérieur.

Sans doute, comme la chose en soi, comme le noumène n'a aucun sens, car rien ne peut indiquer une réalité en dehors de la conscience, il n'existe pas, c'est un mythe, c'est l'inconnaissable. En cela, les idéalistes sont logiquement impeccables et inexpugnables. Ils font le même raisonnement pour toutes les formes et les catégories de réalité, poussant jusqu'à son extrémité logique l'agnosticisme de Kant. Les idéalistes sont la réduction de Kant à l'absurde. Le transcendant de la morale, où il avait réduit la réalité en soi, est également nié par eux. Seul le moi reste en face de lui-même, étant obligé de se diviser en objet et en sujet, l'objet n'étant que le reflet du sujet en son propre miroir. L'idéalisme intégral de M. Jules de Gaultier pourrait s'appeler plutôt le *narcissisme* ou le *jehovaïsme.*

Examinons maintenant de plus près le fondement de l'idéalisme, pour voir s'il est aussi légitime et aussi logique qu'il le prétend. Si, en effet, toutes les connaissances nous viennent par les sens, si elles ne sont que des états de notre conscience, est-ce une preuve qu'il n'existe rien au delà, en dessous des sensations, à la périphérie de nos nerfs ? Non, sans doute. Nous ne pouvons affirmer que ceci : les impressions et les connaisances nous viennent des sens et nous ne pouvons savoir s'il y a quelque chose à la périphérie de nos sens. Nous ne connaissons le monde, s'il en existe un, que par nos sensations, et au delà de celles-ci nous ignorons s'il existe ou non une réalité. Mais de là à affirmer, comme le font les idéalistes, qu'il n'y a rien au delà des sensations, il y a loin. Nous ne pouvons affirmer une réalité à la périphérie de nos sensations ; mais qui nous donne le droit de la nier ? Si nous disons que c'est une présomption gratuite de l'affirmer, n'en est-ce pas une, plus gratuite encore et plus prétentieuse, que de la nier ? Nous ne pouvons nier qu'elle existe, car alors nous prétendons savoir précisément ce que nous ne savons pas, ce que nous déclarons ne jamais pouvoir savoir. Du moment que nous convenons seulement que nous n'avons pas le droit de nier la réalité du monde extérieur, et par simple probité intellectuelle nous devons le reconnaître, nous avons déjà perdu notre position. Si nous n'avons pas le droit de nier la réalité extérieure, sans avoir perdu le droit d'affirmer que nous n'en savons rien, demandons-nous si le simple fait de la présence de nos sensations n'est pas une présomption suffisante de la réalité du monde extérieur qu'elles peuvent impliquer ? Comme il est également possible et logique qu'une réalité existe ou n'existe pas en dehors des sensations, nous inclinons à croire qu'elle existe et nous n'avons aucun droit logique de la démentir, car, alors, nous affirmerions que nous savons ce que nous venons d'affirmer ne pas savoir. Si vous nous dites que nous inventons par là un fantôme qui n'a qu'une existence verbale, vous interver-

tissez les rôles ; nous n'inventons rien ; le réalisme est con-
génital au bon sens ; c'est vous qui inventez l'idéalisme par
l'analyse abstraite et pour vous singulariser.

Maintenant, cette réalité est-elle telle que les sensations
nous la montrent ? Nous dirons également que nous n'en
savons rien, étant donné qu'elle n'est pour nous que ce
que sont nos sensations, ne pouvant pas la connaître
autrement, plus directement. Il est donc sans intérêt pour
nous si le monde est ou n'est pas tel qu'il se présente. De
deux choses l'une : ou il est tel qu'il paraît ou il ne l'est
pas. Avons-nous une raison de supposer qu'il n'est pas tel
qu'il paraît ? Non, sans doute, car alors nous voudrions
dire que nous savons précisément ce que nous affirmons
ne pas savoir et ne jamais pouvoir savoir. Mais alors le
monde est tel que les sens le présentent. Si nous le nions,
nous ne le faisons peut-être que par manie de contradiction
et ce n'est pas une raison pour que chacun soit de cet avis.
Si nous n'avons aucun autre droit de nier la véridicité des
sens que le plaisir de contredire et de nier, l'affirmation
semble certaine, car il n'y a aucune raison de croire que le
monde extérieur serait autrement que nous le présentent
nos sens. Le témoignage des sens vient en notre faveur
encore une fois ; il n'est aucun motif de ne pas se fier
aux sens, excepté certaines sensations illusoires que nous
pouvons très bien éviter en contrôlant les sens les uns
par les autres, en nous contrôlant nous-mêmes par nos
semblables ou en employant des instruments de précision
qui viennent à l'aide des sens.

Il en est de l'existence du monde extérieur comme de
l'existence de Dieu. La raison ne nous prouve ni l'existence ni
l'inexistence de Dieu. S'il y a d'autres motifs que la raison
d'y croire, ce n'est pas la raison qui s'y opposerait, car elle
se déclare neutre. Quand le sens intime et le fait de l'existence des sensations, avec le bon sens, nous disent qu'il
existe un monde extérieur, la raison des idéalistes, qui ne
peut que se déclarer neutre, ne peut s'opposer à ce que nous
croyions au dualisme, à l'existence d'un monde extérieur.

Car si la raison pouvait, avec M. Le Senne, articuler

encore quelque opposition, on pourrait la mettre en face d'argumentations analogues qu'elle reconnaîtrait sûrement pour fausses. Voici, par exemple, un homme à lunettes. Toutes les images visuelles du monde extérieur arrivent à sa connaissance et dans sa conscience à travers ses verres. Ces lunettes modifient un peu la forme de ces images. Un philosophe subtil, comme M. de Gaultier, serait tout prêt à nous persuader que l'homme à lunettes ne sait rien du monde extérieur visible ; que, pour lui, le monde visible est une véritable hallucination. La preuve en est que les images de ce monde lui viennent par ses verres et qu'il ne peut recevoir que ce que ses verres veulent lui transmettre et comme ils le lui transmettent. S'il existe un monde visible, l'homme à lunettes ne saura jamais comment il est. Et voici la chose la plus bizarre au monde : un homme, qui pensait s'aider de lunettes pour voir, sera convaincu, à entendre M. de Gaultier, que, depuis qu'il emploie ces lunettes, il ne voit plus rien.

Prenons un autre cas. Voici un télégramme qu'on nous apporte et que nous lisons. Un philosophe idéaliste, en voulant analyser le mécanisme de la transmission de ce télégramme, pourrait essayer de nous convaincre qu'il n'a aucun sens, que son contenu est une hallucination, que le télégraphiste récepteur nous l'a transmis pour nous mystifier. Si on lui fait remarquer que le télégraphiste a reçu ce télégramme à son appareil, au moyen du courant électrique, il démontrera alors que ce courant électrique se réduit, au fond, à telle forme d'ondulation, de mouvement, et que, par suite, aucun rapport n'existe entre l'électricité et le contenu du télégramme. En apparence, l'argument du philosophe idéaliste serait impeccable. Mais, pour établir la fausseté réelle de son argument, il faut pousser l'investigation plus loin, aller jusqu'au bout du fil, jusqu'à l'appareil transmetteur, et, là, nous trouverons un texte identique à celui de notre télégramme. Cela signifie que la réalité a beau être transmise à notre conscience par différents moyens hétérogènes, courant électrique, appareil enregistreur, il n'en reste pas moins vrai que le texte du télégramme reçu est identique à celui du télégramme transmis. N'en est-il pas de même de l'identité entre le monde extérieur et les perceptions ou sensations ? De ce que les impressions du monde extérieur nous viennent par les nerfs périphériques, par les fils nerveux et les centres sensoriels, l'image consciente n'en est pas moins identique à la réalité extérieure telle qu'elle est. Et pourtant il est vrai qu'aucune preuve logique et rationnelle ne peut nous convaincre qu'il en est ainsi.

Tout cela prouve que l'idéalisme moniste est une conception philosophique aussi peu fondée, sinon aussi superficielle que le matérialisme moniste, car cette philosophie ne pousse pas plus à fond l'analyse des choses. Elle s'arrête au courant électrique et ne va pas jusqu'au bout du processus de la réalité, c'est-à-dire jusqu'au télégramme original, identique au télégramme reçu.

Voyons si, comme réaction naturelle contre le matérialisme, l'idéalisme peut se justifier mieux. Il est évident que le matérialisme, et surtout le physiologisme, ayant abouti à la négation de la conscience, devaient provoquer une réaction qui réhabilitât la conscience et le monde moral. Mais, dans cette réaction, l'esprit philosophique idéaliste commet une erreur de même nature que celle des matérialistes, en niant la réalité matérielle du monde extérieur.

Sans doute, les matérialistes ont eu le tort de croire qu'ils peuvent employer, à l'étude des faits de conscience et des faits moraux, les méthodes et les principes dont ils usent dans l'étude des faits naturels. La conséquence a été que la conscience et la réalité morale leur ont échappé. Elles se sont évanouies lorsqu'on leur a appliqué la méthode expérimentale des sciences physiques, qui traitent des choses inconscientes et inanimées. Naturellement, si nous mettons dans une cornue un être vivant pour le traiter comme une simple matière chimique, la vie s'en ira et nous aurons, à la place de l'animal vivant, une substance inanimée, chimique.

La philosophie idéaliste, dans son horreur du matérialisme qui aboutissait à la négation de la conscience, a pris sa revanche. Elle a fait exactement le contraire des matérialistes, ou, plutôt, elle a fait exactement comme eux, commettant une erreur équivalente. Les idéalistes appliquent à la réalité matérielle du monde extérieur le critérium du monde moral, la méthode de la conscience. Ce faisant, c'est la matière, le monde extérieur qui s'évanouit inévitablement. Appliquons au monde matériel et extérieur le critérium du monde intérieur, conscient et immatériel, comment le monde matériel et extérieur ne pourrait-il pas s'évanouir? Mais, en cela, nous sommes dans la même erreur que les matérialistes qui nient la conscience. Et nos contradictions ne sont pas moindres.

Il est évident que les matérialistes seront véridiques et leurs efforts fructueux toutes les fois qu'ils appliqueront leur méthode au monde matériel et extérieur, aux phénomènes physiques. Dès qu'ils prétendent appliquer ces mêmes méthodes au monde moral, intérieur et conscient, ils se fourvoient, ils tombent dans les pires erreurs et dans des contradictions qui défient le bons sens. La même remarque s'applique aux idéalistes. D'ailleurs, dans l'hypothèse dualiste, tout se passe absolument de même que dans le matérialisme moniste ou dans l'idéalisme moniste, ce qui prouve à quel point est inutile le débat à ce propos. La seule différence appréciable, c'est que le matérialisme niant à tort la conscience et l'idéalisme niant gratuitement la matière et le monde extérieur, le dualisme est, plus qu'eux, logique et fidèle à la réalité, quelles qu'en soient d'ailleurs les contradictions qui lui sont inhérentes. De même, par rapport au matérialisme, la conception dualiste et celle de l'idéalisme ont, au point de vue moral, une incomparable supériorité, car elles le confirment et le fondent tandis que le matérialisme le nie le plus souvent.

*
* *

Par cela même il devient visible que les raisons dont M. de Gaultier se prévaut, en faveur de son idéalisme intégral, tombent également. En effet, M. de Gaultier prétendait que ce qui le fait incliner en faveur de l'idéalisme absolu c'est qu'il résout facilement les difficultés suscitées par la philosophie dualiste et qu'avec l'idéalisme, toutes les contradictions philosophiques disparaissent ou se concilient. L'idéalisme est préférable à toute autre hypothèse « à cause de son efficacité comme moyen d'explication cohérente », parce qu'elle présente « un point de vue duquel les diverses parties de l'existence lui apparaissent liées entre elles par des rapports logiques[1] ». Nous le comprenons bien, parce que dans l'hypothèse idéaliste moniste « le problème de la connaissance est résolu par la suppression de l'hypothèse qui la rend impossible : celle de la double substance répandue dans l'univers[2] », ce qui est facile parce que « l'esprit n'a à connaître que l'esprit » ; c'est un tête-à-tête avec lui-même. La réalité est alors un rêve où toutes les aberrations se présentent comme logiques et possibles, et rien n'étonne, car tout s'explique et se concilie seulement en apparence.

L'idéalisme bovaryque ne résout pourtant pas toutes les difficultés et on peut apporter contre lui des preuves convaincantes autres que celles déjà mentionnées.

Par exemple, l'auteur du bovarysme, en tant qu'il est partisan de l'idéalisme intégral, admet-il l'existence des autre penseurs et de leurs pensées, par suite, des autres consciences ? Il se pose ce problème lui-même, mais nous le lui posons aussi. Car, s'il admet la réalité des autres consciences, bien qu'il n'en prenne connaissance que par ses sens, alors il existe un monde extérieur où rien ne prouve qu'il n'y a que des hommes conscients et rien d'autre. Le fait rend légitime l'existence d'un monde en soi, extérieur

1. *Raison de l'Idéalisme*, p. 33.
2. *Ibid.*, p. 86.

à nous, et redonne existence à tout ce que niait ce philosophe idéaliste.

Mais admettons la thèse entière. Il n'existe que mon « moi » seul ou bien le « moi » seul de M. de Gaultier. Si mon « moi » existe, alors le sien n'existe pas et tout ce qu'il a pensé et publié, en tant que nous en avons pris connaissance, c'est nous qui l'avons pensé. La théorie nous conviendrait parfaitement. La clarté logique, la méthode de la pensée subtile et habile, mais surtout la dialectique de son style fin et imagé, flatterait énormément notre orgueil. Malheureusement, nous ne pouvons nous approprier ces mérites étrangers, car nous ne sommes pas idéalistes monistes. — Ou bien c'est le « moi » de M. de Gaultier qui existe, et alors, dans cette hypothèse, nous devons nous déclarer inexistants, chose qui nous répugne à l'extrême. La seule chance pour nous d'exister aussi, c'est que nos écrits aillent jusqu'à son « moi », pour qu'il en prenne conscience, et alors nous existerons comme un état de conscience de ce philosophe moniste. Nous avons déjà publié, en français, plusieurs ouvrages. Existons-nous pour lui ? De la lecture de ses livres, nous ne pouvons pas nous en flatter. Comme nous sommes dualiste, M. de Gaultier existe réellement pour nous qui l'avons si longuement cité dans un ouvrage antérieurement publié : *L'Idéal créateur*. Maintenant, après avoir lu son dernier livre : *La Sensibilite métaphysique*, nous avons bien trouvé quelques idées exposées par nous dans l'*Idéal créateur*, idées que nous avions formées à l'aide de ses idées, citées par nous, mais nous ne nous sommes pas vu cité du tout. Évidemment, M. de Gaultier, étant idéaliste moniste, ne croit pas à l'existence de notre moi et de notre pensée, et, du seul fait qu'il en prendrait connaissance, elle devient sienne en tant que nous n'existons pas pour lui [1]. Voici donc l'avantage d'être idéa-

---

1. Voici la pensée même de M. de Gaultier : « De ce point de vue, l'homme demeure enfermé dans son moi sans évasion possible... le nom et le personnage de Berkekey, à qui je prête une histoire, un voyage en Amérique... ne sont pour moi qu'un moyen d'animer le jeu philosophique auquel je me livre... de même j'imagine, pour me stimuler, d'autres êtres assez semblables à moi... Mais je n'ai aucune raison raison-

liste moniste pour M. de Gaultier et le désavantage pour nous d'être idéaliste dualiste. Pourtant cet idéaliste n'a pas été conséquent avec lui-même, car il cite dans son ouvrage maints autres penseurs qu'il combat ou approuve. N'a-t-il pas été alors injuste envers nous ?

Voilà donc une série de contradictions plaisantes que l'idéalisme moniste ne peut pas éviter.

*
* *

Mais si, à en croire MM. de Gaultier, Le Senne et Gentile, l'idéalisme moniste résout si facilement et si complètement tous les problèmes et toutes les antinomies et les contradictions de la philosophie, est-ce véritablement un avantage ?

Certes, le *narcissisme* idéaliste est tout-puissant en tant qu'il simplifie les choses, en remplaçant le dualisme et le pluralisme par le monisme. Ce *narcissisme* conduit à une philosophie pour ainsi dire hermaphrodite, asexuée. La pensée se féconde seule avec elle-même et procrée, le plus facilement et le plus commodément du monde, toutes les solutions des conflits ménagers, qui sont inévitables dans le dualisme, mariage entre la pensée et la matière. Sans doute la vie d'un célibataire est plus commode, plus facile. Elle résout facilement les contradictions et les difficultés de ménage, parce qu'il n'y a pas de conflits et de contradictions, étant donné qu'il est nécessaire d'être deux. L'idéalisme moniste, s'il veut être conséquent, ne connaît pas les contradictions, du moins n'en connaît que parce qu'il s'en crée de factices. Il se donne alors la satisfaction de les résoudre, mais ce sont des satisfactions illusoires et factices comme les contradictions et les problèmes qu'il résout. Des conciliations, des solutions philosophiques, comme celles qu'on trouve dans la philosophie bovaryque, rappellent ces satisfactions que se donnent les solitaires vicieux, si on

nable de penser que rien de tout cela puisse exister hors de ma pensée. L'idéalisme aboutit logiquement à un subjectivisme absolu ». (*R. de l'Id.*, p. 104.)

nous pardonne cette comparaison qu'il est pénible de ne pouvoir éviter. Tout autrement se présente le ménage difficile de la philosophie dualiste ; le conflit est permanent, et plus on cherche à le résoudre, plus il se multiplie et s'approfondit. Mais n'est-ce pas là ce qu'il faut ? La pensée ne doit-elle pas aller en s'approfondissant, au lieu de s'endormir à la surface des choses, conciliées avec elle ? Ainsi la conciliation idéaliste irait contre son propre but, car il faut que la conscience se crée toujours le spectacle qu'elle doit regarder et s'en réjouisse. Il faut donc multiplier et approfondir les contradictions pour divertir la conscience. D'ailleurs, on ne pourrait les éviter. Il n'y a que le remède du divorce qui conduise au monisme, soit idéaliste, soit matérialiste.

Le bovarysme a l'indicible privilège d'accumuler et de concilier dans sa philosophie et l'idéalisme et le matérialisme. C'est le seul idéalisme qui aboutit à une morale matérialiste et il n'a de cesse de persifler les idéalistes moralistes. Il a adopté une conception idéaliste extrême, mais il la concilie avec la morale de la vie brutale de l'exemplaire humain zoologique. Aucune différence entre sa moralité et celle de Nietzsche, c'est la morale de la sensation qui ne peut s'achever que dans la jouissance spectaculaire d'une brute inconsciente. Certes, on pare cette brute des apparences prétentieuses d'un esthétisme raffiné, mais cela ne trompe personne. Et comme on s'en glorifie ! Comme on se sent fier de défier ainsi toute la philosophie officielle ! N'est-ce pas un geste novateur en philosophie, geste novateur comme celui de Nietzsche, par exemple ? Sans doute, la gloire de ce malheureux philosophe allemand trouble le sommeil de son émule. La vérité est que le bovarysme, ayant pris pour tâche d'exposer la philosophie de Nietzsche, s'est confondu avec celle-ci, si bien qu'on ne sait plus où finit la pensée de Nietzsche et où le bovarysme commence.

Évidemment, du point de vue qui peut être celui d'un bas jouisseur, toutes les formes du messianisme moral, social, scientifique, etc., sont de la sainte simplicité, de la naïveté béate, qui ne peut qu'intensifier le plaisir spectaculaire du bovarysme.

L'idéalisme bovarique est sans doute plus entier que celui d'un Boutroux ou d'un Eucken, mais sa morale s'identifie à celle des plus grossiers matérialistes. A côté d'elle, la morale matérialiste d'un Buchner est une conception angélique.

Comment ce matérialisme à outrance qu'est le bovarysme s'est-il fourvoyé dans l'idéalisme intégral ? Qu'y a-t-il de commun entre l'idéalisme bovarique et celui des philosophes idéalistes ? Il est arrivé à cette philosophie un incident aussi bizarre que particulier. Elle a créé son système sur une base si mince et si ténue qu'elle tient toute dans l'interprétation psychologique d'un personnage de Flaubert. Cette philosophie s'appelle le bovarysme. Elle est bien près de M. Homais — le célèbre personnage de Flaubert — qui, lui aussi, était un intellectualiste scientiste et un libre-penseur irréductible. En tout cas, c'est le système de philosophie le plus réussi dans le genre moderne du cubisme. Et pourtant, quelle dialectique claire et lucide, digne d'une pensée plus noble et moins fausse.

*
* *

La morale étant niée par l'idéalisme bovaryque, qui la réduit à un mensonge utilitaire en vue du spectacle esthétique, il est certain que la réalité sociale, dont la morale est le produit, tombe elle-même au rang du mensonge. Mais puisque la conscience et le moi sont, on a pu le voir, le fruit de cette vie sociale, il s'ensuit que, dans la conception bovaryque, la conscience aboutit à sa destruction propre ; et voilà, par cette voie encore, le bovarysme rejoignant le matérialisme le plus plat. La conception spectaculaire de la morale et de la réalité est sans doute identique à celle que se ferait du monde un bel animal mis à l'engrais, à supposer qu'il en fût capable. Imaginons quelle pitié ce bel animal, très intelligent, ressentirait pour ces *philosophes officiels* et rationalistes qui se laissent tourmenter par des mensonges pareils à ceux du *bien,* du *vrai,* de la *vertu,* etc. Les sarcasmes dont il poursuivrait des malheureux hallucinés comme... Platon, Kant, Spencer et A. Comte seraient identiques à ceux de la philosophie spectaculaire. En compagnie de Nietzsche, l'animal jouisseur se moquerait de la morale, de toutes ses obligations, des mensonges, que sont le vrai et le bien[1]. Seulement, il n'en aurait pas pour longtemps ; car la Noël approchant, le jouisseur connaîtra un sort moins gai. Nietzsche deviendra tout à fait fou et la graisse du bel animal nourrira les naïfs tourmentés par les mensonges de la morale et de la science ; et puis on n'en parlera plus.

Il est évident que celui qui se met au point de vue de la biologie et de la force, voire même de la volonté de puissance, se place en dehors de la société. Morale, science, vérité deviennent pour lui de l'irréel, du mensonge, parce que tout cela dépasse le simple biologique. Aussi le bovarysme a-t-il adopté la doctrine de l'aristocratie hiérarchique des classes prêchée par Nietzsche, qui a trouvé sa réalisation la plus haute et la plus achevée dans les castes des Indes, où a fleuri la pensée nihiliste de Bouddha. Rien de plus logique que cette philosophie se flatte de ne faire que rééditer « les systèmes des philosophes bouddhistes, qui ne sont eux-mêmes, en leur essence métaphysique, qu'une réédition des anciens systèmes brahmaniques antérieurs de plusieurs siècles[2] ». Évidemment, quand on s'est placé au point de vue de l'animal, il faut remonter aux premiers âges de l'humanité pour se trouver dans une atmosphère compatible avec son point de vue, quand l'homme était très proche de l'animal. C'est là le progrès intellectuel que nous propose le bovarysme.

Sans doute, l'organisation des castes a très bien exprimé

1. La révolte de Nietzsche contre la morale et ce qu'il conçoit comme étant la morale des faibles révoltés contre les forts, c'est donc une révolte contre les révoltés. Est-ce que le philosophe allemand voulut se venger, par cet acte de révolte, qui tâchait d'être une libération totale de morale, de ceux qui virent en lui, au début de sa carrière, le *laquais* de Wagner ? Toute cette révolte philosophique ne serait elle-même que la doctrine d'un affranchi.

2. *Raisons de l'Idéalisme,* p. III.

son néant dans la pensée de Bouddha. Le bovarysme serait donc la philosophie dialectique du néant. Elle serait légitime si la civilisation occidentale se trouvait, comme le croient certains penseurs, à sa fin, à son déclin, si l'homme retombait dans l'état de brute. Elle serait aussi en harmonie avec l'art cubiste, le jazz-band, qui sont un retour au dessin, à la musique et aux danses des sauvages, et constituent, pour quelques-uns, le prodrome de notre déchéance, le symptôme de mort de notre civilisation, après quoi il faudra reprendre une vie d'inconscience quasi-animale. D'ailleurs, ce cubisme philosophique n'est pas un cas isolé. Dernièrement, un autre littérateur, M. Boucher, voulait nous imposer la philosophie d'un autre philosophe allemand, le prodigieux et prestigieux Keyserling, qui va éclipser Nietzsche. Selon Keyserling et son interprète, la pensée européenne doit se mettre à l'école des yogis indous, où domine l'illogisme et l'irrationnel et dont le caractère original est l'inintelligible, c'est-à-dire à peu près les traits caractéristiques de la mentalité des Iroquois et Fidjéens. Attendons-nous à ce que, demain, d'autres nous proposent d'apprendre la philosophie et l'inintelligible chez les Papous ou chez les Hottentots, chez qui nous avons déjà pris le jazz.

Mais il ne faut rien prendre au tragique dans les différentes sortes de cubisme ou dans la philosophie bovaryque. Ce sont peut-être de simples aberrations momentanées, dont, bientôt, on ne parlera plus. Le bovarysme surtout est un jeu que personne ne prend au sérieux. En effet, l'idéalisme, dans ce système, aboutit au matérialisme jouisseur, tandis que le propre de la pensée idéaliste est d'édifier et de réhabiliter la vie de l'esprit et la plus haute moralité en face des négations du matérialisme.

* *

Tel est, semble-t-il, le résultat de l'idéalisme de Boutroux, d'Eucken et des philosophes tels que MM. Gentile et Le Senne.

En effet, si l'idéalisme moniste est poussé à bout, il se détruit lui-même comme le bovarysme. Lorsqu'il est moins intransigeant, au prix de se contredire, il admet l'existence de la conscience des autres, il peut se maintenir au prix de contradictions innombrables, mais il réussit à édifier une philosophie large, originale ; il fonde la morale, la science, la religion et érige en système inébranlable la hiérarchie des valeurs de la civilisation. Tel est le succès de la pensée de MM. Gentile et Le Senne, lesquels, du reste, furent devancés dans cette voie par Eucken. Notre thèse ne pourrait être contredite par la philosophie idéaliste qu'en tant que celle-ci se contredit elle-même. En cas contraire, elle ne fait que confirmer notre point de vue. Voici, à cet égard, une preuve concluante : « De cette conception idéaliste de la science résultent à la fois, dit M. Le Senne, l'ordre hiérarchique des sciences et leur méthode. En tant qu'une science est théorique, elle est analytique. La psychologie aura donc pour objet de résoudre les synthèses mentales en rapports sociologiques » (p. 214). C'est précisément la tâche que nous nous sommes aussi donnée dans cette étude et que nous avons inlassablement poursuivie dans le *Problème de la Conscience* et dans l'*Idéal créateur*. « Il est vrai, continue M. Le Senne, que l'individu est par la société, mais il n'est pas vrai qu'il n'est rien, car les conditions sociales qu'il trouve en lui-même sont synthétisées par l'activité du moi. La psychologie se ramène en somme à classer les inventions. Les expliquer après coup sera les dissoudre en rapports sociaux... Il y a interdépendance entre la société et l'individu... L'individu dépend de la société comme le supérieur qui est plus complexe dépend de l'inférieur. A son tour, la société dépend de l'individu en ce qu'elle ne peut se réaliser que dans et par lui ». Il y a là comme un résumé de la thèse que j'avais développée dans le *Rôle de l'Individu*. Ce n'est pas un plaisir négligeable que de se voir confirmé d'une façon aussi entière qu'inopinée.

La pensée idéaliste est, somme toute, la meilleure confirmation du sociologisme. Les deux directions de pensée affirment l'autonomie de l'esprit, son indépendance relative par rapport au matérialisme physiologique ou physique. La seule différence entre ces deux modes de la pensée c'est que l'idéalisme analyse la conscience en elle-même et en ses opérations créatrices internes, tandis que la sociologie s'efforce précisément de résoudre ces opérations en rapports sociaux, c'est-à-dire de montrer les conditions sociales et historiques qui déterminent et la conscience et ses fonctions. La tâche de la sociologie est, selon nous, d'établir un parallélisme socio-psychologique, analogue au parallélisme psycho-physiologique et dont la valeur explicative est beaucoup plus riche et plus profonde. Le physiologique est simplement cause occasionnelle ou instrumentale des faits de conscience, tandis que le social est la cause efficiente de la conscience et de ses opérations logiques.

L'idéalisme, comme le sociologisme, d'autre part, se rendent compte qu'avec l'esprit, la morale, l'art et la religion, l'homme dépasse l'animal et qu'il se dépasse lui-même. Monté sur le tremplin de la société, l'homme s'est séparé du singe, son compagnon de route, et s'est lancé plus haut, vers le ciel de la divinité. Et c'est précisément ce que ne comprendra jamais l'Hindou de M. Keyserling, le singe de la philosophie matérialiste, qui continueront avec leurs ironies et leurs ricanements sceptiques. L'homme, pour avoir cru au mensonge de la science logique, de la morale, de cette morale messianique des esclaves et de la religion du messie, escaladera le ciel, tandis que le singe, sceptique, clairvoyant, qui perce et dissipe ces... mensonges, continuera de rester ce qu'il est, s'il ne se précipite pas dans le Nirvana auquel aboutit toute sa clairvoyance philosophique.

CHAPITRE II

L'Idéalisme dualiste.

La réalité du monde extérieur, niée par les partisans de l'idéalisme moniste, prend sa revanche avec les philosophes *spiritualistes-dualistes* comme Eucken et Boutroux. Ces deux penseurs ne suppriment pas la réalité extérieure, car ils la supposent et la postulent. Ils acceptent le dualisme avec toutes ses conséquences et tous les conflits logiques qui lui sont inhérents, car la tâche de la philosophie est d'en chercher l'issue.

§ 1. — *Le spiritualisme d'Eucken.*

Dans la conception de ce philosophe, la vie spirituelle est naturellement considérée comme supérieure à l'univers matériel et, quoiqu'elle lui soit incorporée, elle en diffère essentiellement. Eucken insiste longuement sur la différence fondamentale qui existe entre la vie de l'esprit et la nature de l'homme pur et simple, c'est-à-dire de l'homme considéré comme un simple exemplaire de l'espèce zoologique respective. A ce point de vue, il y a analogie réelle entre la façon dont il différencie la vie psychique spirituelle de la vie simplement physiologique, et la façon dont nous-mêmes avons fait cette différence dans les deux premières parties de cette étude. Il nous a semblé, pourtant, que cette différence entre la vie spirituelle et la vie naturelle se soutient plus logiquement dans l'hypothèse sociologique que dans celle panthéiste du philosophe allemand. L'hypothèse sociologique, on le verra, est plus définie, plus saisissable que l'autre. La preuve en est qu'Eucken lui-même y revient et l'adopte tout naturellement, comme une hypothèse qui va de soi, sans s'apercevoir qu'elle rend inutile la sienne propre.

Nous allons exposer brièvement l'hypothèse de ce philosophe, en mentionnant aussi les observations critiques qu'on pourrait faire à son sujet[1]. La question est pour lui de savoir si la vie de l'homme s'écoule entière à l'intérieur de la nature ou si elle développe au delà de la nature un caractère particulier. Sans doute, tout en reconnaissant que la vie de l'homme appartient tout d'abord à la nature, qui ne l'enserre pas seulement du dehors, mais pénètre même profondément jusqu'en sa vie psychique, — cette vie étant ainsi un simple rapport avec l'entourage, — on affirme en même temps qu'elle ne s'épuise pas dans ce processus extérieur. Dans toutes ses fonctions principales : connaissance, volonté et sentiment, la vie consciente perce le cadre purement extérieur enserrant le processus naturel, et manifeste, par rapport à la pure et simple nature, un caractère particulier. « Et cela non seulement chez l'individu, mais encore dans l'existence sociale et le travail en commun. »

Certes, la connaissance est une simple association d'impressions isolées, un simple processus. Mais un abîme sépare toujours, de ce processus, la pensée qui s'associe toujours chez l'homme, au même processus d'associations. En s'orientant vers la pensée, l'homme se délivre du monde qui l'environne et se révèle, par cela, supérieur. Son âme témoigne par là d'une autonomie intérieure. Ainsi, pour citer un exemple, la science, produit collectif, est forcément différente du chaos des représentations dans lesquelles

---

1. C'est dans *Le Sens et la Valeur de la Vie* que nous puisons les indications qu'on va lire sur la conception d'Eucken.

s'écoule la vie journalière. Mais la pensée ne peut arriver à
une telle autonomie qu'autant qu'elle franchit l'état de pure
et simple juxtaposition, forme un plan d'ensemble, par lequel
elle englobe tous les éléments isolés, puis précise et nuance
l'ensemble. C'est ainsi que naît l'organisation intérieure
d'un système et la vie psychique. La vie de l'esprit présente
une structure foncièrement autre que celle d'un simple
agrégat.

De même pour le sentiment. Il est certain que, chez
l'homme, le sentiment ne demeure pas, comme chez l'animal, lié à l'impression sensible. La lutte humaine pour le
bonheur et le bien est très souvent éloignée du bien-être
des sens. L'homme peut se délivrer du lien qui l'enchaîne
à l'état individuel et, comme dans l'amour et la pitié,
développer une participation à l'état de l'ensemble.

Dans la volonté de l'homme apparaît également un
effort pour s'élever au-dessus de l'aveugle contrainte des
impulsions naturelles ; l'action acquiert une autonomie et
une autorité s'opposant à tout ce qui l'envahit du dehors,
autonomie obtenue par la communauté humaine dans le
perfectionnement d'une civilisation vis-à-vis de la pure et
simple nature ; l'homme n'accepte pas le sort tel qu'il lui
échoit, mais se le prépare et se le pose. Tous les buts du
travail spirituel s'accordent pour élever l'homme au-dessus
de l'aspiration au seul plaisir, à la pure et simple utilité,
et le pousse à faire de la vie quelque chose de plus grand.

*
* *

Transposons tout cela en termes sociologiques équivalents, mais plus précis et plus clairs. Eucken voit la genèse
de l'activité spirituelle, dans ses trois embranchements
principaux, comme découlant de la vie collective, de
l'ensemble social. La connaissance en tant que science, il
le dit expressément, est résultat de la vie sociale. Le sentiment, en tant qu'il se délivre, chez l'homme, de la simple
sensation, peut même se tourner contre le bien-être des

sens et, par l'amour et la pitié, prendre part à l'état de l'ensemble; qu'est-ce à dire, sinon que la participation de l'homme à la vie de l'ensemble social le détermine, l'oblige à se détacher du simple bien-être des sens et souvent à se retourner contre lui.

Quant à l'autonomie de la volonté par rapport aux impulsions naturelles, et la résistance de la volonté autonome contre l'assaut des influences extérieures, Eucken reconnaît qu'elles sont obtenues par la communauté humaine dans le perfectionnement d'une civilisation vis-à-vis de la pure et simple nature. Mais qu'est-ce à dire sinon que la vie sociale, la civilisation brise l'égoïsme individuel; le travail spirituel de l'homme l'oblige à dépasser l'aspiration au seul plaisir et à la seule utilité, qui sont d'ordre simplement individuel? Sans doute, l'homme, laissé à lui-même, à ses libres penchants naturels, c'est-à-dire physiologiques, ne peut pas se surmonter. Il est évident que cette activité de l'esprit n'est pas un prolongement de la nature, mais bien une rupture avec elle, l'adoption d'un nouveau point de départ et même une radicale transformation de la vie. Avec son intériorité et son autonomie, elle forme un domaine complètement nouveau vis-à-vis de la simple nature, qui constitue l'apparition d'une vie nouvelle. Cette vie nouvelle, nous l'avons vu, se présente comme une sorte de greffage social sur le plant biologique de l'homme; c'est une seconde nature que la civilisation et la vie historico-culturale crée, greffe ou insère dans la vie naturelle (biologique) des individus.

Comment faut-il comprendre cette nouvelle vie, selon Eucken? On doit délimiter le niveau atteint par l'œuvre totale de la vie psychique sur le degré de la nature et chercher alors en quoi la nouvelle manière diffère de l'ancienne. Tant que la vie psychique va vers l'extérieur et se réduit à la conservation de l'individu, elle reste au degré de la simple nature. C'est seulement lorsque la vie psychique s'oriente vers elle-même qu'il se produit un royaume d'intériorité, et ce royaume augmente. Aussi longtemps que nous nous bornerons à considérer et à traiter les autres hommes comme un phénomène extérieur, il ne se produira ni véritable communauté ni élévation intérieure de l'homme et de l'humanité. La vie se resserre entre des bornes étroites si l'on n'introduit pas l'objet dans le processus même de la vie. L'idée du devoir ne se réalise que lorsqu'on introduit la loi dans la volonté et la vie personnelle, car, imposée du dehors ou par la peine et la récompense, elle ne saurait être efficace. C'est seulement ainsi que nous pouvons nous. délivrer du moi mesquin et élargir notre propre être.

Nous pouvons interpréter ces pensées d'Eucken, sans les trahir, en disant que l'individu ne peut, de lui même, en tant qu'être simplement biologique et de nature, dépasser l'intérêt de sa conservation individuelle. Comme le philosophe allemand, nous avons aussi montré que même la vie collective ne peut déterminer l'élévation de l'homme au-dessus de lui-même et, par suite, insérer une vie spirituelle en lui, tant que les individus ne se sont pas, en quelque sorte, pénétrés les uns les autres, tant que la société est une agglomération extérieure d'unités juxtaposées. A vrai dire, il n'y a société qu'autant que la juxtaposition extérieure s'est transformée en pénétration, c'est-à-dire qu'autant que les individus ne se considèrent pas entre eux comme quelque chose d'extérieur. Or, nous avons vu que l'interpénétration, au début, n'a pu se faire que par la violence et l'esclavage, — rapport violent prolongé entre maîtres et esclaves, — c'est-à-dire entre conquérants et conquis. Avec l'extension du groupe social et l'augmentation de son volume et de sa densité, l'interpénétration des individus multiplie et complique les rapports inter-individuels, lesquels, en se prolongeant, laissent des marques dans leur vie intérieure et l'élargissent indéfiniment à force de persévérer. La loi extérieure de ces rapports finit, avec le temps, par s'inscrire à l'intérieur de la vie psychique individuelle. Ce n'est qu'à partir de ce moment qu'elle devient efficace et plus sûre; car, tant qu'il faut l'imposer du dehors, elle est précaire et souvent inopérante. Mais, après s'être ainsi élargie, il faut, selon Eucken, que la vie s'approfondisse et qu'elle acquière consistance par une ascension vers la spontanéité et l'originalité, montée de l'ébauche à la perfection par la conciliation des oppositions en une véritable synthèse intérieure.

Il apparaît clairement que, dans l'orientation de la vie vers elle-même, se produit une profondeur originelle de riche contenu. « Tout se réunit pour former un tissu serré, une cohérence parfaite ; on peut même affirmer que s'accomplit l'édification d'un monde. La vie spirituelle apparaît donc ici comme une création universelle de l'intériorité... qui attire en elle tout ce qu'elle rencontre et à laquelle semble possible un perfectionnement intérieur indéfini. La vie psychique acquiert en réalité une indépendance vis-à-vis de la pure et simple nature ; maintenant elle n'est plus une simple partie d'un mécanisme vide de sens. »

Or, cette autonomie intérieure ne peut absolument pas être un produit de la nature infra-humaine : elle apporte quelque chose d'essentiellement nouveau, directement opposé, et un renversement de l'ordre déjà existant, et cela jusqu'au fondement le plus intime de la vie. La tendance vers le bien-être personnel est trop restreinte, l'homme est capable de lutter contre sa manière particulière, qui devient trop mesquine. Sur le degré de la vie de l'esprit, l'action dépasse de beaucoup la conservation de l'homme pur et simple et fait avec elle le plus franc contraste.

En tant qu'œuvre de l'homme pur et simple, la vie de l'esprit serait aussi œuvre d'homme isolé. Si toute vie spirituelle est une victoire remportée sur les contradictions existantes, une transformation et une élévation, dans le cas où elle serait l'œuvre de l'homme, elle serait une simple addition factice. Mais peut-elle alors modifier la structure fondamentale de la vie même ? N'est-ce pas là une insupportable contradiction ?

*
* *

Si nous rapportons ces vues du philosophe allemand au point de vue sociologique, il nous semble que cette tendance qu'a la vie psychique à s'approfondir et s'intérioriser par la conciliation des oppositions n'est que l'aspect intérieur ou psychique de la tendance extérieure politique et sociale qui aboutit à l'organisation de la vie collective dans une forme sociale cohérente et consistante, organique et durable. Les conflits extérieurs d'intérêts, de classes sociales et de tendances différentes se concilient et s'apaisent avec le temps, par un mouvement marqué de concentration d'abord forcée, puis consentie, c'est-à-dire intériorisée, devenue plus ou moins habitude. Ce travail de concentration sociale et politique, de conciliation d'intérêts et de tendances contraires, s'élabore en même temps dans la vie intérieure des individus. Il aboutit ici à des synthèses psychiques, reffet et agent en même temps des synthèses sociales extérieures, qui se fixent dans les lois et les institutions. A mesure que les groupes sociaux s'unifient et s'organisent, en se centralisant en synthèses sociales vivantes — les nations — dans la même mesure se constituent et s'approfondissent les tendances opposées et conciliées en synthèses intérieures psychiques individuelles, spontanées et originales : *les consciences*. A la cohérence sociale, à l'intérieur du groupe social, répond la cohérence psychique des consciences. C'est ainsi que s'édifie le monde intérieur, autonome, c'est-à-dire indépendant de la nature physique et même de la nature de l'homme naturel. Au fond, l'autonomie est l'aboutissement naturel et final de l'hétéronomie intériorisée.

Sans doute, si la vie consciente, si la vie de l'esprit était une victoire sur les contradictions intérieures qui découleraient de la nature de l'individu, elle serait une simple addition ou dérivation de cette nature biologique. Mais, en ce cas, Eucken a raison : comment pourrait-elle modifier la structure fondamentale de la vie ? La contradiction est, en effet, insupportable. Pour nous, elle se résout naturellement du fait que la vie coercitive du groupe social, organisée politiquement dans un ensemble organique, qui, comme tel, dépasse l'individu et sa nature biologique, modifie de gré ou de force et, au début, plutôt de force, la structure

fondamentale de la vie individuelle. Ce n'est pourtant pas
dans cette direction qu'Eucken cherche la solution de
cette contradiction, mais bien dans le grand tout de la vie
cosmique.

Dans cette vie nouvelle, on reconnaît la nécessité de
s'élever jusqu'à une réalité supérieure à l'homme, réalité à
laquelle il obtient de prendre part, mais qui ne provient
pas de lui-même. « Il faut donc reconnaître dans la vie de
l'esprit le processus cosmique dans lequel l'univers se manifeste comme un ensemble vivant et accompli, dans l'élaboration d'une profondeur, une transformation de l'état
trouvé à l'origine... Un mouvement en vue d'un ensemble
ne peut se produire chez nous, êtres bornés et dispersés, si
la réalité ne formait un tout et ne menait une vie procédant
de l'ensemble ; il est nécessaire qu'il existe une vie de l'esprit supérieure à l'homme, mais celle-ci doit être susceptible de se révéler à lui, de se mêler à sa propre essence.
Une vie universelle est susceptible de devenir pour l'homme
une présence réelle et poser en lui le centre de gravité de
la vie. »

« Une divinité supérieure à toutes les complications cos-
miques ne peut se manifester à nous que dans les expériences de la vie de l'esprit ; c'est en elles seules aussi que
peut se révéler une raison universelle qui maintient ensemble le monde visible et invisible et les réunit en une harmonieuse unité. »

En d'autres termes, le rôle que, selon nous, remplit la
société, dans la création et l'organisation des synthèses
psychiques intérieures, dont la synthèse totale constitue
l'activité de l'esprit, est attribué par Eucken au processus
cosmique de l'univers conçu comme un ensemble vivant,
lequel, pénétrant la vie individuelle, s'y approfondit et y
crée la vie de l'esprit. Le monde est, selon lui, doué d'une
vie spirituelle supérieure à celle de l'homme, mais susceptible de se révéler et de se mêler à elle. — Nous avouons
qu'il nous est presque impossible de saisir le contenu de
cette pensée et ce qu'elle peut avoir de légitime. Que l'univers soit quelque chose comme un ensemble vivant et se

manifestant comme une vie spirituelle, le fait est admissible
comme métaphore, mais il est autrement difficile à réaliser
et à comprendre que l'unité organique du groupe social national que nous lui opposons pour jouer ce même rôle. Que
l'univers soit un être vivant, la chose est absolument invéri-
fiable, tandis qu'il est très facile de comprendre la nation
comme un ensemble organisé, car il est dans les moyens de
notre intelligence sinon de nos sens de l'apercevoir et de la
comprendre. Voici pourquoi nous pensons que notre thèse
sociologique est infiniment préférable à la thèse métaphysique et cosmique d'Eucken.

*
* *

L'homme ressent ainsi comme sien dans son autonomie
le processus universel et peut se soustraire à la particularité
du point isolé. On comprend ainsi comment quelque chose
situé au-dessus de nous peut en même temps se manifester
comme force de notre vie personnelle. Une rencontre « d'un
au-dessus de nous » et « d'un en nous » apparaît dans l'idée
du devoir et dans les normes qui régissent tout travail intellectuel. Le fait nous parle impérieusement, mais en même
temps nous devient proche et intime au plus haut point.
C'est pourquoi le bien est capable de l'emporter sur l'agréable et l'utile.

Il est évident que la communauté intérieure des hommes
peut se réaliser par les moyens de la vie spirituelle en tant
que celle-ci en émane et que l'idée du devoir, — comme les
normes logiques, — qui nous est supérieure, soit en même
temps en nous, parce que le devoir, fait social, est par cela
même un fait personnel, un acte de conscience. La chose
devient d'autant plus intelligible dans l'hypothèse sociologique qu'elle est incompréhensible dans l'hypothèse métaphysique du Cosmos vivant. La société des hommes est
une réalité à la fois humaine et supra-humaine, tandis que
l'univers, dans sa matérialité naturelle, est, d'après la conception même d'Eucken, quelque chose de profondément
différent et, par suite, d'étranger à l'homme. Ce n'est pour-

tant pas tout à fait l'avis du philosophe allemand. « Nous ne sommes pas, dit-il, de par notre nature particulière, des points vitaux spirituels, des centres de vie spirituelle, nous ne devenons de tels points que par la vie de l'univers. »

Dans le mysticisme, dans les grandes religions de rédemption, on exige la renaissance de l'homme et, sur les hauteurs de la vie spirituelle, l'œuvre accompli fut considérée moins comme une production de l'individu pur et simple que comme une communication et une révélation d'une puissance supérieure qui se manifeste en l'homme et l'élève au-dessus de lui-même, sans toutefois l'abaisser au rang d'un simple instrument, l'éveillant, au contraire, à une véritable spontanéité. La puissance de l'homme n'est pas une parcelle soustraite à la puissance divine, mais une révélation et une confirmation de cette puissance. Ce fut un égarement de l'esprit religieux d'exiger de l'homme, comme preuve suprême de son amour pour Dieu, une indifférence profonde pour ses semblables. Tout amour d'homme à homme et les relations d'homme à homme sont basés sur le rapport à la vie universelle, sur l'amour pour Dieu. C'est ainsi que se crée une organisation de l'humanité en une communauté intérieure, une participation des destinées particulières aux destinées de l'ensemble.

Mais nous pensons que cela est possible seulement en tant que l'amour d'homme à homme, les rapports d'homme à homme et l'amour de Dieu découlent précisément de cette organisation de l'humanité en une communauté intérieure, car ce n'est que par celle-ci qu'ils sont rendus possibles. Il va aussi de soi que ce qu'on appelle, avec les mystiques, la renaissance de l'homme, c'est la création et le greffage, sur l'homme naturel, d'une réalité psychique et spirituelle du fait même de la vie collective à laquelle il prend part. C'est la vie organisée de l'ensemble social qui constitue la puissance supérieure, manifestée dans l'homme, pour l'élever au-dessus de lui, et c'est elle qui lui communique, comme par une révélation proprement dite, les œuvres de la vie spirituelle.

Les sociologues ont toujours vu dans la réalité superindividuelle du milieu social ou national l'équivalent de la notion de Dieu. Un Bossuet n'hésitait pas à affirmer que Louis XIV est l'équivalent de Dieu sur terre. De là aussi l'énorme importance qu'a prise dernièrement pour la sociologie l'étude des religions.

Malheureusement, Eucken, mal avisé de l'importance de la vie sociale, a une sorte de parti pris contre la société qu'il identifie, à tort, selon nous, avec la nature, et alors la société, comme nature, n'est pas, à son avis, propre non plus à expliquer la nature spirituelle de l'homme et les produits de l'esprit. C'est ce qui lui fait dire : « Civilisation purement sociale et civilisation spirituelle sont ici directement opposées : celle-là uniquement, occupée de l'état purement humain, ne pouvant cependant pas suffire à l'homme ; celle-ci, manifestation d'une vie spirituelle autonome et, par cela même, principe d'élévation intérieure de l'homme. Il est aussi certain qu'une telle civilisation spirituelle doit porter en nous ses fruits, qu'il est certain que notre vie ne s'écoule pas auprès de l'univers, mais bien en lui. »

Il nous est difficile de comprendre comment une civilisation spirituelle peut être autre qu' « humaine », quand elle doit être incorporée non seulement dans l'homme, mais dans la réalité de l'univers. Qu'est-ce qu'une civilisation occupée de l'état purement humain ? Comme aucun cas concret ne l'explique d'après la pensée de ce philosophe, elle n'a aucun sens.

*
* *

L'individu porte en soi, selon Eucken, et, nous le verrons, selon Boutroux, une force qui tend à l'élever. Mais, dit-il, le spirituel se mêle au naturel en lui. Seulement, les éléments spirituels se distinguent de plus en plus nettement et s'unissent de plus en plus étroitement, en un ensemble intérieur ; et, finalement, apparaît pour l'homme une tâche supérieure qui l'ennoblit, en créant en lui un moi supérieur, avec des buts spirituels opposés à ceux de son moi inférieur, comme un ensemble et un tout qui s'opposent à l'éparpillement de la surface. Le caractère individuel apparaît donc comme un pilier le long duquel se hisse la vie.

Quand Eucken essaie d'expliquer cette puissance de l'homme à s'élever par l'esprit au-dessus de lui-même, il est obligé de se rapporter à l'humanité comme ensemble et comme objet de l'histoire. « L'ascension de l'inférieur vers le supérieur, dit-il, pénètre dans l'ensemble de l'humanité et agit ici en vue de la formation de nouvelles formes de vie qui correspondent au domaine de la vie de l'esprit et deviennent des contenants de son développement. C'est ce que montre le mouvement de la vie sociale. »

Le philosophe allemand ne peut donc lui-même expliquer et justifier ce fait que par le mouvement de la vie sociale. Eucken sera ainsi obligé de recourir à l'explication que nous avions opposée à la sienne. Voici ce qu'il en dit : « C'est tout d'abord la juxtaposition extérieure et la contrainte imposée par la conservation personnelle, qui pousse les hommes à se réunir et à se constituer en groupes plus ou moins grands. Mais de cette union extérieure, par les expériences et les combats en commun, par les peines et les succès partagés, résulte de plus en plus une communauté intérieure ; une vie collective pourvue de traits particuliers se développe ici, qui gouverne le travail des individus et refoule leur égoïsme ; l'homme peut ici se sentir membre d'un ensemble, porté par cet ensemble et affermi en lui. Une vie et une action partant de l'ensemble et de l'intérieur sont ici atteintes, qui préparent à la vie spirituelle et lui acquièrent à l'intérieur de l'humanité un abri sûr, un lieu où elle puisse sans crainte se faire jour ; c'est ce que Fichte a démontré d'une manière saisissante dans ses *Discours à la nation allemande*. Mais ce qui, pour le peuple et la patrie, est enclos de frontières déterminées, à savoir la formation d'un ensemble et d'une intériorité de la vie, devient aussi le but de l'ensemble de l'humanité ; une communion intérieure est présente à nos efforts et agit comme force impulsive dans chaque âme en particulier.

« De même que la formation d'une communauté proprement humaine nous élève au-dessus d'une juxtaposition dans l'espace, de même se trouve surmontée, par la formation d'une histoire proprement humaine, la succession du temps. Car ce qui résulte de l'histoire, non pas simplement chez l'homme, mais bien dans son élévation à la spiritualité, est foncièrement différent de la pure et simple succession et de l'entassement des effets que la nature nous présente. L'histoire proprement humaine ne s'en va pas à la dérive sur le torrent du temps; elle entreprend, au contraire, un combat contre le temps, elle lutte pour arracher au fleuve des événements quelque chose de durable. Le seul fait que l'homme cherche à retenir intérieurement ce qui s'écoule extérieurement produit une histoire de l'homme très particulière; il ne peut effectuer cela sans séparer l'essentiel de l'accessoire, le spirituel du purement humain, et sans employer les deux grandes valeurs à son profit. C'est surtout là où se trouvent les points culminants qu'à travers tout temporel et humain se produit une ascension vers une vérité durable. Mais de même que nous voudrions maintenir ce que les époques soi-disant classiques ont d'impérissable, de même nous cherchons, en général, à distinguer dans l'histoire ce qui appartient simplement au temps de ce qui, en tant que contenu de vérité supratemporel, peut contribuer au progrès de tous les temps. L'histoire contribue ainsi au développement d'une réalité spirituelle, qui, de son côté, procure un appui contre les courants variables de la surface; elle offre même, vis-à-vis du présent, du moment pur et simple, un présent embrassant le temps, dans lequel toute grandeur et toute vie substantielle extérieurement écoulées peuvent continuer d'exister intérieurement et se manifester toujours de nouveau de manière efficace. Ce présent spirituel est le point d'appui et le trait caractéristique de toute véritable culture intellectuelle; à l'intérieur du temps, elle élève l'homme au-dessus du temps pur et simple. L'histoire proprement humaine contredit donc l'affirmation que notre vie appartient de fond en comble au temps et porte en elle un combat entre le temps et l'éternité; cette histoire même forme un intermédiaire entre le temps pur et simple qui gouverne l'existence immédiate et l'éternité, qu'exige la vie de l'esprit.

« Il ne faudrait pas méconnaître ici que la formation de la société et de l'histoire n'engendrât de nouvelles complications, en ce sens que la société peut exercer une pression sur la liberté de l'individu et que l'histoire peut porter préjudice à l'originalité de la vie de l'époque présente. Mais ces dangers, ainsi que les combats qu'ils suscitent, résident à l'intérieur de la vie de l'esprit; le fait d'un développement de la vie au delà de pures et simples juxtapositions et successions reste en cela fermement établi; les complications même qui naissent ici confirment plutôt l'élévation de l'homme au-dessus de la simple nature qu'elles ne la rendent douteuse[1]. »

*
* *

Ainsi précisée et expliquée, la conception que se fait Eucken de la vie spirituelle devient claire et intelligible. En effet, la vie de l'esprit, étant un produit de ce qui est essentiel et par suite permanent dans l'histoire, s'identifiant avec le permanent qui dépasse ses divers moments ou époques transitoires, est le produit même de la vie sociale de l'humanité, car l'histoire n'est pas la vie d'une vague humanité, mais celle des sociétés humaines. Seulement, dans la mesure où elle se constitue et s'affirme, la vie de l'esprit tend à se confondre avec la divinité qui seule est éternelle. D'autre part, le contenu de la vie spirituelle, devant porter la marque même de l'éternité, se confond avec les vérités immuables des sciences, avec les chefs-d'œuvre éternels, artistiques et littéraires, avec les principes les plus universels de la morale, et la divinité n'est plus alors que l'étiquette qui couvre tout, la synthèse de tout, conçue comme une réalité concrète. Les générations humaines qui s'écouleront revivront ces produits de la culture universelle en les assimilant, en y ajoutant ce qu'elles auront réalisé de mieux,

1. Eucken, *Le Sens et la Valeur de la Vie*, p. 106, 107, 108.

de plus réussi comme œuvre de l'esprit, comme essentiel et éternel de leur réalité temporelle et particulière. Par cela même, chaque génération dérivera sa conscience de cette synthèse toujours augmentée des chefs-d'œuvre de l'esprit humain. Celle-ci devient aussi le succédané de Dieu, car c'est elle qui créera, dans les consciences de tous les temps, la vie spirituelle qui, à son tour, se régénérera et revivra dans ces consciences, lesquelles en seront le support et le véhicule à travers le temps. Mais les chefs-d'œuvre et leurs auteurs survivront à travers le temps ; les auteurs ressusciteront avec leurs œuvres dans la mémoire des hommes éphémères ; ainsi l'éternel se nourrit de l'éphémère et vit de lui, en même temps qu'il sert à le créer et le recréer à chaque moment.

Comment l'œuvre d'art est-elle immortelle, lorsqu'elle est un véritable chef-d'œuvre ? « Son immortalité, dit Gentile, vient de l'esprit... en l'apprenant, en l'appréciant, en la créant de nouveau en lui-même par un acte créateur à travers lequel seulement l'œuvre d'art peut atteindre sa réalité actuelle[1]. » Gentile justifie ainsi cette affirmation : « La poésie d'Horace a disparu et l'homme qui naquit et mourut en Horace est mort tout à fait ; mais un monument lui est élevé en *nous*, dans un *Nous* qui, en tant que *nous* sujet et acte immanent, ne diffère en rien du *Moi* d'Horace[2] ».

L'esprit est donc, en tant qu'acte, éternel comme Dieu. C'est en lui que s'épuise la substance et la réalité du divin. Mais l'esprit, c'est le moral qui diffère de la nature, et le moral c'est le social qui est du surnaturel, du supérieur à la nature, du différent, en tout cas, pour ne pas dire du transcendant.

§ 2. — *Le mysticisme d'Émile Boutroux.*

Quand on étudie les derniers écrits philosophiques de Boutroux, on s'aperçoit facilement qu'ils sont dominés par une idée centrale, formulée par lui d'après Pascal : l'homme

1. *L'Esprit, acte pur,* p. 135, 136.
2. *Ibid.,* p. 137.

passe l'homme, ou bien l'homme dépasse toujours et de plus en plus la nature et lui-même. Cette idée imprègne son esprit; il en est comme obsédé. Il n'a traité que des sujets où cette idée éclate comme d'elle-même. Tous les problèmes, objets de ses dernières préoccupations, ont été comme expressément choisis pour que la vérité de cette idée y fût bien mise en lumière. C'est pourquoi la matière de prédilection de ses derniers écrits et conférences sera l'étude des problèmes religieux, le mysticisme, le moi subliminal, science et religion, science et culture, morale, démocratie et religion, philosophie et religion, l'au-delà intérieur,... etc. Toutes ces études lui révèlent le pouvoir et le désir de l'homme de se dépasser.

Boutroux explique cette capacité par la nature spirituelle des consciences; ce pouvoir est bien celui de l'esprit qui habite l'homme Il l'opposait, car il s'oppose, en effet, au simple naturel de l'homme, à sa nature purement physiologique en tant qu'être matériel. A un moment donné, Boutroux donne cette définition : *L'homme est un être capable de se dépasser.*

Le moi subliminal qu'avait conçu Myers, et que W. James avait popularisé, semble avoir fourni à Boutroux une base psychologique et une justification philosophique de cette capacité spécifique de l'homme. Il voit dans le moi subliminal ce que James avait aussi vu : *le théâtre où l'homme communie avec Dieu.* La porte subliminale est l'ouverture par où le divin peut entrer dans l'âme humaine. Il ne va pas jusqu'à adopter entièrement la conception que Myers se fait de ce moi sous-conscient, et l'interprétation et la conséquence qu'il en tire. Boutroux n'admet pas la communication proprement dite avec les esprits désincarnés, comme l'entendent les spiritistes avec Myers. Il n'est point sûr que l'esprit peut se détacher de la nature et se désincarner. Pour lui, d'une part, le moi subliminal plonge, par ses facultés inférieures, dans l'animalité; d'autre part, par ses facultés supérieures, il communique avec les êtres supra-terrestres, dont notre moi conscient, entravé par le corps, ne peut recevoir l'influence. Mais ce que ne peut le moi conscient, c'est le moi subliminal qui le pourra. Ainsi c'est par lui que s'explique la *grâce*, dont le christianisme fait la condition de la vie religieuse et qui doit devenir notre force, notre volonté, sans pourtant procéder de nous-mêmes. C'est par lui également que s'explique la conversion, par laquelle on naît en quelque sorte à une personnalité nouvelle, et le mystique n'est pas simplement dupe d'une illusion quand il se sent en communion avec Dieu et quand il a conscience d'être transformé par la présence divine.

Pourtant Boutroux comprend la religion et la réalité de Dieu d'une autre manière que l'habituelle. Pour lui, la religion ne peut consister dans un rapport d'être donné à être donné, l'un de ces êtres fût-il très petit et l'autre très grand. Un rapport d'être à être est une chose observable du dehors, un fait, donc une partie de la nature. Si la religion a un caractère propre, si elle se distingue vraiment des relations qu'étudient les sciences, c'est qu'elle est une relation entre *ce qui est* et ce qui doit et peut être, entre le réel et l'idéal. *Adveniat regnum tuum.*

Ce que Boutroux entend par l'activité spirituelle du moi subliminal se laisse voir plus clairement dans l'œuvre et l'action du génie. Le génie, pour lui, représente une adaptation anticipée à un monde idéal et possible, non une conséquence des conditions de la vie actuelle. (La religion, elle aussi, d'ailleurs, selon Myers, n'est pas l'effet de l'adaptation et de l'évolution.) Et c'est pourquoi l'artiste, l'homme de génie estime que son œuvre ne se crée pas, en réalité, dans la sphère consciente de son âme, il se borne à définir et à exprimer au mieux les résultats d'un travail qui s'accomplit presque sans lui, dans une région supérieure. Ainsi Beethoven avait conscience de recevoir de Dieu même ses sublimes inspirations. Musset écrit : « On ne travaille pas, on écoute; c'est comme un inconnu qui vous parle à l'oreille ». La création de l'homme de génie est comme automatique; en même temps, elle est supérieurement intelligente. Or, elle se produit précisément au fond inconscient de ce moi subliminal qui consiste en une activité créatrice et féconde, impliquée, du reste, dans chacune de nos opérations conscientes et réfléchies. Le moi subliminal est l'esprit, non comme extérieur à la matière, mais comme vie productrice, source de ce qui est réalisé, principe actif qu'on ne saurait réduire aux choses données. Il est, en d'autres termes, ce moi plus large, où s'accomplissent des actions secrètes qui ont leur retentissement dans le moi conscient. Ce n'est donc pas un surnaturel illusoire qu'il nous fait entrevoir, mais une expérience primitive de l'idée créatrice, une possibilité de la réunion du réel et de l'idéal qui donne une signification originale au mot esprit. L'intuition *de l'identité de l'intelligence et de l'action, de l'être et de la perfection est ce qu'on appelle Dieu*. Et si la religion repose sur la foi, ce n'est pas sur une foi aveugle, mais sur une foi guidée par le sentiment de l'intuition parfaite. Aussi bien le raisonnement est-il constamment guidé — s'il ne veut pas être purement formel et risquer de s'égarer — par l'intuition secrète et le sentiment du réel que lui prouve le moi subliminal, preuve que la raison et le conscient ne se suffisent pas.

Disons, pour résumer la pensée de Boutroux à propos du moi subliminal, qu'il le comprend comme l'activité créatrice et originale de l'esprit, l'idéal, la perfection, l'ouverture par où l'on voit Dieu et communie avec lui, Dieu étant conçu comme génie créateur et perfection. Bref, le moi subliminal est l'organe par lequel s'exprime et se réalise la capacité de l'homme de dépasser toujours de plus en plus la nature et lui-même.

* *

Quel est le processus psychique par lequel s'effectue intérieurement le travail propre du moi subliminal? Il nous semble qu'à cette question Boutroux a répondu dans son étude sur la *Psychologie du Mysticisme*.

Pour lui, le point de départ du mysticisme est un état d'âme, un désir vague, inquiet, réel et susceptible d'être très intense comme passion de l'âme ou plutôt très inexplicable. C'est une aspiration vers un inconnu, vers un bien nécessaire au cœur et non représentable pour l'intelligence. Travaillée profondément par cette aspiration intense et vague, l'âme arrive peu à peu à se faire une idée de son objet. Cette révélation n'est pas directe. D'abord, toutes les choses apparaissent sous un autre jour; ce qui nous charmait auparavant se décolore, ce que nous admirions s'avilit. Tout ce qu'on voit est comme l'image vaine, terne et morte d'un modèle vivant, parfait, infini. On conçoit comme objet suprême de ses désirs l'infini, l'éternel, le parfait, Dieu. C'est cette idée inconsciente d'un objet infini qui créait le malaise indéfinissable à propos de la possession de tous les objets finis. La première phase du développement mystique est le passage de cette idée de la sphère de l'inconscience dans la sphère de la conscience. La seconde phase sera l'effort de se transformer au dedans de soi-même, conformément à cette idée. Cet effort se traduit par une lutte pour renoncer à toutes ces choses, lesquelles tiennent encore à nous, quoiqu'elles aient perdu tout charme à nos yeux. C'est la lutte entre ce qu'on était et ce qu'on veut devenir, entre une idée qui n'est qu'une abstraction et des sentiments qui n'ont rien perdu de leur force et de leur réalité. La lutte est âpre et devient de plus en plus douloureuse. Mais bientôt, chez celui qui a su persévérer avec une foi solide, le changement poursuivi commence à s'opérer, et la souffrance se mélange de satisfaction et d'espoir, pour finir par la joie du triomphe. La troisième phase est celle de l'extase, le passage brusque de la vie temporelle, mobile, composée, imparfaite, à la vie immobile, une, simple, éternelle et divine, la réunion de l'âme à son objet, union parfaite dans laquelle l'âme se sent exister pleinement, par cela même qu'elle se donne et se renonce. Mais l'extase n'est qu'un accident, il est éphémère et la vie le suit avec son mouvement et son imperfection. Seulement, le souvenir du moment d'extase sera le principe directeur de l'intelligence et de la vie. Ainsi s'accomplit un retour à la vie antérieure et une nouvelle orientation donnée au jugement et à la conduite, ce qui constitue la quatrième phase.

La conscience immédiate semble renverser l'ordre des phases traversées; pour elle, c'est l'idée qui paraît d'abord, ensuite le sentiment et puis l'action. En réalité, tout progrès vient d'en haut, dit Boutroux, et c'est le parfait lui-même qui crée en nous la disposition même à le chercher et à le désirer... l'aspiration n'est pas le principe de la possession ou de l'acte qui en est la fin. C'est parce que l'âme vit déjà dans la profondeur de son être, unie en quelque mesure à son objet, qu'elle aspire à s'unir pleinement, à s'y savoir, à jouir de cette union. « Console-toi, disait Jésus à Pascal, tu ne me chercherais pas si tu ne m'avais trouvé. » Au commencement, c'est donc l'action, l'union de l'âme avec Dieu.

Reste la cinquième et dernière phase du processus mystique. Cette vie surnaturelle, le mystique se propose de la réaliser dans sa plénitude. Il y a deux voies à suivre : 1° l'ascétisme; 2° la transfiguration de la vie naturelle en lui infusant le principe surnaturel. Les mystiques s'acheminent vers la fin où ils tendent et qui est l'agrandissement infini de cette conscience, où l'homme naturel se croit enfermé et comme emprisonné. L'homme naît individu et veut devenir une personne. Il y parviendra en remontant à la source de toute personne, à l'esprit... Et en aimant Dieu, il aimera toutes les créatures; car c'est à l'amour même que nous avons les uns pour les autres que nous connaissons que nous aimons Dieu. Cette possibilité pour les consciences de briser leur enveloppe matérielle, de se pénétrer mutuellement, de se comprendre et de s'aimer, sans s'anéantir comme des êtres distincts, de vivre d'une vie commune et l'union avec Dieu, principe de cette communion universelle, telle est l'idée qui préside à la vie mystique.

La notion de Dieu créateur et seigneur, vers qui clame le monde du fond de son néant, se résout en grâce, celle de la grâce en action divine, présente au dedans de nous-mêmes, et la grâce devient peu à peu non plus seulement le soutien, la loi de notre liberté, mais cette liberté même... le fini, le réel donné, n'est plus que le symbole imparfait et fugitif de l'infini et de l'idéal.

Mais la psychologie du moi subliminal et du mysticisme n'est que l'introduction à l'étude de la religion et de la morale et surtout une introduction à l'étude des rapports qu'il y a entre la raison, la morale et la religion.

« Peu importe, écrivait Boutroux en 1913, que la question des rapports de la religion avec la raison ne se pose pas pour certains hommes ; elle se pose maintenant pour l'esprit humain plus que jamais. » Le bref intervalle de temps qui nous sépare de cette date a complètement confirmé le sentiment et la vision de Boutroux. Cette question, qui l'obsédait seul alors, est devenue par excellence la question obsédante de notre temps. Et Boutroux ajoutait : « Qui sait si la religion en partie n'est pas précisément l'effort de l'âme pour s'évader de toute forme d'existence exprimée par un concept et pour s'élever dans cette région étrange que l'on nomme l'infini ».

Boutroux a donc, bien précis, le sentiment que la raison courante est une réalité en elle-même incommensurable avec l'objet de la religion et, par suite, encore incompatible avec la foi. Mais il s'efforçait de montrer le processus d'évolution que la raison a subi elle-même avec le temps et il lui apparaissait que le sens de cette évolution est de l'amener à une forme telle que la raison puisse confirmer la foi et se faire confirmer par elle. « La raison telle que la conçoit Parménide est un véritable culte du divin. Platon et Aristote assouplissent ensuite la raison de manière à lui faire comprendre le multiple, le mobile, le mouvant, l'action non moins que l'un et l'immuable. La raison de Descartes s'est encore élargie et la religion ne fut pas étrangère à ce progrès... La raison chez Descartes... se travaille pour concevoir l'infini comme intelligible. Elle modifie, elle élargit la notion d'intelligibilité... Ainsi se rejoignent, par exemple, l'idée d'étendue et de pensée, l'idée d'entendement et l'idée de libre arbitre... en Dieu... La philosophie de Leibniz, celle de Kant, celle de Hegel représentent elles aussi une série d'efforts pour adapter la raison à la religion ; selon le mot de Raphaël, « comprendre c'est égaler... » C'est notamment sous l'influence de la religion que la raison s'est ainsi assouplie et agrandie.

Le concept est le genre sous lequel on peut ranger tous les cas jusqu'ici donnés ou plutôt connus de la chose en question ; l'*idée* est la forme la plus parfaite dont soit susceptible un être ou une manière d'être. Les savants visent le concept ; les hommes, pour agir, fixent les yeux sur l'idée telle qu'elle leur paraît.

Entre le concept et l'idée, Boutroux voit cette différence que nous avons naguère cru pouvoir établir entre l'idée abstraite et l'idéal, celui-ci n'étant que l'idée abstraite pénétrée d'émotivité, vivifiée par un sentiment puissant, susceptible de la muer en quelque chose comme une passion. La raison élargie et assouplie par la philosophie, les concepts transformés en idéaux conduisent directement sur le terrain de la morale, dans le propre domaine des normes de conduite, des lois sociales et morales.

Ici c'est le devoir qui se présente en face de la nature humaine et s'impose à elle. Boutroux voit le rapport entre le devoir et la nature de l'homme comme un rapport entre le devoir et le vouloir, et soulève la question posée par Kant : « Tu dois, donc tu peux ». « On peut, dit-il, faire du pouvoir la mesure du devoir et dire : Tu peux, donc tu dois. Et alors on aboutit à cet axiome juridique : *Nemo ultra posse tenetur.* » Mais alors c'est l'homme enfermé dans la nature, s'en contentant et traitant de chimère tout ce qui la dépasse. On peut aussi, selon Boutroux, considérer le devoir comme s'imposant à la volonté en vertu de sa propre valeur, indépendamment des facultés dont peut disposer cette volonté pour le réaliser. Or, la religion, pour lui, consiste à croire que, même dans ce cas, l'accomplissement du devoir est obligatoire et possible, parce qu'il existe un être en qui l'être et le devoir ne font qu'un et que cet être nous communique sa puissance surnaturelle... La religion, c'est réalisée, donc réalisable, une perfection que la nature à elle seule ne permet ni d'atteindre ni même de concevoir. Il nous semble que la raison assouplie et élargie par la philo-

sophie et, de concept, devenue idéal, contraint en quelque
sorte la nature à faire de même, c'est-à-dire à s'élargir, se
dépasser, se surmonter, pour évoluer vers la perfection,
vers l'idéal.

Par quel moyen ? Selon Boutroux, la raison, en pres-
crivant aux êtres de la nature de s'unir les uns aux
autres pour former des touts supérieurs, leur demande en
réalité de se dépasser, de sortir d'eux-mêmes, de devenir autres, tout en restant eux-mêmes. Mais, ajoute-t-
il, une telle puissance appartient-elle comme telle à la
nature ? Et n'est-il pas nécessaire, si quelqu'un veut ainsi
se surpasser, qu'il en puise la force à quelque source supérieure ? « Il paraît juste de dire que la raison elle-même...
pour réaliser sa tâche, en pensée et en action, requiert une
puissance plus haute qu'elle-même. L'homme passe
l'homme, selon le mot de Pascal. Sa raison appelle et une
idée supérieure et une puissance capable de réaliser cette
idée. » Qu'est-ce à dire, se demande Boutroux, sinon que,
loin d'exclure la religion, elle s'en reconnaît solidaire. « La
réalité de Dieu et son rapport au monde fournissent à la
raison les deux principes qu'elle postule. D'autre part, la
religion n'est pas la contemplation pure et simple d'une
perfection transcendante, c'est le royaume de Dieu appelant
à lui les hommes et leur communiquant la force d'obéir à
son commandement... Ainsi le christianisme enseigne-t-il
que, pour que l'homme puisse devenir Dieu, Dieu s'est lui-
même fait homme. Et la même religion nous présente le
logos comme étant de toute éternité, non pas avec Dieu,
mais Dieu même. » La religion vraie a, selon ce philosophe,
ce premier caractère de féconder et de fortifier l'esprit de
l'homme, en vue de son travail naturel et humain[1]. Instinctive ou réfléchie, notre conscience cherche Dieu, et
nous reconnaissons que Dieu vient à nous à ce signe que
nous pensons plus profondément et plus efficacement.
Ainsi peuvent être compris les rapports entre la religion et

1. M. Seillère voit dans le mysticisme le sentiment impérialiste des
hommes considérant le divin comme un allié naturel qui doit les
aider à réaliser leur volonté de puissance. (*Mysticisme et Domination.*)

la raison. Celle-ci est l'intermédiaire entre la nature et Dieu, entre la science et l'être.

Soit dans l'histoire de son espèce, soit dans sa vie individuelle, l'homme est un être qui aspire à se dépasser. Que signifie cette bizarre prétention ? se demande Boutroux. L'homme a bien réellement la capacité de concevoir des fins supérieures à ses forces naturelles et vers ces fins il lui est possible de s'élever, parce qu'à son action peut s'unir celle de quelque être plus grand que lui et plus puissant que la nature.

*
* *

Quelle est cette puissance ? Quel est cet être ?

A cette question, Boutroux ne donne pas de réponse nette et claire. A un moment donné, il parle de la philosophie de Hegel et de l'idée que se fait celui-ci de la science. D'après ce philosophe allemand, la science est la forme éminente de tout ce qui est. Non seulement tout relève de la science, mais elle-même est au fond le principe des choses ; ainsi, *posséder la science c'est, en quelque sorte, tenir, dans l'univers, la place de Dieu.* Mais le penseur français ne s'arrête pas à cette solution de Hegel. Il rappelle A. Comte, lequel, en opposition avec Hegel, reconnaissait l'insuffisance de la science et le besoin de la subordonner à l'inspiration morale et subjective. De même Spencer, à ce qu'affirme Boutroux, répétait avec une insistance croissante jusqu'à son dernier jour que la science, l'intelligence, la raison ne sont pour nous qu'un instrument et que s'en remettre à la raison toute nue du soin de gouverner l'homme est aussi irrationnel que de juger nos yeux suffisants pour nous dire où nous devons aller.

Ayant ainsi écarté la science et la raison raisonnante, c'est-à-dire abstraite, que reste-t-il ? Sans doute Dieu et la raison idéale, comme nous l'avons vu. Mais jamais Dieu n'a rien fait par lui-même, et la raison ainsi que Dieu exigent quelque puissance réelle, non pas naturelle dans le sens commun, mais pourtant réelle et déterminante.

Quelle peut-elle être ? A cette question Boutroux ne répond pas. Sa pensée devient peu sûre, hésitante.

Néanmoins, nous trouvons chez lui quelques indications précises, qui sont du domaine de la religion. Boutroux cite le mot des *Épîtres* de saint Jean : « Personne n'a jamais vu Dieu. Si nous nous aimons les uns les autres, Dieu demeure en nous et son amour est réalisé en nous ». Ensuite, ailleurs, il cite cet autre mot de saint Augustin : « *Quid habes quod non accepisti* », qu'il commente en le complétant ainsi : l'individu doit tout à la société, tout ce qu'il possède, tout ce qu'il a. — Souvent, dans les Évangiles, on trouve des textes qui confirment les citations de Boutroux. Jésus, selon les évangélistes, enseignait à ses disciples de rester unis, de se tenir ensemble, car, lorsque deux ou trois hommes seront réunis en son nom, Dieu sera avec eux. De même, on l'a déjà vu, selon Boutroux, la raison demandant aux hommes de s'unir les uns aux autres pour former des touts supérieurs, leur demandait en réalité de se dépasser, de sortir d'eux-mêmes.

Du rapprochement de tous ces textes, l'idée jaillit nette et claire : *Dieu et la raison ne travaillent pas par eux-mêmes et directement pour déterminer l'homme à se dépasser lui et la nature ; leur organe, leur instrument, c'est la société, c'est le principe de l'association*, de la réunion des hommes, c'est la nation ou l'État, c'est aussi la solidarité ou la charité, celle-ci n'étant que la traduction en un terme chrétien de l'idée de solidarité. Quant à la solidarité, c'est le principe social par excellence, c'est le principe de la cohésion sociale, de l'union des hommes dans un corps social donné.

La société humaine est donc cette force, cette puissance qui détermine l'homme à sortir de lui-même, en brisant son égoïsme, à se dépasser, à se surmonter, c'est-à-dire donner plus que ce qu'il voudrait ou pourrait s'il était laissé à lui-même, à sa propre nature individuelle, purement physique et zoologique.

Selon Durkheim : « Dans la même mesure où il participe de la société, l'individu se dépasse naturellement lui-même,

aussi bien quand il pense que quand il agit[1] ». Cette constatation, toute la sociologie contemporaine l'a adoptée et
illustrée par des exemples innombrables.

Gabriel Tarde, comme MM. Gustave Le Bon et Bouglé,
ont mis en évidence le fondement de cette action qu'exerce
la société sur les individus, en amplifiant et en intensifiant
exceptionnellement leurs forces et leur état d'âme. La psychologie des foules et les propriétés caractéristiques des
représentations collectives ainsi que les effets de la coopération et de la solidarité sont des faits qui montrent comment
et pourquoi l'homme vivant en société est en quelque sorte
forcé de se dépasser lui-même. En un mot, la société par
elle-même augmente considérablement le rendement de la
vie individuelle, multipliant ses forces et intensifiant à l'infini son activité. « Plongé dans une foule, emporté dans
son courant, il arrive bientôt qu'on se sent hors de soi. On
est entraîné à des émotions auxquelles on ne se serait jamais
élevé ou abaissé tout seul. Cette force qui se dégage de la
foule est plus ou moins nettement connue puisque les effets
en sont escomptés[2]. » La société est aux yeux de M. Bouglé
comme « un foyer de chaleur que constitue le rapprochement des consciences, » et cela résulte de la « synthèse,
productrice de propriétés nouvelles, que forme l'association
des consciences individuelles ». « Les êtres sociaux...
(tribus, nations, etc.) travaillent à rendre possible une vie
supérieure. Quand une vie commune s'organise, les forces
inédites qui se dégagent sont des forces de nature spirituelle, qui débordent les âmes individuelles... On apprend
à respecter en commun nombre de choses et d'êtres ; et ces
communs respects sont autant d'échelons qui aident à
l'ascension de l'individu, qui s'élève par eux de l'animalité à l'humanité[3]. » C'est donc pourquoi Dieu et son Église
ont toujours recommandé à leurs fidèles de vivre en commun, de se constituer en sociétés et en associations ou
foules aussi nombreuses que possible. Les rites religieux

1. *Les Formes élémentaires de la vie religieuse*, p. 23.
2. C. Bouglé, *L'Évolution des Valeurs*, p. 3o.
3. *Ibid.*, p. 32-35.

sont accomplis en assemblées plus ou moins nombreuses et c'est par ces assemblées et parmi elles que les forces et les sentiments des individus sont exaltés et l'homme poussé à se dépasser. Dieu, religion et association des sociétés sont des réalités équivalentes qui élèvent les hommes au-dessus d'eux-mêmes.

Toute la pensée de Boutroux s'éclaire, se vérifie et se confirme admirablement ainsi. L'homme passe l'homme, l'homme dépasse infiniment la nature et lui-même par la société, c'est-à-dire par la coopération plus ou moins forcée et imposée, à ses débuts, par la solidarité plus ou moins volontaire qui s'impose à lui du fait même de la vie collective du groupe social auquel il appartient : état, nation, corps professionnel, confession, classe sociale, etc. Mais, dira-t-on, la société est quelque chose de naturel aussi et de l'ordre du donné. Naturel? Oui, dans le sens du mot le plus large possible, supra-naturel aussi en tant que réalité morale et historique. Les lois de la société ont une tendance très sensible à se différencier et même à s'opposer aux lois naturelles proprement dites. En tout cas, la société forme un compartiment à part, original et généralement irréductible à la simple nature physique ou physiologique.

Quoi qu'il en soit, d'ailleurs, il n'en reste pas moins que Dieu et Jésus, selon les évangélistes et les Pères de l'Église, indiquent clairement qu'ils n'agissent sur l'homme qu'au moyen de la société qui en est une sorte de succédané. La société est l'agent commis par Dieu qui travaille au perfectionnement de l'homme et qui lui donne ce pouvoir bizarre de concevoir des buts d'ordre supérieur à sa nature et la force de les réaliser, enfin ce pouvoir insolite que ne manifeste aucun autre être vivant, celui de dépasser de plus en plus la nature et lui-même.

*
* *

Mais la religion, telle que la conçoit Boutroux, vient confirmer et vérifier, par une autre voie et d'une autre façon encore, les plus hautes généralisations de la sociologie.

En effet, l'une des vérités les plus générales dégagées par la sociologie et qu'on a souvent rappelée, c'est que l'histoire des sociétés humaines est travaillée par une sorte de processus d'unification sociale, tendant à intégrer peu à peu toutes les sociétés, tous les peuples, dans un vaste tout, organisme social universel. C'est donc un processus d'extension toujours incomplètement réalisé, toujours en voie de se réaliser, avec des reculs et des progrès incessants. Cet immense flux et reflux du processus d'unification sociale de l'humanité se traduit dans les consciences humaines par cette puissance originale et insolite, inconnue chez les autres êtres vivants, que signale Boutroux avec insistance après Pascal. Cette activité fiévreuse et la soif du nouveau, du changement, le besoin de dépasser les autres et de se dépasser, l'incoercible tendance à réaliser le progrès sur tous les terrains de l'activité s'expliquent seulement ainsi.

Voudra-t-on douter qu'il en est ainsi? La preuve est facile à faire qui vérifie cette relation constante entre le processus d'unification et d'intégration historico-sociale des peuples et leur aptitude de se dépasser, de progresser. Tous les peuples chrétiens sont, du fait même de leur religion, imprégnés d'un esprit universaliste. Ils entretiennent entre eux des rapports constants et réguliers qui les constituent en quelque sorte dans un organisme supranational que nous pourrions nommer le *monde civilisé*. Or, le signe caractéristique qui marque leur mentalité, c'est le progrès, la tendance incoercible au progrès, la doctrine du progrès et la foi en lui. Voyons, par contre, les peuples non chrétiens, les mahométans, les bouddhistes, les Chinois. Jusqu'à présent, ils n'ont pas été pénétrés, du moins très peu, de l'esprit et de la religion chrétienne. En même temps, à la tendance universaliste des peuples chrétiens, ils opposent une tendance particulariste très forte, la tendance à s'isoler, à s'opposer à toute pénétration étrangère. Ils n'ont pas été pris, excepté les Japonais, par le torrent universel de la civilisation chrétienne. Ils ont vécu plutôt renfermés et repliés sur eux-mêmes. Cette tendance a été réalisée et symbolisée par les légendaires murs chinois. Aussi sont-ils jusqu'à présent restés immobiles, stationnaires et, généralement, en principe, réfractaires à toute innovation. Chez les Chinois et les bouddhistes, cette tendance à se dépasser qui est la loi essentielle des peuples civilisés chrétiens n'existe pas, est inconnue. La vérité que l'homme passe l'homme est fausse aux Indes et en Chine. Là, ce n'est pas la tendance à se dépasser et à dépasser la nature qui domine, c'est le conservatisme pétrifié, c'est l'immuable, la tradition millénaire. Il n'y a là rien de ce mouvement de progrès fébrile. Tout au moins, il n'y en a pas eu jusqu'à présent. Car maintenant a commencé, là aussi, une grande expérience historique. Les Européens civilisés et chrétiens ont pénétré en Chine et aux Indes. Et ces deux pays sont sur le point d'être entraînés dans le torrent de la vie universelle et intégrés avec le reste de l'humanité dans un même courant. Déjà les révolutions y grondent et y éclatent. Et cette immense expérience viendra confirmer de façon positive la vérité que nous venons d'annoncer, après que leur expérience passée l'a confirmée également par leur immobilité routinière. La tendance au progrès, à se dépasser, à changer, y paraîtra aussi comme au Japon, où elle est apparue plus tôt parce que le Japon a été plus facile à pénétrer, pour la simple raison qu'il ne constituait pas une masse de plusieurs centaines de millions d'hommes. Les Japonais, beaucoup moins nombreux et, par leur position géographique, beaucoup plus accessibles, ont été plus faciles à pénétrer et à entraîner dans le torrent de la vie universelle, tandis que les 400 000 000 de Chinois, les 300 000 000 d'Hindous constituaient des masses autrement inertes et dures à pénétrer et à transformer.

En Chine, aux Indes, l'homme ne peut passer l'homme, car il n'existe pas même un Dieu comme celui des chrétiens, pour intervenir et contraindre les hommes à se dépasser. La société des Chinois et des Hindous ne pouvait pas servir comme instrument de progrès à la disposition de Dieu, car ces peuples, ne connaissant effectivement ni Dieu ni le courant de vie universelle, leur religion est l'athéisme, malgré ce que le fait peut avoir de paradoxal. Ils ne connaissent pas de Dieu et, par suite, pas de progrès pour cette même raison qu'étant murés dans leurs pays, ils ont résisté au processus d'unification, d'intégration historico-sociale réalisé par les peuples d'Europe et d'Amérique et, par suite, n'ont pu ni su le réaliser par eux-mêmes. Dès qu'ils seront suffisamment pris par le courant de vie humaine universelle et pénétrés par la civilisation occidentale, ils changeront; chez eux aussi, l'esprit de progrès prendra dès lors la place de l'esprit de routine et de tradition au lieu de ce culte des ancêtres ou de divinités particulières et naturalistes; ils feront peut-être connaissance avec le monothéisme spiritualiste qui domine la civilisation progressive de l'Occident. L'universalisme social réalisé leur donnera le goût du changement et la force du progrès qu'ils ignorent et refusent encore aujourd'hui.

Tant que l'humanité entière n'est pas intégrée et organisée dans une société universelle, le processus d'unification historico-sociale reste ouvert, c'est-à-dire en voie de se réaliser pour aboutir à l'intégration totale dans un seul organisme social et, par suite, universel, ne connaissant d'autres limites que celles de la planète. Mais aussi longtemps l'homme restera capable encore de se dépasser, de dépasser la nature et lui-même. D'ici là, toutes les énergies de la nature et toutes les lois qui les régissent seront découvertes; toutes les grandes découvertes techniques seront épuisées. Le cycle de l'évolution sera alors, et alors seulement, fermé; par suite, la capacité qu'a l'homme de se dépasser sera circonscrite, finie, limitée elle-même par les limites des ressources humaines et planétaires. Alors, sans doute, l'humanité entière aura retrouvé l'équilibre stable que les murailles chinoises légendaires ont procuré à la mentalité et à l'histoire des peuples chinois. Et la différence entre l'homme d'aujourd'hui et celui de la fin du cycle évolutif sera peut-être aussi grande que celle, réelle

aujourd'hui, qui sépare le singe d'un homme comme Anatole
France, ou celle, encore virtuelle, qui sépare Anatole
France de Jésus-Christ, par exemple, pour éviter de dire de
Dieu.

D'ici là, bien des transformations politiques et sociales,
bien des révolutions religieuses et morales, bien des changements juridiques et politiques seront accomplis dans la
vie historique des peuples. Une oscillation continuelle
entre la foi et la science, la démocratie et l'aristocratie,
l'individualisme et le socialisme, marquera le rythme intermittent de ce processus évolutif des sociétés pour créer
enfin l'humanité. Lorsque la science et la raison auront
atteint leur apogée, elles finiront par se convertir en une
religion et, lorsque la foi religieuse se sera épuisée, elle dé-
chaînera de nouveaux progrès scientifiques et philosophiques.

Dans la psychologie du mysticisme et du moi subliminal,
Boutroux nous a dévoilé le mystère intérieur, le mécanisme
psychologique profond, caché et, par suite, inconscient ou
subliminal, de ces changements que sont les conversions.
Toutes les transformations et les révolutions sociales,
morales, politiques et juridiques et même économiques
sont autant d'espèces différentes de conversion. Cette sorte
de transformation révolutionnaire se réalise dans la profondeur des âmes toutes les fois que s'accomplit un grand
mouvement d'intégration historico-sociale, unifiant et
organisant dans un plus grand ensemble une plus grande
portion d'humanité.

C'est ce qui arriva à l'Empire de Rome quand, à la fin de
la république, les Romains eurent conquis à peu près tous
les peuples connus de ces temps. Ce fut aussi l'époque du
mysticisme le plus général et le plus intense qu'ait connu
l'histoire jusqu'à nos jours. Dans les deux premiers siècles
de notre ère, l'expérience mystique, si bien analysée par
Boutroux, avec ses phases essentielles, fut l'expérience que
firent la plupart des philosophes qui, de rationalistes et
libres-penseurs, s'éveillèrent Pères de l'Église. Qu'on pense
seulement aux confessions de saint Augustin et à l'expérience

d'un Tertullien, d'un Justin, d'un Ambroise, d'un Origène,... etc. A ce moment, on peut dire que l'humanité gréco-romaine entière fit également, dans son ensemble, l'expérience mystique, exactement d'après les indications que nous venons de résumer, en passant par les phases énoncées. C'est ainsi que se fit le passage de l'ancienne conception payenne de la vie à la conception chrétienne, où l'échelle des valeurs fut complètement renversée. On commença alors *à brûler ce qu'on avait adoré et à adorer ce qu'on avait brûlé.* Une conversion aussi profonde, bien qu'en sens contraire, se fit avec la Renaissance et domina l'histoire moderne jusqu'à ces derniers temps. Et cette dernière conversion était elle-même l'effet d'un processus social contraire, car elle eut lieu au moment où l'humanité catholique se morcelait en états et sectes exclusivistes.

De nos jours, il semble que l'humanité, par une autre voie, réalise quelque chose d'analogue à ce qui arriva à l'humanité gréco-romaine. Les peuples civilisés, ayant établi entre eux un nombre croissant de liaisons de toute sorte, réalisent déjà un vaste organisme international par-dessus toutes les nations civilisées en les englobant toutes, comme si ce mouvement épousait, pour ainsi dire, le vaste cadre du christianisme. Si l'immense réservoir d'hommes, qui vivent en Chine et aux Indes, est mis en circulation, comme il nous semble en voie de se faire, dans le courant de vie universelle, il s'ensuivra fatalement une intégration sociale et économique de toute l'humanité, ce qui provoquera une effervescence morale et mentale, un mysticisme de tous points comparable à ceux qui marquèrent les débuts du christianisme. De nouveau, l'idée de Dieu fera son apparition au fond du moi subliminal, ainsi que Boutroux l'a si bien indiqué.

Qu'on remarque bien que ce penseur ne comprend pas Dieu de la même façon que les religions officielles. Pour lui, Dieu c'est la perfection et l'idéal, qui se confond presque avec ce pouvoir qu'a l'homme de se dépasser; ce pouvoir est Dieu ou une parcelle divine dans l'homme. En tout cas, Dieu n'est pas quelque chose de réel, de donné, de réalisé, mais quelque chose qui doit être, et c'est pourquoi il le dit explicitement : « La religion n'est pas un rapport d'être donné à être donné, mais de ce qui est à ce qui doit être ». Et c'est là une idée d'une force révolutionnaire formidable, et incalculable.

La vie de l'humanité intégrée produira une richesse et une complication d'expériences indéfinies, qui enrichiront, compliqueront infiniment le subconscient des hommes. La force créatrice du moi inconscient ou subliminal augmentera dans la même mesure, et la capacité qu'aura l'homme de se dépasser sera aussi illimitée en principe. Car le moi subliminal est, selon Boutroux, nous l'avons vu, notre moi le plus large. Or, notre moi s'élargira indéfiniment avec l'intégration de toute l'humanité. *Quid habes quod non accepisti* de saint Augustin sera réalisé en ce sens que la société humaine, devenue universelle, aura procuré à l'homme un avoir intérieur d'une richesse extrême. Et c'est pourquoi, de nos jours, il est peut-être plus vrai et il sera de plus en plus vrai que l'homme passe l'homme.

Quand tous les hommes ou presque seront réunis pour coopérer à la même œuvre de culture et de civilisation, par une solidarité réelle, si réelle qu'elle puisse s'approcher de l'amour dont parle saint Jean, cité par Boutroux, alors, peut-être, ce Dieu, que personne n'a jamais vu, descendra, visible et réel, parmi nous.

Ainsi s'explique non seulement le mysticisme renaissant de notre époque, mais jusqu'à cette idée que l'homme passe l'homme, devenue l'idée centrale, l'idée maîtresse et la véritable obsession de ce philosophe dans toute l'œuvre de ses dernières années. — Le mode d'existence que l'on appelle conscience résout, selon Boutroux, ce problème en apparence contradictoire : « être à la fois vieux et jeune, et vivre à la fois dans le présent et dans l'avenir, habiter simultanément les diverses régions de l'espace. Mais n'est-ce pas là une manière divine d'être ? Concevoir cela, n'est-ce pas une conversion ? »

* *

A confronter la pensée de Boutroux avec celle d'Eucken, on constate que ces deux philosophes ont évolué de façon parallèle, qu'ils ont été comme obsédés par les mêmes problèmes et qu'au bout de leur pensée c'est la même perspective mystico-religieuse qui se dessine nettement. Dans leur pensée on reconnaît l'héritage que le XIXᵉ siècle lègue au XXᵉ. Comme ces deux penseurs nous paraissent, chacun dans sa patrie, la synthèse la plus haute de la pensée philosophique de leur temps, leurs derniers écrits semblent poser au siècle présent le véritable problème central que celui-ci devra résoudre. La simple coïncidence qui fait que le même problème angoissant se pose indépendamment et avec insistance aux deux philosophes, n'est-elle pas la preuve qu'il sera le véritable problème du siècle ?

CONCLUSION

Si, de la lecture de ces différentes pages, on a pu dégager
l'idée qui s'y exprime, sous différents aspects, et si la vraisemblance de cette idée a pu être assez bien aperçue, bien
qu'imparfaite, nous considérerons notre tâche comme heureusement remplie.

L'esprit — et par ce mot on peut comprendre aussi le moi
conscient, l'âme ou la conscience personnelle — est sans
aucun doute une réalité historique et sociale, extérieure et
supérieure à la nature proprement dite, c'est-à-dire à celle
qu'on conçoit comme monde extérieur physico-chimique et
biologique — l'homme et la société mis à part — mais
aussi naturelle dans le sens le plus large du mot, alors
qu'à l'édifice de la simple nature on ajoute l'homme et la
société comme un complément supérieur.

La sociologie des derniers temps — et ce sera là l'honneur
du penseur français que fut Durkheim — a adopté, dans le
débat interminable entre matérialistes et spiritualistes, la
conception dualiste et spiritualiste et lui a trouvé dans la
réalité sociale un renfort considérable. Elle lui a fourni,
dans la société, le seul fondement solide et indéniable
qu'elle peut comporter et que ne sauraient lui contester les
plus obstinés positivistes.

En effet, d'après Durkheim, « la notion de personne est le
produit de deux sortes de facteurs. L'un est essentiellement

personnel : c'est le principe spirituel qui sert d'âme à la collectivité. C'est lui, en effet, qui constitue la substance même des âmes individuelles... Mais, d'un autre côté, pour qu'il y ait des personnes séparées, il faut qu'un autre facteur intervienne qui fragmente ce principe et le différencie. C'est le corps qui joue ce rôle... Il est bien vrai que les éléments qui servent à former l'idée d'âme et ceux qui entrent dans la représentation du corps proviennent de deux sources différentes et indépendantes l'une de l'autre. Les uns sont faits des impressions et des images qui se dégagent de tous les points de l'organisme ; les autres consistent en idées et en sentiments qui viennent de la société et qui l'expriment. Ainsi il y a réellement une partie de nous-mêmes qui n'est pas placée sous la dépendance du facteur organique. C'est tout ce qui en nous représente la société... toutes ces formes supérieures de l'activité psychique que la société éveille et développe en nous ne sont pas à la remorque du corps... le monde des représentations dans lequel se déroule la vie sociale se surajoute à son substrat matériel bien loin qu'il en provienne[1]. »

Et ce n'est pas là une hypothèse hâtive et superficielle à laquelle cet auteur s'arrêterait provisoirement, c'est une conviction profonde et même le thème fondamental de sa philosophie sociale : « Jusqu'ici, dit-il, on était placé en face de cette alternative : ou bien expliquer les facultés supérieures et spécifiques à l'homme en les maintenant aux formes inférieures de l'être, la raison aux sens, l'esprit à la matière, ce qui revenait à nier leur spécificité ; ou bien les rattacher à quelque réalité supra-expérimentale que l'on postulait, mais dont aucune observation ne peut établir l'existence... parce qu'il semblait qu'au delà de l'individu il n'y eût plus rien, du moins rien que la science pût atteindre. Mais, du moment où l'on a reconnu qu'au-dessus de l'individu il y a la société, que celle-ci n'est pas un être nominal et de raison, mais un système de forces agissantes,

1. *Les Formes élémentaires de la vie religieuse*, p. 386-389.

une nouvelle manière d'expliquer l'homme est devenue possible... Il convient de rechercher si ce qui, dans l'individu, dépasse l'individu, ne lui viendrait pas de cette réalité supra-individuelle, mais donnée dans l'expérience, qu'est la société [1].

Ainsi, sans forcer la conception propre de Durkheim, nous avons pu affirmer que la conscience, le moi ou l'esprit est le fruit ou plutôt la fine fleur de la vie collective du groupe social. La réalité de l'esprit, de la conscience, est l'effet de l'interférence du social avec le biologique ; c'est la zone où se croisent le social et le biologique, et cette zone est localisée plus particulièrement, sinon exclusivement, dans le cerveau. C'est pourquoi on a toujours considéré le cerveau comme l'organe de l'esprit et de la conscience. Cette partie du corps est, en effet, du biologique socialisé ou du social matérialisé ou, enfin, de la matière spiritualisée ; c'est en tout cas le terrain commun des trois règnes, celui où le social fusionne avec le physiologique et le physique. Dans cette zone d'interférence socio-biologique se produit un effet, contraire de celui qui se produit en physique : il se développe ici une lumière d'autant plus vive et intense que les forces croisées sont puissantes, — la lumière intérieure de la conscience et de l'esprit. On dirait que le social, en agissant sur le biologique, le chauffe, le met en flamme, et de la substance du biologique qui se consume brille le flambeau de la conscience.

L'esprit est donc une réalité effective, concrète, la plus concrète de toutes les réalités, parce que toutes les autres n'existent que par lui, en tant que nous n'en prenons connaissance que par nos propres états de conscience, par les données immédiates de notre esprit. La conscience et l'esprit ne sont donc ni phénomène ni épiphénomène, mais réalité concrète. La conscience, comme la définit Ribot, est une synthèse d'états intérieurs conscients. Cette synthèse est immatérielle. Elle n'en est

1. *Op. cit.*, p. 638.

pourtant pas moins une réalité effective, car elle dispose d'un organe matériel, le cerveau. Mais qu'est-ce que la matière elle-même? Un objet matériel, n'est-ce pas tout simplement une synthèse de centres de force? La réalité d'un objet s'exprime par la cohésion de ses molécules. De même, la réalité de l'esprit est la cohérence ou la cohésion plus ou moins forte et sûre des états intérieurs ; c'est dire qu'elle réside dans les fonctions de l'esprit qui constituent la mémoire, l'attention, l'association des idées, etc.

Étant de source exclusivement sociale, la nature de l'esprit et ses attributs sont ceux de la société. Celle-ci est quelque chose d'immatériel, de permanent et d'abstrait — étant un complexus de rapports ; elle est donc éternelle par rapport aux individus qui sont éphémères. Aussi, l'esprit présente-t-il les mêmes traits ; il est — en tant qu'il est réellement, c'est-à-dire en tant qu'il est créateur, — il est immatériel et éternel par rapport au corps. — Or, c'est précisément là ce qui légitime en quelque sorte, ce qui explique en tout cas, la superstition des spiritistes. Leur erreur, comme toute erreur, a quelque demi-vérité à sa base, et c'est cette vérité qu'il s'agissait de dégager et d'interpréter.

Que l'esprit soit d'origine sociale, nous l'avons montré dans la première partie de cet ouvrage. Nous avons fait voir également que les fonctions propres de l'esprit dérivent des fonctions sociales correspondantes. C'est pourquoi l'une de nos conclusions sera que les recherches et les analyses de la psychologie introspective doivent être complétées par les études et les recherches parallèles sociologiques et historiques. A vrai dire, la psychologie, pour devenir ce qu'elle doit être, c'est-à-dire une science positive, doit se muer en sociologie subjective. Nous avions vérifié la légitimité de cette conclusion par l'étude de l'abstraction et des idées générales, qui nous a servi à bien mettre en évidence le parallélisme réel existant entre l'évolution de la société et l'*évolution des idées générales*, indiquée par Th. Ribot. La genèse des idées abstraites et de plus en plus abstraites est déterminée par les nécessités et les conditions les plus essentielles de la vie sociale des groupes humains de plus en plus grands et organisés.

Quant à la philosophie contemporaine, nous l'avons vu sous ses deux formes, celle de l'idéalisme moniste comme celle de l'idéalisme dualiste, du spiritualisme à l'exception de l'idéalisme moniste de J. de Gaultier — elle confirme et vérifie en quelque sorte le spiritualisme sociologique.

Et, en effet, le propre de l'homme, de l'esprit, est de se dépasser toujours, comme Boutroux l'a affirmé avec force, après Pascal, et comme Eucken l'a si bien confirmé. Cette propriété spécifique de l'esprit traduit, — parce qu'elle en dérive, — la tendance incoercible et irrépressible des sociétés humaines, cités, états, nations, de croître, de s'étendre, de dépasser toujours leurs frontières. L'humanité, morcelée en états et nations, tend à s'unifier, à reconstituer un tout organique, et c'est cette tendance, dominant tout le cours de l'histoire universelle, qui se manifeste *atomiquement* dans les esprits et en constitue la loi essentielle.

Mais si l'esprit est immatériel, infini, éternel, que devient-il lorsque son organe matériel meurt et disparaît. Voilà le problème angoissant qui a torturé et qui torture les esprits. C'est ce problème non encore résolu qui fait les spiritistes, et seule sa solution pourra les convaincre d'erreur.

Or, avec cette question, nous sortons du domaine de la science et de la philosophie et nous glissons dans celui de de la mystique et de la religion, lequel s'avère de plus en plus comme appartenant à la sociologie.

*
* *

La sociologie positive, par cela même qu'elle avait adopté et rénové la vieille conception philosophique du spiritualisme, avait prédéterminé en elle la courbe de son évolution. Aussi bien, l'école de Durkheim, et celui-ci, le premier, a-t-elle dirigé ses recherches dans le domaine des problèmes spirituels de la religion. La morale et les fonctions logiques de l'esprit avec M. Lévy-Brühl, d'une part, et, de l'autre, les problèmes religieux, avec MM. Hubert et Mauss, ont été et sont l'objet de prédilection du sociologisme positif. La sociologie positive a glissé de manière insensible mais inévitable vers le domaine de la religion. Celle-ci devient et deviendra l'objet le plus propre de la science sociale. Nous avons eu [1] et nous avons toujours l'impression que lorsque la sociologie deviendra une science vraiment positive, elle sera devenue de ce fait une religion ou bien une théologie positive. Rien n'est plus significatif à ce point de vue que la remarquable étude de Durkheim sur les *Formes élémentaires de la vie religieuse*, véritable apologétique, non de telle ou telle religion, mais de la religion en elle-même, de la religion en général. Jamais effort pour procurer au divin et à la religion un fondement rationnel ne fut plus réussi. Quiconque le lit attentivement ne peut s'empêcher de conclure que la sociologie doit s'épanouir en une sorte de théologie.

*
* *

Mais c'est dire par là que la religion est devenue le point de mire de l'attention générale des philosophes et l'objet d'études de plus en plus nombreuses et variées. L'histoire des religions devança de beaucoup la sociologie et semble lui préparer la voie et lui procurer les matériaux à portée de la main. Les dogmes, les formes du culte et les conditions historico-sociales concomitantes ont été étudiés et mis en lumière par les historiens des religions. En tant qu'historiens, ils ne pouvaient user des hypothèses et des vues générales propres à relier les faits et à les condenser dans une synthèse vivante, intelligible et compréhensive. Les sociologues sont préparés et désignés pour remplir le rôle abdiqué par les historiens.

Mais, en même temps que s'accom lit le travail des his-

---

1. *Idéal créateur*, p. 396-397.

toriens des religions et celui des sociologues, la psychologie et l'analyse psychologique se sont emparées des
données de la religion, dogmes, rites et sacrements. Des
essais intéressants ont été publiés dans ce sens par
M. G. Truc[1], essais du genre de ceux que nous trouvons
chez Boutroux et que nous avons analysés et resumés dans
notre dernier chapitre. M. Truc semble avoir repris sur ce
point l'œuvre de Boutroux, et il est arrivé à des résultats
remarquables. Malgré ses sorties contre les sociologues,
M. Truc devra reconnaître que ceux-ci l'ont devancé sur
la voie qu'il a prise et que ses analyses psychologiques des
phénomènes religieux semblent lui avoir été suggérées par
celles des sociologues mêmes. L'essentiel est que l'analyse
des sociologues donne des résultats qui convergent avec
ceux de l'analyse psychologique de Boutroux et de M. Truc.
Cela seul suffirait pour montrer au psychologue qu'il n'est
qu'un collaborateur involontaire mais prédestiné du sociologue.

De leur côté, les mystiques eux-mêmes ont entrepris des
études sur le mysticisme religieux. — De tous les côtés et
par toutes les voies, les problèmes de la religion ont été
entrepris, pénétrés, analysés et étudiés. Les vieux dogmes
qui semblaient pétrifiés ont été assouplis, vivifiés et, par
cela même, sinon assimilés, du moins rendus assimilables
ou, si l'on peut dire, digérables pour la raison même. Le
cas de M. G. Truc est des plus curieux. C'est un incroyant,
qui se proclame tel, mais qui arrive d'une façon originale
à expliquer, à interpréter rationnellement les sacrements
et les dogmes, avec un tel succès qu'il les rend acceptables ;
et on peut prévoir qu'il finira par les accepter lui-même et
y croire pour de bon. En tout cas, nous ne trouvons plus
aucune différence entre M. Truc, qui se déclare incroyant,
et l'éloquent prédicateur qu'est le Père Sanson, qui, lui, du
moins, semble bien évidemment croire. Si cela continue,
il faut prévoir qu'avant peu on ne pourra plus distinguer
entre les incroyants du genre de M. Truc et les croyants

---

1. *Le Sacrement. La Grâce.* Paris, Alcan.

tels que le Père Sanson. Il y aura des incroyants très croyants et des croyants bien moins croyants que ce psychologue qui se dit athée.

*
* *

Il ne manquerait peut-être que des études et des analyses sociologiques assez nombreuses et pareilles à celles des psychologues, sur les dogmes et les rites précis de la religion chrétienne, pour que celle-ci livre enfin ses secrets et que ce qu'elle cache de vrai devienne scientifique, clair et évident comme les données rationnelles des sciences.

Nous avons esquissé, dans cet essai, certaines analyses de ce genre, — telle l'interprétation du péché originel, — et nous nous proposons de reprendre cette tentative avec plus de courage dans nos prochaines études. Le terrain est encore peu exploité et semble riche en promesses.

Il nous paraît, en effet, que la religion est encore, de nos jours, à la phase où se trouvaient les sciences de la nature avant Galilée, Bacon, Copernic, Pascal, Descartes. La magie et l'alchimie étaient, avec Paracelse, à peu près ce qu'est aujourd'hui la religion de l'Église chrétienne. Celle-ci s'attarde dans la phase magique où se sont trouvées également, il y a trois siècles, les sciences naturelles, astronomie, physique, chimie et biologie. Il est vrai que, pendant ces trois derniers siècles, les recherches scientifiques ayant pris leur essor, se dégagèrent de la forme magique, celle de l'alchimie et de l'astrologie. et donnèrent les sciences exactes et positives de la nature. Elles n'ont pas encore tout découvert, loin de là ; mais elles ont découvert la méthode de tout découvrir... Seule la science de l'âme et de Dieu était restée encore, avec la foi chrétienne officielle, dans la phase magique. Nous avons l'impression qu'au XXe siècle cette phase sera dépassée et que ce siècle doit réaliser, pour la religion, ce que les trois siècles derniers ont réalisé pour les sciences de la nature. Pourquoi les secrets de la divinité seraient-ils plus impénétrables [1] ? Parce que, selon la foi

1. Il fut un temps où les philosophes considéraient les choses con-

chrétienne, nous sommes intérieurement semblables à Dieu ? — Et en cela elle ne se trompe pas, car il y a du divin en l'homme — du moins l'âme, souffle ou reflet de Dieu. — Pourquoi ne connaîtrions-nous pas Dieu aussi bien, sinon mieux, que la nature ?

Tout porte à croire que les sciences de l'âme et de la société humaine, à mesure qu'elles se constitueront en sciences positives et rationnelles, finiront par s'épanouir en théologie ou véritable science de la religion enfin devenue rationnelle. — Et ce sera peut-être là l'accompagnement du rêve réalisé d'une *Société des Nations intégrale*, où tous les peuples seront englobés et organisés comme en une vaste cité, la cité de la charité réelle et intégrale, la *Cité de la Terre*, la *Cité de Dieu*.

---

cernant l'âme, la morale et la divinité, comme beaucoup plus faciles à connaître que les lois de la nature extérieure. Telle fut du moins l'attitude de Socrate : « N'est-il pas insensé, disait-il (d'après les *Entretiens* de Xénophon), de vouloir pénétrer les secrets de la grande machine qui est l'œuvre des dieux, alors qu'il nous importe avant tout de connaître nos propres affaires, qui sont les affaires humaines ? » La philosophie et la science des *physiologues* (ou des physiciens) semblait par suite à Socrate bien moins facile et moins accessible que la philosophie et la science de la morale.

TABLE DES MATIÈRES

TROISIÈME PARTIE

151-27. — Saint-Germain-lès-Corbeil. — Imp. Willaume.